四庫存目

三式匯刊 ④

大六壬總歸

[宋] 郭子晟◎撰

郑同◎校阅

华龄出版社
HUALING PRESS

责任编辑：薛　治

责任印制：李未圻

图书在版编目（CIP）数据

四库存目三式汇刊. 4 /（宋）郭子晟撰；郑同点校.
—— 北京：华龄出版社，2019. 12
ISBN 978－7－5169－1539－4

Ⅰ. ①四… Ⅱ. ①郭… ②郑… Ⅲ. ①《四库全书》
—图书目录 Ⅳ. ①Z833

中国版本图书馆 CIP 数据核字（2020）第 004568 号

书　　名：四库存目三式汇刊（四）：大六壬总归
作　　者：（宋）郭子晟撰　郑同点校

出 版 人：胡福君
出版发行：华龄出版社
地　　址：北京市东城区安定门外大街甲 57 号　　邮　编：100011
电　　话：(010) 58122246　　　　　　　　传　真：(010) 84049572
网　　址：http://www.hualingpress.com

印　　刷：九洲财鑫印刷有限公司
版　　次：2020 年 5 月第 1 版　2020 年 5 月第 1 次印刷
开　　本：710×1020　1/16　　　　　　　印　张：19
字　　数：308 千字　　　　　　　　　　　印　数：1～6000
定　　价：58.00 元

总序

人有常言，"年吉不如月吉，月吉不如日吉，日吉不如时吉"，故选时尤急。选时之法多端，惟奇门遁甲为上，六壬藏没次之。藏没者，一日之中惟四时可用，若遇甲戊庚日，则六神固藏，四煞固没矣；他日则煞可藏，神不没，所以尤未为当。若遁甲则十二时中，奇仪星门各有宜用，无施不可，只忌五不遇时、① 避五、② 入墓③而已。其余若有奇门，则无不吉，所以为上。

今人罕有全书，故用者鲜，胡舜申《阴阳备用》，将《符应经》类集门要，发其端倪；郇庆长著为《枢要》，分画整然，尚欠推测，最后得《经国》书而观之，则十二时中，皆说有无奇门，及在何宫，与夫吉凶之的，更无疑误。仆遂集三书为一，使开卷了然。但其中事绪多端，览者未迩通晓，须取首卷布局法、尾卷诗断熟复之，自然条分缕解，洞然于胸中矣。若奇门俱不得，则取藏没用之，吉无不利。胡、郇二公之言皆若此，非仆臆说。

淳祐辛丑良月朔，通直郎致仕，郭子晟器之序

---

① 甲日不用庚时是也。

② 五宫寄于二宫，星辰不正。

③ 乙奇忌坤，丙丁奇忌乾。

叙略

　　壬，数也，而理存焉。夫有理斯有数，有数斯以征理，是二而一之，非一而二之也。余年迈学《易》，只为书债未了，虽齿危发落，壮心不已。

　　岁壬子，来铎云：东案头间，有吾乡官鲁，所得壬书四本，每于攻苦之暇，辄寓目焉，其言休言咎，亦显亦微。噫！六壬虽小道，必有可观，遂从事焉，未得其神髓，已寝其皮。第精进之诚，有何穷极？因午后祷祈，期得秘集，药我浅薄之病。果于吾乡友人处，得吴东玠可徐公传本。是书也，殆合古今之书以为书，亦即合古今贤达之理以为数，似其口门径吐，腕下直书，其探壬之奥，得壬之髓，至矣！尽矣！岂易得哉！先以不易得者，而其人得之徐公，余又得之其人，不可谓非数也。余既录之。因而记其事。

时

康熙十年，岁在壬子，七月朔三之吉

鹅池主人周论益三氏题于云东石羊节山房

月将图

		大梁 三月	降娄 二月		
实沉 四月	巳	午	未	申	正月 娵訾
鹑首 五月	辰			酉	十二月 玄枵
鹑火 六月	卯			戌	十一月 星纪
鹑尾 七月	寅	丑	子	亥	十月 析木
		八月 寿星	九月 大火		

六壬课式例

如甲子日占，取子时，七月用巳将，即以巳月将加所取占时之上，顺布十二宫辰，即天盘也。

发　未
用　子
　　巳

四　三　二　一
课　课　课　课
戌　巳　子　未
巳　子　未　甲

戌　亥　子　丑
酉　　　　　寅
申　　　　　卯
未　午　巳　辰

天干阳，干上得者，曰"日干上阳神"，为第一课，阳中阳也。地支阴，支上得者，曰"辰支上阳神"，为第三课，阴中阳也。"干上阴神"为为第二课，阳中阴也。"支上阴神"为第四课，阴中阴也。

贼克为初，用之始，相因作中末之身。

求三传以为发用，则于四课上下审之，若有一下克其上神者，虽有二三之上克下不论矣，名"重审课"。若四课中并无下克，惟一上神克下，取而用之，名"元首课"。以所得发用为"初传"，以初传地盘上所乘者为"中传"，以中传地盘上所乘者为"末传"。

十干寄宫

戊			己	
丙			丁	
巳	午	未	申庚	

乙辰			酉
卯			戌辛
甲寅	丑	子	亥壬
癸			

　　甲课寅，乙课辰，戊课在巳，丁己课在未，庚课申，辛课戌，壬课亥，癸课丑，其不居子午卯酉者，以正位不敢当，故阳干居禄神所在，而阴干居禄神前一位也。

刑克图

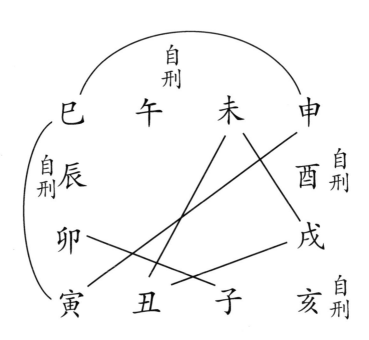

六破图

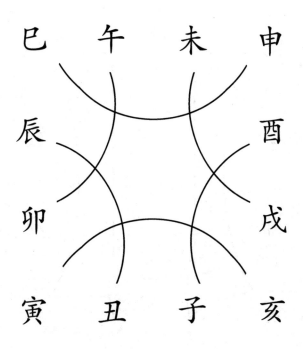

六害图

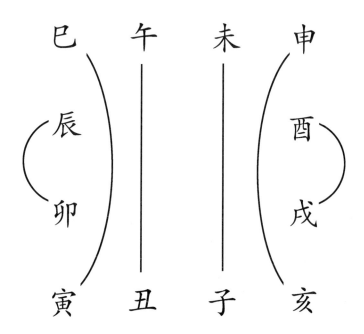

目　　录

大六壬总归卷一

须知例约

壬本易简，学者恒自难之，非真难也。三百年来，禁而勿传，书则散逸殆尽，理则晦郁无光，象数之学几泯，得其门而入者鲜矣。然则壬之难，难于门乎？或更难于入门之顷乎？非也，门具在，欲入则入，入奚难？第易视之曰门耳，盍入焉？入焉而曰犹夫门耳，斯则难矣。何也？堂室之奥，具于一门；千章之锦，拘于一缕，壬之道亦犹是也。诚解盘桓于官墙阊阖之间，而步趋焉，仰止焉，拟议揣摹，而心为之领，神为之会焉，则堂未登，室未入，而堂室之美，已宛然心目间，时一造焉。象与数亦寓焉，无不豁然贯通矣。宁不易且简哉！盖入门之径有十，而壬理寓焉，象与数亦寓焉。曰月将，曰占时，曰日辰，曰四课，曰七体，曰三传，曰九宗，曰贵人，曰八煞，曰五行、五炁、十二炁而已。知此十者，则门即理，理即象，象即数，入门了然，是曰《须知》。

入门须知

一曰月将

月将者，月中所用之将，即太阳躔度之次也。人居天地中，三光照临，而惟太阳所烛，人所因之有其事，事出而吉凶悔吝范围其中，卒莫知其所以然而然者，故须首知月将。

诀曰：娵訾（亥）降娄（戌）及大梁（酉），实沉（申）首（未）火

（午）尾（巳）相将。寿星（辰）大火（卯）与析木（寅），星纪（丑）玄枵（子）丑子乡。

凡月十二，其将亦有十二，如以正月言，应用亥将占事，而惟雨水之中炁到日，太阳方躔亥度，斯时以后，方用亥为月将，而以加之占时，以取四课，亥之次曰娵訾，即《时宪历》之下月下某日某时某刻后，日躔娵訾之次者是也。二月戌为降娄，三月酉为大梁，四月申为实沉，五月未为鹑首，六月午为为鹑火，七月巳为鹑尾，八月辰为寿星，九月卯为大火，十月寅为析木，十一月丑为星纪，十二月子为玄枵是也。每月之下，历注详甚，是可一览而无疑者也。历惟《时宪》者，以从前之历，太阳过宫之度日为多少，未能归一，惟《时宪》则炁盈朔虚之数，均入节炁中，故凡炁一到，便用是月之将，简约而可取准耳。

按：太阳、太阴，凡朔必合，故曰"合朔"。如正月建寅，太阳在亥，而寅亥相合，每岁之中，合凡十二，而实则惟六，故云六合。盖月建即是太阴，月将即是太阳。月建自寅而卯，随天左旋；月将自亥而戌，逆天右转，故可合也。

二曰占时

占时者，即所占之时，每月十二时之在地盘，千古不易者是也，惟时则有两用，混用之而不当，神则不我告也。盖凡目有所见，耳有所闻，心有所疑，而只欲取决于时下者，则用正时，而以月将加之，以取四课。正时者正当其时，如日已当午则用午时、当未则用未时之类也。

若为远大之占，而欲知吉凶休咎于异日者，则用卜时，即先贤所谓"朝服再拜，探筹取时以占"是也。所以然者，因象之形于未形也。盖业有见闻，则象已形于见闻，故当即且所见所闻之时而占之，心无所疑，亦不妄占也，即所谓："云起山头占正时"之类是也。若未有见闻，而将欲占其事之后来吉凶成败，人之忠奸举动，财之得失多寡，名之升沉显晦，兵讼之主客动静、胜负、进退，疾病之死生，凡此之类，神虽动而象未形，吉凶悔吝、可否从违渊如也。

故于十二时中，探之以筹，而听命于天地鬼神也。盖天地鬼神之能吉凶于人者，五行也，十二时周，五行始备，备则天地鬼神方可权衡其间，以告占者。若概用正时则莫之为，而为者已无其权，占能应乎？此占时之所宜预知而不可混用者也。

三曰日辰

日辰者，所占之日辰。如甲子日占事，则甲干曰"日"，子支曰"辰"。日有刚柔，辰有阴阳，甲丙戊庚壬五干者，刚日是也。乙丁己辛癸五干者，柔日是也。子寅辰午申戌六支为阳辰，丑卯巳未酉亥六支为阴辰。日干之在地支中者曰"寄干"，即寄生之寄。人之身，身之所寄，不即不离，非真非假者是也。其在式也曰"课"，故曰："甲课到寅乙课辰，丙戊巳内适相因。丁己居未庚居申，辛戌壬亥癸丑轮。"

如甲日占事，甲寄于寅，地之寅，即甲干之所在也。乙日占事，乙寄于辰，地之辰，即乙干之所在之类是也。

十干之在天盘者曰"游干"，即式中所谓"游行之身"者是也。如甲日占，以寄干之在地寅者，为人之身；天盘之寅，即占者游行之身，管公明所谓"生平履历"者是也。

十二支之在地盘者曰"辰"，在天盘者曰"神"，故曰"天神"。即辰曰"天罡"，巳曰"太乙"，午曰"胜光"，未曰"小吉"，申曰"传送"，酉曰"从魁"，戌曰"河魁"，又曰"天魁"，亥曰"登明"，子曰"神后"，丑曰"大吉"，寅曰"功曹"，卯曰"太冲"之十二天神是也。

惟罡在天，齐七政，运四时，而每月戌时指见之星曰"杓"，而曰"斗杓"。杓在天中，常指房、心之间；房、心之下，可以冲突，故其方曰"破军"，即奇门所谓"月月常加戌，时时见破军"者是也。房心之左宿天驷，其方可以避难，可以埋藏，即所谓"太冲天马破军前，一位定是不传人"者是也。故十二天神，首天罡而终太冲，不与十二地支之首子而终亥者同也。

凡日干之象，为天、为君、为尊、为长、为夫、为兄、为阳、为外、为动、为客、为男子、为我身、为高、为厚、为飞、为行、为贤良、为将佐、为人民、为渔猎、为陆、为车、为明、为显之类。

凡日支之象，为地、为卑、为臣、为幼、为妻、为弟、为阴、为内、为静、为主、为女子、为他人、为下、为薄、为潜、为止、为愚昧、为城堡、为禽、为鱼、为水、为舟、为暗、为幽之类，是皆日辰之大略，不可不知也。

四曰四课

四课者，即日辰之两倍而四之，所谓"两仪生四象"者是也。日课有二，日上所得之神曰"日阳"，为第一课；日阳上所得之神曰"日阴"，为第二课，即所谓"太阳少阳，太刚少刚"者是也。惟辰之课则亦有二，辰上所得之神曰"辰阳"，为第三课；辰阳上所得之神曰"辰阴"，为第四课，即所谓"太阴少阴，太柔少柔"者是也。是谓"四课"，四课立而万象与之俱立。

凡天地、君臣、父子、兄弟、夫妇、尊卑、上下、动静、主客，先后之道，罔不备具，而眉为之列，镜为之悬矣，是不可不知也。

五曰七体

七体者，阴阳往复之玄机，天地动静之定理也。天行健动，地静顺承，伏则必反，往则必复，而前后之七体出焉，故复之象曰："七日来复，天行也。"

其一曰"伏吟体"，神辰共位，伏而未动，实有动机而未即动，不胜其伏而呻吟焉，故曰"伏吟"，如神后加子之类是也。

其二曰"联茹体"，神与其辰，各差一位，而有拔茅连茹相率进用之象，故曰"连茹"，如神后加丑之类是也。

其三曰"间传体"，神间一位而加辰，有中间内格而对面千里之象，故曰"间传"，如神后加寅之类是也。

其四曰"三交体"，神为孟、仲、季，辰亦孟、仲、季。孟为四生，机之先，事之始也；仲为四王，机之著，事之中也；季为四墓，机之成，事之终也。三交加而错综焉，则天地之用，错然而成章，如河图之以顺生，洛书之以逆克，而经之纬之，斯足以神变化而行鬼神也。三者各自为交，则生无所寄，王无所承，墓无所止，而乾坤之道几乎息矣，故曰"三交"，而实恶其不善交也，如神后加卯之类是也。

其五曰"三合体"，生、王、墓、神，递互相加，合而成局，当时乘王而目中无人者，逢之则衅端自启，兵法曰"形人而我无形，形之敌必从之"者是也。形，刑也，观夫三合之于三形，而形之道可知矣，故曰"三合"，如神后加辰之类是也。

其六曰"德合体"，神为辰之所德而加之，则神与辰自相作合也。夫合则和，和则吉矣。而不尽然者，以其有颐逆之不同而徒合，则常失之窒碍而不通乎，方未可大有所为也，故曰"德合"，如神后加巳之类是也。

其七曰"反吟体"，神辰上下，各相自反，则诚所谓"天地反复"时也。天地反复，龙蛇起陆，杀运方开，人心之险，英雄当此，策身无奇，能不反复而呻吟乎，故曰"反吟"，如神后加午之类是也。"月明星稀，乌鹊南飞；绕树三匝，无枝可栖"，其反吟之俦乎？

以上七体，天行之半象也。行半而七，为反则自反，而七伏仍在也。是故反吟而后，又为"德合"，神后加未之类是也。德合而后，又为"三合"，神后加申之类是也。三合而后，又为"三交"，神后加酉之类是也。三交而后，又为"间传"，神后加戌之类是也。间传而后，又为"连茹"，神后加亥之类是也。连茹而后，仍为"伏吟"，而神后复加子上矣，亦为七体，故曰"前后七体"。

盖自一阳之始生，至阳极而息之月，七也；又自一阴之始生，至阴极而清之月，亦七也。此六壬式之所以前后七体，伏而反，反而复，天地万物包括无遗也。

六曰三传

三传者，三才之道也，盖其始也，自无而有，无极而太极，一之象，传之初，即所谓"发用之神，肇端乎吉凶"者也，故其门曰"发端"，祸福之端，从此而发也。其继也，则自有而变，一而二，传之中，即所谓"阳见其象，而归阴之神，变化乎吉凶悔吝"者也，故其门曰："移易"，吉而凶，凶而吉，从此而移易也。其终也，则自变而有成，二而三，传之末，即所谓"终阴之神，操纵乎吉凶悔吝"者也，故其门曰："归计"，或吉或凶，何适何从，至是而可计其归着也。三传定，而事之始终，家之兴废，人之富贵、贫贱、寿夭、穷通，国运之隆污修短，凡有关终始之象者，无不灼然可见矣。

七曰九宗

九宗者，用神之所从出，休咎之所从生，成变化，行鬼神，占之宗也。而法有九，故曰"九宗"。法以月将加占时，视日辰上所得之神以定四课。四课既成，则视九宗以求发用，是则所为吉凶悔吝生乎动，克以察动，刑以探伏也。噫！六壬之占法，尽乎此矣。

克贼第一

诀曰：发用先从下寻贼，如非下贼方寻克。

中传便取初上神，末取中传上为则。

凡上克下，以克下者为主；下克上，以受克者为主。盖皆用上神，而不用下辰也。

凡四课中，上神克下辰为克，下辰克其上神为贼。分言克贼，辨上下，定民志，扶阳而抑阴也。

凡得一下贼上者，则取所贼之神为用，谓之"重审"。用上所得之神为中传，中上所得之神为末传。如无下贼其上，而只有一上克下者，亦取克下之神为用，谓之"元首"，用上神为中传，中上神为末传。盖克贼者，取用之定法，用上传中，中上传末者，凡属克贼门者之定法也，故曰"则"。

凡既见一上克下，又见一下贼上者，则亦置克而用贼，故曰"先从下寻贼"。

比用第二

诀曰：二三克贼须求比，阳日阳神用阳起。

比阴阴日作初传，中末咸同克宗理。

凡传中克贼乱动，或二见、三见、四见者，无所适从，则当视夫神之比日者，而用之为初传，故曰"比用"。初上之神为中传，中上之神为末传，故曰"传同克宗"。阳日者，甲、丙、戊、庚、壬也；阴日者，乙、丁、己、辛、癸也。子、寅、辰、午、申、戌，为六阳之神；丑、卯、巳、未、酉、亥，为六阴之神。盖惟阳神方能与阳日相比，阴神方能与阴日相比，否则皆为不比，比则同道而象为近。故凡得此为用者，占逃不出邑里，事必起邻近也。

涉害第三

　　诀曰：比俱不比如何用，涉害惟求孟兼仲。

　　　　　　孟深仲浅季当休，无孟方教仲神动。

　　　　　　孟仲原来在地盘，上神十二任君看。

　　　　　　中随克贼传归末，说到归家总异端。

　　又曰：比俱不比为何入，涉害为宗根顺逆。

　　　　　　克下先求孟上神，贼先孟上仍无失。

　　　　　　孟深仲浅季当休，何必归家逐位搜。

　　　　　　复等戊辰惟一见，戊惟一害不堪投。

　　　　　　问君中末如何取，比涉虽分却同主。

　　　　　　察微本自元首来，见机重审原相伍。

　　凡课中克贼多者，前已用比，谓之"比用"矣。而此又以涉害言者，克贼之神既乱动而多，则与日干相较者不止一神，贼与克皆害也，故曰"涉害"。何也？以有俱比、俱不比者，交害于前，皆有干涉，当求弃取之道以用之也。孟仲季辰斯其道耳，有孟仲上之神而为克贼，则凡俱比、俱不比者，取孟而弃仲，以孟上之害深，而仲上之害浅也。盖无孟而有仲，仲虽浅，亦所必取，惟季则有弃而无取。何也？七百二十课中，无孟而为涉害者有之，从未有四课纯季，而绝无一仲之涉害日者也。夫既有仲则用仲矣，季又安得而用其上神哉，故曰"孟深仲浅季当休"。按：唐宋诸前贤皆用此法，而徐道复先生，亦尝言涉害归家之误，说见《会通》。

　　凡涉害而上克下为用者曰"察微"，恐下情之未易上达也。涉害而下贼上为用者曰"见机"，恐正君之易于犯上也。中末两传，悉如前法。

遥克第四

　　诀曰：克贼俱无知用遥，先将神贼日为标。

　　　　　　如无贼日神为用，日克之神方可瞧。

　　　　　　或有两神来贼日，两神或被日来克。

　　　　　　发用仍从比日来，中末何须别寻式。

　　凡四课上下，克贼俱无，则吉凶之机，不在下，不在上，不在近，必在远矣。何谓在远？二、三、四课上之神是也。然远中亦有近远之分，二为近，三则稍远，四更远也。

　　凡以日干为主，而与二、三、四课之上神，较视克贼。凡日克神为"克"，神克日为"贼"者，象虽遥，上下之分则一也。凡日遥克神为"弹射"，神遥贼日为"蒿矢"者，虽能及物中伤，而其所伤者无几也。盖弹与矢之能杀人于百步之外者，弹以金，矢以木而镞之也。土也，蒿也，力可知也。凡弹矢而两见者，用比两见，而俱比、俱不比者，用涉中末，俱同前法。

昂星第五

　　诀曰：无克无遥问昂星，仰为阳日俯为阴。

　　　　阳寻酉上天神用，阴用天盘酉下辰。

　　　　刚日辰中日为末，柔中日上末辰括。

　　　　冬蛇掩目氽从阴，虎视从阳转蓬活。

　　昂星者，酉中之昂日鸡，位居西方，职司秋令，杀氽之主也，而曷以取之？吉凶悔吝，虽由动开，实以静宥。开者何？机是也。宥者何？氽是也。不得于机，求之氽而可知也。是故克贼者，五行之杀机也；酉者，四时之杀氽也。机未开，氽自在耳，安得不从昂星而俯仰求之？用变始于此，而三传之变亦始于此，为一变。

　　盖日有刚柔，阴阳之所从别也。观有俯、仰，分阴、分阳之用也。故凡日刚而从阳，则仰观酉上之神而用之，为"虎视转蓬"，中传辰上，末传日上。日柔而从阴，则俯察酉下之辰而用之，为"冬蛇掩目"，中传日上，末传辰上。

别责第六

　　诀曰：三课无遥别责成，刚初干合上头神。

　　　　柔支三舍前神用，中末皆从日上寻。

　　　　柔六刚三课共九，辛加丑未双双走。

　　　　戊辰戊午及丙辰，丁酉单单共辛酉。

　　课中阴阳，有太有少；四象昭然，缺一非象。然盈虚消长，理固有之，象亦安能保其无缺，谁谓四课也而遂无三课之日乎？四而三之，则缺其一，缺非全象，故为"不备"。然所不备者，惟在二少，必不可谬及二太，何也？二太之下，日辰也。六十日中，从未有其日而无其辰，有其辰而无其日者。日辰全，上神亦与俱全，则安得谬以不备及二太也？所不备者，惟两阴神耳。盖既为日之阳神，则不得复为辰阴，谓之"阴不备"，其所主者，内宅也，坟墓也，他人之怀思心腹事也。既为辰之阳神，则亦不得复为日阴，谓之"阳不备"，其所主者，外事也，手足朋友也，我之怀思心腹间事也。故曰："阳神主外，见之于动作声色之显；阴神主内，隐之于怀思心腹之微。"夫日阴不备而曰"阳不备"者，以两仪之阴阳，非以四象言也。

凡虽不备而有克贼者，则有克贼之宗，或为元首，或为重审，即不备之元首、重审也。克贼乱动，则有比用之宗而为知一，是亦不备之知一也。俱比、俱不比，则有涉害之宗，或为察微，或为见几，是亦不备之察微见几也。无克贼比涉，则有遥克之宗，或为蒿矢，或为弹射，是亦不备之蒿矢、弹射也。若并遥克而无之，则昴星虽在，而四象不全，不可观也，其惟别责乎？故以名之。

别责者，别为责成以求动用之象也。盖机不开于克贼，而从昴星以开咎，所以通克贼之穷也。昴星之咎，既不可问，则所以通杀咎之穷者，其惟合咎乎？何也？合则亲，亲则气同而善应也。乃不用其所合，而用合上之神者，为吉为凶，神则莫之为而为，几圆而不可测也。

故凡刚日从阳，则视干之所合，而用其上神。如甲日之占，合甲者己也。己寄于未，则未上之神为所用也。中末两传，皆在日上。柔日从阴，则视支之三合，而用前合之上神。如子日之占，合子者申与辰也。而辰则在子之前，即辰上之神为所用也。中末两传，亦在日上。用传之变，至此而再，为第二变。

八专第七

诀曰：两课由来号八专，若还有克克还传。

课中上下如无克，顺逆刚柔后与前。

刚从目上顺三数，数要连根上堪取。

柔向阴神逆数三，连根取用定规矩。

问君中末向谁安，两样同归日上看。

惟有三传三个酉，须知己未酉加干。

八专者，两其四而八，则日辰各有司存，而可共襄至治。一其四而四，则支干共持一政，而有擅窃之嫌。盖支干共位，则日之两课，即辰之两课，而曰"两课"，而名之曰"八专"也。

凡有克贼比涉，而得种种象者，则皆为八专之种种象也。宗虽异名，用传之实，则一而已，虽变犹未变也，惟并克贼而无之，则不得不变，而为第三变矣。

故凡刚日从阳而数顺，柔日从阴而数逆，越其二而用其三，中末皆归日上，名之为"帷簿不修"。盖支干共位，则堂帘之分，久已无闻；人宅不分，则内外之嫌，伊谁问及，谓为"帷簿不修"也固宜。然则如何而后可以挽回世运也？其在疏逖之贤，孤忠之士乎？何也？权奸在位，则贤智退藏，左右前后皆小人也，不可用也，则是越二用三之深意也。中末传皆归日上者，权终不可下移，而功则归之君上也。

凡为帷簿不修者，刚日有二，甲寅、庚申是也。柔日亦二，己未、丁未是也。至三传皆酉，而名"独足"者，惟酉加己上之己未日耳。

伏吟第八

诀曰：伏吟有克须从克，无克柔辰刚用日。

中末皆求我所刑，自刑方取身为匹。

假使初传即自刑，中传还看日和辰。

刚中辰上柔中日，中往寻冲不计刑。

又曰：六甲伏吟寅巳申，六丙六戊巳申寅。

六乙日初中辰上，辰刑之处末堪停。

六癸须从丑戌未，六庚申寅巳相继。

六壬初日中取辰，末传亦在辰刑位。

惟有壬辰与壬午，末传却取冲来补。

问君何以末取冲，午辰皆有自刑苦。

六丁六己及六辛，相逢亥酉初投辰。

中传却在日上取，末取中传之所刑。

丁己辛逢丑巳未，初传亦取辰为贵。

末中何以皆取刑，丑戌未官刑所汇。

丁己辛如落卯宫，辰为发用刑为中。

中刑之处仍为末，子卯相刑不怕重。

刚日伏吟名自任，柔为自信名须称。

无恩无礼势加人，转转相刑转加甚。

此则九宗之第四变也。盖神与辰同，而气当其伏，则天地闭，贤人隐，未可有为，徒增浩叹，故曰"伏吟"。伏咋而有贼克者，惟乙癸日为然，余则无之，斯即伏吟之元首、重审也。

故凡为刚日，则自任其刚而用日上；为柔日，则自信其柔而用辰上。末中两传，皆求其所刑，中若自刑，则取所冲，初即自刑，则刚日中辰，柔日中日。凡若此者，皆所以通任信之穷也。

反吟第九

诀曰：反吟克比涉皆同，中末循环却取冲。

末若取刑非是法，伏刑动克有玄工。

反吟无克井栏射，惟有阴柔共六日。

丑未配干丁己辛，丑用登明未太乙。

辰中日末定三传，两课由来是八专。

丁未日辰兼己未，八专门内另行传。

此则九宗之第五变也。天地易位，而炁当其冲，则有反复之象，故曰"反吟"。反吟者，反复呻吟也。反吟而有克贼比涉，则为反吟之克贼比涉，宗虽异而机则同，犹未变；惟丁己辛之日，而其辰与丑未者，用传方变，而为"井栏射"也。"射"即"井谷射鲋"之谓。盖反以上冲而行传，则来复不远，可以望其有为，若第旁达斜冲而求用于马，则犹之乎井不为井，而反为谷泉，不上出而反下注，则其所注射者，仅及乎泥中之鲑鲋耳。夫反吟已非有为之局，而反吟之井射，则更不可妄有所为也。

盖丑日之马在亥，故用登明；未日之马在巳，故用太乙。中皆传辰，末皆传日。至于丁未、己未，则干支共位，人宅下分，犯分奸淫，无所不至，故仍属之帷簿不修，未可仅以用马概之，而亦列之井射也。呜呼！天道福善祸淫，君子趋吉避凶，观九宗之首元首，而终之以井射之帷簿不修，可以思其故矣。

八曰贵神

贵神从贵在天，而各有所司之神也。在六壬式而曰"将"，故称"天将"，亦称"天官"。天官者，天之官也。天官十二，而惟天乙为主，诸将顺逆，悉惟其命。盖将之吉凶，虽在乘神，和则吉，战则凶，而吉凶之变，实由天乙，顺则凶不为凶，而吉则更吉；逆则吉不为吉，而凶则更凶。

天乙之在天也，当紫微垣门路，职司战斗，知人吉凶。壬贵知人，故尊称之贵人，奉之为人事主也。

贵则从日而起，职分昼夜；星以出没为准，旦晚无愆。顺逆各有其序，乾坤巳亥；网罗皆非其位，辰戌魁罡。昼贵履一而顺周，夜贵肩二而逆布。先其干之所合，义不重临；介夫气之所关，毫无假借。至于用事，日夜一周，旦复其旦，方为一日。既以诀告，复以图传，象有三隅，惟君自反。

昼夜贵人诀

甲戊庚牛羊，乙己鼠猴乡。丙丁猪鸡位，壬癸蛇兔藏。六辛逢马虎，此是贵人方。

凡上一字是昼贵，得昼时者用之；下一字为夜贵，得夜时者用之。

阳贵人：甲羊戊庚牛，乙猴己鼠求。丙鸡丁猪位，壬兔癸蛇收。六辛逢虎上。此例贵人周。

阴贵人：甲牛戊庚羊，乙鼠己猴乡。丙猪丁鸡位，壬蛇癸兔藏。六辛逢午马。此是阴贵方。

昼夜贵人图

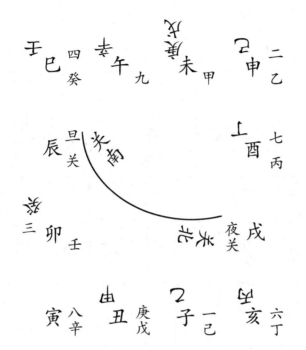

阴贵从此命，甲逆行，余悉同乾。

凡在关南者为夜贵，得夜时者用之，星出为夜。

阳贵起此命，甲顺行，遇合即贵，逢关遇冲值复，则超进一位。

凡在关北者为昼贵，得昼时者用之，星没为昼。

贵人顺逆诀

自戌至巳逆行，以亥到辰顺就。贵螣朱六勾青，空白常玄阴后。

贵人顺逆图

此以地盘言，不论何贵，凡加逆地则逆行，加顺地则顺行，如下

五阳 辰	乾巳六阳 夬	姤	午 一阴
四阳 卯	大壮	遯	未 二阴
三阳 寅	泰	否	申 三阴
二阳 丑	临	观	酉 四阴
一阳 子	坤亥六阴 复	剥	戌 五阴

天官所属

天乙己丑土　　螣蛇丁巳火　　朱雀丙午火　　六合乙卯木

勾陈戊辰土　　青龙甲寅木　　天空戊戌土　　白虎庚申金

太常己未土　　玄武癸亥水　　太阴辛酉金　　天后壬子水

用贵要略

贵临二八之门，虽曰门户之不宁，实将祸淫而福善。若履魁罡，既宜嘱托之堪行，亦有天罗地网之可畏。辰戌若为年命，则反为临年入命之荣。魁罡若系日辰，则又有入宅临身之喜。首嫌作鬼，最爱相生。鬼则访谒徒劳，生则于求可望。

贵乘岁建，为君为王。月建是乘，为官为长。喜乘生王，忌值战刑。若立空亡，为神为像。以生王为雕塑之人，以刑克为残毁之运。贵多不贵，谓之"遍地贵人，而为恩反寡"。昼夜错综，谓之"贵人差迭，而致力偏难"。此特用贵之大端，未可一言而尽也。

至夫凶将，首忌虎蛇。若论凶神，最嫌辰戌。蛇虎交持于卯酉，飞灾恐遂临门。若或交加于子午，切备祸生道路。魁罡有关格之嫌，四仲莫教轻覆；辰戌有网罗之象，日辰亦畏重临。略举一端，惟君三反。言难尽意，道贵心传。

九曰八煞

八煞者，干有德合鬼墓，支有破害刑冲，为祸福之权衡，乃吉凶之标准也，故曰"煞"。

德煞

刚日之刚自处，柔日之德从阳。一德可以解百凶煞，为最吉，而君子小人皆宜。厚以积之，谨以守之者也。

甲己德在寅，乙庚德在申，丙辛德在巳，丁壬德在亥，戊癸德在巳。

凡德临败地者，谓之"败德"。日年上神刑伤德神者，谓之"伤德"。德伤而败，则其人之生平受用可知，德可伤败乎！

合煞

合则亲，亲莫亲于夫妇，故凡十干之合，名为"夫妇合"。"二人同心，其利断金；同心之言，其臭如兰"，干合之谓乎？

甲与己合，乙与庚合，丙与辛合，丁与壬合，戊与癸合，谓之"干合"。又有所谓"支合"者，谓之"六合"。即子与丑合，寅与亥合，卯与戌合，巳与申合，午与未合，辰与酉合。凡此六合，谓之"日月合"。

予按：十干之合，深有慨于世道焉！何也？甲以乙妹妻庚，乙与庚合，而庚反制甲。庚以辛妹妻丙，辛与丙合，而丙反制庚。丙以丁妹妻壬，丁与壬合，而壬反制丙。壬以癸妹妻戊，癸与戊合，而戊反制壬。戊以己妹妻甲，己与甲合，而甲反制戊。是皆所谓"夫妇之合"，而皆为至亲之眷属也，何其不情之至，而操戈相向为？此女生外向，可以见其大凡矣。呜呼！天下大矣，不相合则恩怨无问，途人已耳；合则易以相亲，亦易开衅。《五变中黄经》以合处为鬼救之路，其亦有见于斯耶！

鬼煞

凡阳克阳，阴克阴，皆谓之"鬼"。君子小人，皆所忌见。凡阳克阴，阴克阳，则为官星。仕人喜见，庶人畏之。伏鬼王得气，亦可化官，而为君子之所喜；官囚无气，亦可化鬼，君子小人，皆非所宜见也。盖鬼在鬼方，则鬼自受克，不能肆害。鬼临生地，则鬼自恋生，何暇伤人。凡鬼王当时，灾犹未发，身衰无气，鬼便来伤。两弱寻扶，两强问救。盖扶鬼则恶，扶身则祥。救强于鬼则吉，鬼强于救则殃。明鬼既已操戈，不必更寻暗建；子孙若能制鬼，便须详及建干。鬼救两般，宜详其路；有路通干，方能得到。刑冲两处，皆所当求；于兹得一，不速能来。鬼在日上发用者，谓之"禁身"，临辰则为入宅。鬼当占时发用者，谓之"天网"，凡事不可妄行。鬼乘玄武，须防盗贼。鬼剥勾陈，宜惧斗争。鬼带病符，不可临门入宅。官符作鬼，须忧讼及公庭。此皆用鬼之大略也。引伸触类，而详以求之，则鬼贼情状，纤毫毕露矣，鬼其如人乎哉！

墓煞

墓也者，伏藏幽暗，窒塞不通之煞也。凡占不宜逢墓，而凡墓见天上者，墓自外来，我无其权，咎不在我，惟求刑以开之，冲以破之，否则引而避之可耳。墓若见于所履之地，则我自投墓，甘受其侮，于人何尤？盖羝羊之触，愈触愈赢，则何益矣？故凡墓覆日干者，其人若处云雾中，即令舆薪在望，亦必不之见也。墓覆日支，则家宅为之暗昧，阴小为之昏沉。墓覆行年，年中灾否。墓覆本命，一世昏蒙。墓覆官则仕途蹇滞，墓覆禄则禄位淹迟。墓财则经商难遂，墓马则道路牵缠。安营逢墓则多恐，投宿逢墓而不安。自墓逢生，知甘霖之早降，病讼皆可无忧。自生传墓，知霪雨之将晴，所事亦当终止。最喜陷空，墓无其位；病逢空墓，反可为凶。是则用墓之大略，勿轻身投墓，自取其咎。

破煞

破之为煞也，最巧而幻，人常堕其术中而不之觉，亦可悲矣。盖喜全恶破，人之情也。宁知偏于喜全者，人则阳示之以全，牢不可破。乃破即生于不可破，而为人所破矣。及既破而卒不知所以破，故首揭其破以示人。

盖支之六破，皆为旬中首尾，首尾相联，而循环无端，何其象之全也。全之极，破斯至矣。何也？凡天下之能富贵人者，即天下之能贫贱人者也。既以首尾全，能不首尾破乎！首虽六，实本乎甲，一旬之内，六阳即不尽属之甲，而不为甲属者，亦即甲之象也；六阴即不尽属之癸，而不为癸属者，亦即癸之象也。癸有闭义，甲性善宣，故亡盗之占，视为闭口，谓其能闭玄之口也，而逃者即从闭口处见获。何也？善闭人之口者，必不能自闭其口者也。此破之所以为破，而占情之所深虑也。

故凡子酉相遭则破，戌未相遭则破，申巳相遭则破，午卯相遭则破，辰丑相遭则破，寅亥相遭则破。破临日则身虑其破，临辰则宅虑其破。破发用则破在事初，破中传则事中防破，破末传则垂成防破。无所不逢，即无所不破，破之为患若此，占者其念之哉！

害煞

害之为煞也，起于小人之妒忌，而阴中伤之，君子之所勿为，盛世之所不能无者也。何以知之？盖小人之用心最深，而眼眶最浅。凡气同道合，而将有为于天下后世者，彼则深恶痛疾，下阻抑之不已也。

是故子与丑合，而未则害子。午与未合，而丑则害午。寅与亥合，而巳则害寅。申与巳合，而亥则害申。辰与酉合，而卯则害辰。戌与卯合，而酉则害戌。然则作合者，皆为六阳君子也。肆害者，皆为六阴之小人也。小人之妒害，能不大可畏哉！

刑煞

刑之关于天下国家大矣！善用之则祥，不善用之则殃。盖圣贤致治之妙用，而阴以补德化之穷者也。然则何自而有刑乎？恶夫显然负固，而莫可谁何者也。

刑有三象，曰"三刑、互刑、自刑"是也。三刑之象，亦复有二：寅之刑巳，巳之刑申，申复刑寅者，曰"顺刑"，为无恩之刑。丑之刑戌，戌之刑未，未复刑丑者，曰"逆刑"，为恃势之刑。互刑者，子刑卯，卯刑子也。自刑者，辰午酉亥；辰即刑辰，午即刑午，酉即刑酉，亥即刑亥是也。互刑之刑，谓之"无礼"。自刑之刑，谓之"任性"。故曰："刑者如何有三说，三刑必有三条裂。三刑所见必伤残，自刑须是带刑掘。"是则刑之象与性也。盖凡刑必伤，事必难合。刑加日辰，则为宾主之不投。刑加年命，则必刑伤之难免。公讼遇之而获罪，行兵遇之而伏强。二血刃刑，操刀必割。刑临二后，婚娶无成。凡此皆用刑之大略也。管公明曰："木落归本，水流赴东。金刚火强，各刑其方"，知此而可得其故矣。亥卯未合成木局，去刑亥子丑之王，故曰"木落归本"。申子辰合成水局，去刑寅卯辰之王，故曰"水流趋东"。巳酉丑合成金局，即刑申酉戌之王；寅午戌合成火局，即刑巳午未之王。故曰"金刚火强，各刑其方"。

盖寅卯辰三神党木，负固目中无人，而不知天下之有血性者，不约而同，不胫而走，各出手眼以刑之，则不觉坚为之瑕，而情见势诎，土崩瓦解矣。刑之者谁？申子辰也。刑也者，形也，所谓"形之状必从之"者是也。

盖申则堂堂正正，鼓行而前，声其负固之罪，而明以形之；子则稠其缯，馨其饵，委身听命，而阴以形之。至于辰，则即殷之伊挚，仍在夏也；周之吕牙，仍在商也。乃自刑者，尤为敌人之所不能测识，而故委之以与敌用者也。申子辰水局也，故曰"水流趋东"。至于亥子丑，则其负固者，水得其党也。而亥卯未，则以木局而刑之。故亥刑亥，卯刑子，未刑丑，所谓"木落归本"也。申酉戌之所负固者，金得其党也。而巳酉丑则即以金局而刑之，故巳刑申，酉刑酉，丑刑戌。巳午未之所负固者，火得其党也。而寅午戌则即以火局而刑之，故寅刑巳，午刑午，戌刑未。所谓"金刚火强，各刑其方"也。

若夫刑中之合，刑中之害，刑之去来，刑之虚实，刑之伤德，刑之胜刑，即德即刑，非刑非德之类，种种不可胜穷，引而伸之，咸有其象也。

冲煞

冲者，直前无惧之象。故兵之前行曰"冲锋"，水之奔溃曰"冲决"，鸿鹄之志曰"冲霄"，双龙之飞曰"冲斗"。然不揣时度势，审德量力，而以必冲为主，则反为他人所主，而溃败决裂，不可复支矣。冲可易言乎？

盖五行之冲有六，而其胜负之易见者四，不易见者二。夫寅之冲申金，明知金克木不相敌也，而必冲为者，以寅中之有生火，可以制金；而不知申中之有水生，可以制火，申之胜，寅之负可知也。申可往而冲寅，寅可往而冲申乎？巳之冲亥，明知水火不相敌也，而必冲为者，以巳中之有戊土，可以制水；而不知亥中之有甲木，亦可制土，亥之胜，巳之负可知也。亥可往而冲巳，巳可往而冲亥乎？至于子午卯酉之冲，更显而易见矣。故曰："胜光离位，乃阳穷阴长之方；神后坎宫，乃阴尽阳生之地。二神交会，忧家破以财分。若见相冲，必妻哭而子患。病因目疾，事起阴人。子日得之灾轻，午日逢之病重。"

至于辰戌丑未之冲，犹夫冲也，而何以胜负之不易见？盖辰戌丑未皆土也，以阳冲阳，以阴冲阴，势均力敌，胜负诚未易见也。殊不知戌可冲辰，辰不可冲戌。戌冲辰则顺，背天网击破军也；辰冲戌则逆，反戈而迎网之杀气，未有不败者也。若丑未，则未可冲丑而取胜，丑不可冲未而致败。未之于丑，既冲之而又刑之也。

虽然六冲定象当作如是观，而五炁十二炁之加临，则移步换影，而不可胜穷矣。

王相逢冲则发，休囚逢冲则散，并吉凶之象，而化为乌有矣。然凡凶我者，利见其冲，冲则始有破散之机可乘耳。虽当分视胜负，又当察其上下之气如何。

十曰二炁

二炁者，两间之炁，在天为五，在地为十二，而实则二而一也。天之五炁，王、相、死、囚、休也。五行之炁，随四时而迭转；四时之序，循天运以斡旋。故惟在天之神，足以当之，而为天之五炁。地之十二炁者：长生、沐浴、冠带、临官、帝王、衰、病、死、墓、绝、胎、养是也。其炁隐于地中，无着无亲，随夫人身之所履，万类之所临，而后有其象也，何也？有其身，有其类，斯有其炁；炁因身显，亦有类彰。身类去而炁亦与之俱去，则又何亲何着之有？盖身与类皆神也，亦即五行之炁也，故曰"二而一"也。至夫二炁之妙用，则鬼神可以出没，凶咎可以挽回，而非一言可尽，炁其可忽哉！

五行，木、火、土、金、水也，中有炁焉。炁因四时而为衰王，神以衰王而为吉凶。故凡春得寅用，夏得巳用，秋得申用，冬得亥用，谓之"机发当时"，即所谓"王炁"也。春得巳用，夏得申用，秋得亥用，冬得寅用，谓之"将来有进"，即所谓"相炁"也。春得申用，夏得亥用，秋得寅用，冬得巳用，谓之"反弓相射"，即所谓"囚炁"也。春得亥用，夏得寅用，秋得巳用，冬得申用，谓之"功成身退"，即所谓"休炁"也。若夫春之用土，夏之用金，秋之用木，东之用火，四季之用水，皆所谓"死炁"也。

机发当时者，无往而不利。将来有进者，可渐冀亨通。反弓相射者，宜晦名以敛其迹。功成身退者，当培养以达其支。是则五炁之在天神者之大端也。

所谓"地之十二炁"者，如甲日占事，甲履亥，亥即甲之长生炁也。甲或履子，则所履者为沐浴，为败炁也。顺而推之，各有应得之炁，用神、类神无不皆然。凡得长生帝王者最吉，所谓"下得生王之炁"者是也。余则循其名而核其实，吉凶休咎，未有不响应者。

十二炁^①

金长生在巳，水土长生申，木长生在亥，火长生在寅。

鬼

有鬼须问救，子孙能制之。鬼救须详路，刑冲最合宜。
鬼方与生地，肆言伤人未。王衰更宜详，灾伤未能识。

墓

凡占不宜墓，刑冲两字求。最喜逢空陷，无位墓何忧。

德合歌

甲德在寅乙德申，丙丁巳亥德中寻。戊己巳寅君知德，庚辛申巳德同称。
壬癸亥巳德中取，十干德合无虚理。
甲己合居寅，乙庚合在申。丙辛含巳位，丁壬合亥轮。
戊癸巳内合，十合总相寻。
子与丑合寅亥类，卯与戌合巳申同。午与未合辰酉是，总是支辰相合位。

破诀

子酉相遭破要明，戌未相遭破亦真。申巳午卯都是破，辰丑寅亥一般论。

害诀

子丑相合未害子，午未相合丑害午。寅亥相合巳害寅，申巳相合亥害申，
辰酉相合卯害辰，戌卯相合酉害戌。相合原来是六阳，相害六阴小人类。

刑诀

寅刑巳兮巳刑申，申复刑寅曰顺刑。丑刑戌兮戌利未，未复刑丑曰逆刑。
互刑子卯卯刑子，自刑辰午酉亥是。无恩无礼与任性，即刑即德人罕认。

---

① 十二长生从日干上定。

冲诀

寅冲申兮巳冲亥，子午卯酉冲不贷。辰戌丑未自相冲，六冲定象无能辨。

旬空

甲子旬中空戌亥，（壬日亥不空。）甲戌旬中空申酉。（辛日酉不空。）

甲申旬中空午未，（丁己日未不空。）甲午旬中空辰巳。（丙戊日巳不空。）

甲辰旬中空寅卯，（乙日卯不空。）甲寅旬中空子丑。（癸日丑不空。）

月宿

危、奎、胃、毕、井、柳、张、翼、角、房、箕、斗。（日行一宿，遇斗重留，见觜不用。）

年病符

从值年太岁数起。如丑年丑为太岁，一太岁，二太阳，三丧门，四太阴，五官符，六死符，七岁破，八龙德，九白虎，十福德，十一吊客，十二病符。

月病符，从月建数。一月建，照岁符例。日病符，从日建数。时病符，从时数，亦照岁符例。

天马

从六阳顺行，正月起午。

驿马

寅午戌马居申，申子辰马居寅，巳酉丑马在亥，亥卯未马在巳。

岁马、月马，日马，时马、命马，悉如驿马，与天马共为六马。

起甲

甲己还加甲，乙庚丙作初，丙辛从戊起，丁壬庚子居，戊癸何方法，壬子是真途。

大六壬总归卷二

提纲例约

壬之有纲，犹裘之有领。振裘者必挈其领，言壬者当提其纲。维纲云何？曰"四课"也，"用神"也，"三传"也，"天官"也，"八煞"也，如斯而已。虽然知四课而不知加临之变，不知四课者也；知用神而不知五炁之殊，不知用神者也；知三传而不知制救之情，不知三传者也；知天官为万类之主，而不知三才之用，不知天官者也；知八煞为经纬之需，而不知制化之妙，不知八煞者也。参而存之，是为提纲；神而明之，是在人矣。

一观四课之加临

凡日上神生日，谓之"益气"。益气者，有益于我之气也。得之者遇灾不凶，凡事皆吉，故曰："上神生我为益神，来扶来助。"

凡日生上神，谓之"脱气"。脱气者，脱耗于我之气也。得之者事多脱赚，得不偿失，故曰："我生上神为脱气，劳心劳力。"

凡日上神克日，谓之"损气"。损气者，有损于我之气也。昼为人损，夜为鬼损。王相犹可，休囚难当。王相为官，而君子得之，则为官星临身，进取求官，反以吉应。

凡日克上神，谓之"制气"。制气者，受制于我之气也。气惟我制，则使令惟命，而惟命是从者，莫先于财，故曰"我克者为财"。然而将吉神王，方可言财；若将凶神死，内外刑战，则为财神受伤，反主伤财。

凡日上神生辰，辰上神生日，谓之"交生"。人宅相生，彼此受益。

凡日上神克辰，辰上神克日，谓之"交克"。人宅相伤，宾主不睦。

凡日辰皆自生其上神，谓之"上脱"，则彼此皆被上人脱赚；而上神又生天官者，则为脱上逢脱，其脱更甚，故曰"脱上逢脱多虚诈"。

凡日生辰上之神，辰生日上之神，谓之"交脱"，则主东得西失，辗转脱赚。

凡日辰上神，各与日辰作合，谓之"上合"；或交互作合，谓之"交合"。惟宜和合圆成，不利解脱分散。但合中有刑害破，不可不熟审。

凡日上神墓日，谓之"本身逢墓"，故曰"华盖覆日"，如处暗室。王墓犹可，休囚更甚。

凡辰上神墓辰，谓之"家宅逢墓"，其家必住墓库阴僻之地。休囚为墓，王相为库。

凡日加日墓之上，谓之"将身投墓"，有甘心就罪之象。不利有攸往，不往何灾也。

凡日加辰墓之上，谓之"移家就静"，有借屋与人之象。舍己以从人，甘就其晦也。

凡日辰上神，各与日辰刑害，或交互刑害，则有彼此猜忌之象。

凡日辰上各见日鬼、辰鬼之墓者，则主凡事不明，最为凶兆。如木日则以丑为鬼墓之类，金神克木为鬼，丑盖金之墓神也。

凡辰加日上被日克，所欲不求而自得。财来就人，气王更吉。

日加辰上被辰克，屈身取侮当自责。自取乱首，咎不在人也。

日加辰上辰生日，俯就他人求所得。

辰加日上日生辰，万事徒劳总不成。

辰加日上辰克日，卑下犯人非美德。

日加辰上日克辰，用力于人事始成。

辰加日上辰生日，任意求谋百无失。

日加辰上日生辰，虚费心机百不成。

凡日上神王日，最宜守旧。如木日以卯为王神之类。

日上神为日禄，主有荣名，切不可舍此禄神，而别求动用。

日上神为驿马，君子升迁，小人身动。（子日马寅之类。）

日上神为日德，最利进取。（甲日德寅，支德亦吉，子日德巳。）

日上神为日败，事主败坏，凡事皆凶。（木日败子，支败亦凶。）

日上神为日死，凡事宜止，空则解凶。（木日午死。）

日上神为日绝，凡事结绝。（木日甲绝。）

辰上见日之禄神，尊屈于卑，贵以下贱，权摄不正。

辰上见日之官星，贵人进阶，常人招讼。

日辰上神，互换相冲，宾主不投，人情不美，与反吟同。

四课不全，事不满意，求谋不成。

日上神为日鬼，最为不吉。

日上魁罡，事不由己；辰上魁罡，家宅不宁。

辰上空亡，或见天空，多主戏谑。

日辰上见刑害，人情不美，凡事不宜。

凡日课为主、为尊、为天、为动、为远、为高，辰课为彼、为卑、为地、为静、为近、为小。上生下则利，我生彼则不利。

凡日上神为太阳，身近恩光，最为吉利。辰是见月宿，为凶神入宅。月宿，太阴也。正月起危、二月起奎、三胃、四毕、五井、六柳、七张、八翼、九角、十房、十一箕、十二斗。日行一宿，遇斗重留，见觜不用。

凡干上有鬼而辰克去之，辰上有鬼而干克去之，皆为吉占。又看用为何神，以定休咎。

二察用神之生克①

凡用在日上两课为外事，主远，主去。用在辰上两课为内事，主近，主来。

用起上克下，卑幼有灾，事从外来。占利男子，兵利先起。

用起下贼上，尊长有厄，事从内起。占利女人，兵利后应。

凡用得太岁，事在年中。用得月建，事在本月。用得旬首，事在本旬。用得节炁中立之首日，事在半月之内。用得本日之干，事在本日之内。用得炁首之日，事在五日之内。

凡用临长生，所谋大遂。用神所临之地盘，即用神之长生也。发用临死，其事必止。（如木用而下临午上也。）发用临败，其事必败。发用临绝，事结人来，信至病死。发用临墓，事必隐晦。

凡用神冲日、破日、刑日、害日，则身不安稳。用神冲辰、破辰、刑辰、害辰，则宅不宁静。

若用克四课内之六亲，亦即以言吉凶。如甲日以土为财，四课内有土，而用神寅卯克去之则无财矣，若课内本无其财，则不得言克财，六亲仿此。

凡用神，下临克地，而上神又来墓用，谓之"仰丘俯仇"。上神即中传，中传即用神之阴也。

凡用神克太岁，主岁中灾。克月建，主月内灾。克旬首，旬内灾。克日干，忧己身。凡身动及公讼，克日支，忧妻妾卑下，及家宅不安。克占时，主心动忧惊。克行年，谋事不成。克本命，命运颠倒。然须视其克日、克年、克命之神与日，果为何类。若系日鬼，则为身灾。为日刑，则防刑责之灾。带驿马、天马，则防车舟倾损跌蹀之灾。带血支、血忌，则防血光之灾。带官符、病符，则防词讼、疾病之灾。带天鬼、月厌，则防魑魅、怪异、火烛之灾。惟为日财所克，则反利求财。日禄所克，则反利干禄。惟刑克两字，为壬式关键。惟日干行年本命为己身休咎，而岁月旬则不过论其灾发之时耳。

---

① 发用之神，主事之吉凶成败。以王、休决之，春木王。

凡用神得四时王炁者，主有喜庆。用若临于王炁之上为其所克者，则主官非，"王炁所胜忧县官"也。如春占用木，则为王炁；如用土临木，则为"王炁所胜"矣。"忧县官"者，县为守土之官，古之诸侯也。炁王当建而有侯象，所谓"建侯"也。用为建侯所胜，故有忧焉。

凡用神得四时相炁者为益财，如春占火用是也。用若临于相炁之上，受其伤克者，则主失财。盖相炁为四时子孙，子孙生财之神也，故主益财；子孙之炁反来伤用，故主失财。相炁胜，忧钱财也。

凡用神得四时死炁者为绝灭，如春占土用是也。用若临死炁之上，受其伤克者，则有丧亡之忧。盖死炁即是四时财神，为养命之源，而反伤用，用事之几也。其几如彼，则无以养命矣，故主死丧。死炁所胜，忧死丧也。

凡用神得四时囚炁者为阻滞，如春占金用是也。用若临于囚气之上，受其伤克者，则有狱讼之忧。盖囚炁即为官鬼，官与鬼惟狱讼首畏之，临其地而受其所胜，能无凶乎？囚炁所胜，忧刑狱也。

凡用神得四时休炁者为败坏，如春占水用是也。用若临于休炁之上，受其伤克者，则有疾病之忧。盖休炁即为四时生神，生乃生身之本，而反伤用，则生无所恃而败坏随之矣，故忧疾病。休炁所胜，忧疾病也。

故曰："王发言官事，妻财相气论。死言丧祸至，囚动见官刑。休来忧疾病，诸家卦备陈。"若只以用神为言，而不论其所临之地，则失之矣，乃有以日干求五炁，而不从四时者谬也。

凡用神得相炁为炁至，其事将来，宜占进取。用神得休炁为炁谢，其事已往，宜占脱散。

凡日鬼为用，事坏忧生。若用神自临克地，则不能为灾。

凡日墓为用，凡事不发。若用神下临长生之地，则旧事再发。如甲日小吉为用，下临申地之类是也。

凡日刑发用，百事不利。日冲日破发用，虽得必失。日害发用，凡事疑阻，得不偿失。

凡空亡发用，亦为本身空，忧喜俱不成，托人多诈，闻事不实，求脱忧未能脱，小事出旬可望，大事终久难成。

凡日干之同类发用，事涉兄弟。用若下临克地，则事不由己。

凡天官下生用神为得道，得道者多助，无所不宜。用神上生天官为失道，失道者寡助，所作违碍。

凡用神下临克地，而天官又下克之，则为夹克。凡事逼迫，不由自己；吉不成吉，凶则大凶。如功曹临申发用，上乘白虎之类是也。

凡用神下临生地，而天官又下生之，则为比和。吉事顺美，凶事有救。如功曹临亥发用，上乘天后之类是也。

凡地盘克用神，用神克天官，为内战。祸患难解，事从内起。

凡天官克用神，用神克地盘，为外战。凶祸易解，事从外来。

凡用被下克，上乘四将而动，若未能制之，可以反凶为吉。

凡用神空亡，所谋不成，所忧易脱，其事不实，其人不来。

凡以用神与所临之辰相因而言数目，如神后加未为用，子数九，未数八，八九相因而为七十二数之类是也。若发用作空，则当别取类神之上下而因之。

凡德神发用，事成或凶散。

凡日辰之上见凶神恶煞，如日鬼日刑之类，而用能克去之则吉。

三传始终

凡初传吉，末传凶，事主先易后难。初传凶，末传吉，事主先难后易。

凡占进取，而三传渐见有气者，则为吉占。如春占，初得亥子，末得寅卯之类是也。若渐见无气，则宜守旧。

凡占脱散，而三传渐见无气者，则为吉占。如春占，初得寅卯，末得亥子之类是也。若渐见有气，则所事难解。

凡初传在日前一位，末传在日后一位者，谓之"前引后从"，主有升官迁秩之喜。引从地支者，则有迁居修宅之庆。

凡三传不离四课者，谓之"课内藏传"。占吉占凶，皆有成就之象。故凡病讼忧产，皆忌见之。

凡三传与日辰互换作合者，事主反复不定，牵连不了。

凡三传俱为日干之生者，谓之"益气"，凡占俱吉。如甲日占，三传申子辰之类是也。三传俱为日干所克，谓之"全财"，财多反为不美。如甲日占，三传辰戌丑未之类是也。三传俱克日干，谓之"全鬼"，鬼多亦为不吉。惟四课上原有制鬼之神，始可转凶为吉，如乙日三传酉巳丑之类是也。

凡三传俱受日干之生者，为"全脱"，请托多虚谎，谋事多不成，忧病未得脱，干求多费力。如甲日占，三传寅午戌之类是也。

凡三传与日辰互作三合，而内一神空亡者，谓之"空合"，吉凶俱主不成。

凡三传俱阳，事必显著；俱阴，事必隐秘。子寅辰午申戌为阳，丑卯巳未酉亥为阴。

凡三传初生中、中生末、末生日干，或末生中、中生初、初生日干者，事必转相提携，委曲成就。若逢空亡，则仍有名无实。

凡三传末克中、中克初、初克日干；或初克中、中克末、末克日干者，则必转转牵扰，递相欺凌，事败求无，讼刑病死，虽不克日，亦有其象。

凡三传自干上发用，传归支上者，必是我托人干事。自支上发用，传归干上者，必是人托我干事。

凡初为长生，末为墓者，主先易后难，初吉终凶。初为墓神，末为长生者。事主先难后易，初凶终吉，惟三合局有之。

凡三传合住，冲日方动。三传首尾相冲，合日方住。

凡三传传进，作事宜进，吉凶亦渐进盛。三传传退，作事宜退，吉凶亦渐退散。

凡三传初末同辰，凡事宜速。

凡三传间位，事多阻滞。

凡三传冲开课中之墓，亦为吉兆。然一冲不能破二墓，不可不知。

凡三传不在四课之上者，事必难成。

凡三传魁罡，凡事不安。然而魁罡所指，鬼神不能为祸。

凡三传得见日干者，为之三传朝日，吉凶皆有不能逃避之象。

凡三传见于日辰之中，谓之"夹定三传"。如乙丑日干上巳，三传寅卯辰之类是也。凡占者皆有吉不容避，凶不可逃之象。病讼忧产，皆忌见之。不拘日上辰上，但见一空便为空夹，则有将得复失之象，凶不至死亡，吉亦不成大喜。不拘前后，尚虚一位者，谓之"虚一"，则有小节不完之象。然须看虚上所得何神，神与日干果为何等亲属，兼以天官言之。假如所虚为日财，则必使钱不到。所虚为父母，必是文书欠缺之类。如丁卯日干上申，三传辰巳午，虚一未字，未为丁之子孙。上乘勾陈，勾陈主田土，必是子孙田土不及之类是也。若占人年命填而实之，则又不为虚一之类矣。

乙丑日干上巳例：

```
六 朱 空 青
卯 寅 午 巳
寅 丑 巳 乙
```

```
兄 丙 寅 朱
兄 丁 卯 六
财 戊 辰 勾
```

```
    空 白 常 玄
    午 未 申 酉
青 巳       戌 阴
勾 辰       亥 后
    卯 寅 丑 子
    六 朱 蛇 贵
```

丁卯日干上申例：

```
空 白 朱 六
巳 辰 酉 申
辰 卯 申 丁
```

```
子 戊 辰 白
兄 己 巳 空
兄 庚 午 青
```

```
    青 勾 六 朱
    午 未 申 酉
空 巳       戌 蛇
白 辰       亥 贵
    卯 寅 丑 子
    常 玄 阴 后
```

若日辰之中止夹两传，而有一传透出在外，则为透关之格，须观所透者，于日干为何等亲属以决之。若透出为凶神，凶去矣。透出为吉神，吉则去矣。如甲子日干上丑，三传子亥戌，子亥二传居日辰之中，戌则透出在外，戌为日财，上乘玄武，主有失财之事之类是也。凡得透关之格，而中传见日，尤为要紧。

甲子日干上丑例：

```
玄 常 白 空
戌 亥 子 丑
亥 子 丑 甲
```

```
父 甲子 白
父   亥 常 ◎
财   戌 玄 ◎⊙
```

```
六 朱 蛇 贵
辰 巳 午 未
勾 卯     申 后
青 寅     酉 阴
丑 子 亥 戌
空 白 常 玄
```

凡初见日干之墓，中见用神之墓，而未能冲之，谓之"破墓"，可以吉言。

凡初有凶恶末克去之则吉，初有凶恶又克其末者必凶。

凡中见日墓，事当中止。见日破日冲，事必中坏。中见日害，谓之"折腰"，事当中阻。中见日空，谓之"断桥"，事主中断。

凡末见中传之鬼，谓之"传中藏鬼"。末为事之结果，最为紧要者也。三传俱空，则百无一实，盖两传空亡，一传又遇天空也。凡三传之中，两传遇空，只以不空者言事。如初中空，当以末传言事之类是也。

凡用传可解日辰上之凶，末传可解发用之凶，行年可解末传之凶。凡末空谓之"传入空亡"，吉凶至后，皆无实际。

凡三传互克，则前有凶神，而无人制之，皆凶兆也。

凡自死气传生气者吉，自生气传死气者凶。

凡三传所属五行，皆当与日干较取六亲。如甲日见太乙为子孙，见大吉为妻财，见登明为父母，见从魁为官星，见太冲为兄弟之类。

凡占须以类神为主。如占失脱，则以玄武为类。即式中不见玄武，亦当视之，以言方向式目，故曰"所筮不入仍凭类"。

凡类又不宜执着。如占家宅，而白虎临辰作鬼，则当以栋梁损折为言。若系占财，则又不当作如是观矣，故曰"非占现类言之"。

贵神吉凶

凡占必以天官为万类之主。如占盗贼视玄武，求财视青龙，文书视朱雀，干贵视天乙，怪异视螣蛇，争斗视勾陈，疾病视白虎，谒见视六合，饮食视太常，奴婢责天空，阴私责太阴，妇女责天后之类。然此特其大略也，触类而长之，则有不可胜言者在。

凡类虽以发现为主，则所求易得也。若课传无类，亦当视其方位，以言吉凶。至其情状，则当视其阴神，阳见其象，情归于阴也。

凡天官所乘之神虽吉，若临刑克之地，则亦不吉。天官所乘之神既凶，若临受刑之地，则更为凶。

故凡天乙临刑，为患非轻。如巳为天乙，加临寅上，寅刑巳也。天乙临害，小事成大。如子为天乙，加临未上，子未相害，未又克子也。天乙坐狱，干贵必辱，贵履辰与戌也。贵人临空，虚喜无功，天乙乘神，加临空地也。惟天乙临日，谓之"临身"，最吉。

凡天官既凶，而又下临死墓绝地者更凶，最不利。如白虎凶将，乘寅为绝，临子为死，临丑为墓，值此则为祸更深。余凶仿此。

八煞制化，凡临陷地，则不能为祸福。

干有德合鬼墓，支藏破害刑冲，看其王相空亡，定其往来生克。合乃完成，德为庆会；鬼主伤残，墓多暧昧；破知损坏，害见侵凌；刑分强弱，冲不安宁。王相察气于四时，空亡主事于一旬。往来定远近之期，生克分父子之亲。

德神临日，凡凶化吉。发用制之，反为不吉。若遭夹克，谓之"灭德"。

凡德神临于日鬼之上，又与日鬼作合，谓之"德化为鬼"，反吉为凶。

凡德神逢空受制，遭刑破害，皆不能为福。如甲日用寅为日德，而寅上见巳则为德神被害，见死墓绝者例亦如之。

干德：甲己德寅，乙庚德申，丙戊德巳，辛癸亦德巳，丁壬德亥。

支德：子日从巳顺支。

天德：正丁未，二坤申，三壬亥，四辛戌，五乾亥，六甲寅，七癸丑，八艮寅，九丙巳，十乙辰，十一巽巳，十二申庚

月德：正巳丙，二寅甲，三亥壬，四申庚，三周。

解神：九十月起午顺行，两月一字。九十月午，十一十二未，正二月申，三四月酉，五六月戌，七八月亥。

天德合：正壬亥二乙辰三逢丁未，四丙五寅六己停。七戊巳八亥九辛戌上，十庚申十一月逢申。十二月中寻乙辰用，百事施为福自生。

月德合：寅午戌月德合辛，亥卯未月己干寻。申子辰月寻丁火，巳酉丑月乙为邻。

时泰类

时泰

太岁月建入传乘龙合是也，作日财更吉。

太岁为天子，月建为诸侯，青龙为官爵、钱财、喜庆吉神，六合为谋干、利禄、婚合吉神。四者会合，更为日辰财德，如人时运通泰，故名。

占主百事亨利，仕官迁转，常人获财，逃亡必归，盗贼自败，孕生贵子，前程浩大。如初传青龙，末传六合；初传六合，末传青龙，俱逢太岁、月建作日财德皆是，太岁发用更佳，入传亦可。

龙德

太岁作月将，乘贵人发用，或太岁乘贵人入传，中见月将亦是。

太岁君也，首出庶物，德被天下。月将太阳也，悬象在空，明照四方。贵人吉将之首也，降福致祥，济渡苦厄。太岁作月建，更乘今日贵人，如龙兴雨泽，德及万物，故名。

占主天恩荣宠，仕宦超擢，小人获财，罪囚出狱，凡谋皆利，纵乘凶将无害。若太岁乘贵人发用，又兼月建乘青龙入传，更吉。此课惟尊贵求卑下不吉。或带煞为日鬼，占讼则事干朝廷。

天恩

干支得用乘贵人，兼青龙天后入传或年命是也。

干支属本季王气得用故也。如春占甲寅、乙卯日之类，兼贵后凑合，是上天有降福之意，故名。

占主仕者得膺朝廷恩典，常人得贵人恩泽，兼孕贵子，病痊囚赦。此课若传见空亡，又名天恩未定事虚喜，虽有所为，犹豫未决。

天心

岁月日时俱在四课之上，或俱在三传之中皆是。

传只有三，而四建偶或同宫，故有俱在三传中者。四建偶尔同聚，遭遇异常，若天作其合，有以成就者然。

占主其事远大非常，及干朝廷，可立而就。如三传年月日时顺者，为移远就近，缓事速也。日用王神将吉，贼不出境，行人回。若朱雀临太岁，主朝位即动，尤的。此课吉事成福，若占病讼、阴私、生产，忧疑解释事反凶。日用囚死神将，凶祸更难解。又或太岁加戌，戌加岁为重阴，忧女。月建加辰，辰加月为重阳，忧男。戌与岁加月，为阴覆阳，事在内；月与辰加岁，为阳覆阴，事在外，时传及年命虽吉亦凶。

三光

日、辰、发用，皆王相乘吉将。

日为人，辰为宅，用神为动作，三处王相乘吉将，是三处皆有光辉，故名。

占主光辉通达，百事昌吉，不劳而成；纵年命凶杀，亦不为凶。

此课主吉，然末传亦最要紧。若日辰居天乙后，并末囚死乘凶将，为三光失明之象，前有功德虚喜，后复塞抑难通。

三阳

天乙顺行，日辰居前，发用王相。

天乙左行，阳气顺一也；日辰前于天乙，阳气伸二也；用神王相，阳气进三也；三者阳气开泰，故名。

占主百事皆利。如神将上下相生，定主官职高迁，纵逢外害无妨。

此课主吉。然或天乙在辰戌，为贵人坐狱。狱，阴也。用神为鬼克日，中末无救神，则为三阳不泰。占事暗昧难就，先吉后否。

课传中六阳俱备者，名"六阳课"。利公用，不利私谋。

富贵

天乙为用，乘王相临日辰、行年、传中，有气是也。又支干逢禄马，亦是。

天乙为十二神元首，端主财喜官爵，富而且贵，故名。

如传遇戌加巳，又为富贵权印之象，更吉。若遇太常为绶，及驿马乘青龙，主积代富贵。此课如贵人入狱，又名"势消课"，告贵不允，所求皆凶。乙庚及辰戌日，并辰戌年命之人，又不以坐狱论。又贵人坐狱为受贿，宜阴祭私祷。凡传见昼夜两贵，主告贵成事，必干两处贵人成就。凡四课三传，皆昼夜贵课，遍地贵人，为贵乡不贵，告贵反无依，在任多差使，或权摄不归于一。占讼致干多官，尤凶。日贵在夜，夜贵在日，为贵蹉跌，若贵干事，多不归一。然日贵在夜，开眼作暗；夜贵在日，目暗而明。日贵在夜，夜贵在日，官访官得见，下人谒官不见，以贵往见贵故也。贵在干前，事不宜迫，迫反为贵所怒。贵在干后，官催，不催事慢。两处逢空，或事许允无成，或误报虚喜，换句可成。两坐受克，万不可告贵用事，占讼贵人怒。朱雀所乘神克贵，求文书，贵人忌惮。六丁日，贵作日鬼临日，占官利；占病，神祇所害。临支家神致病，宜安慰宅神，墓鬼尤凶。贵作六合，占讼，理直而遭曲断。此皆不论发用与否也。

官爵

或驿马发用，印绶入传；或印绶发用，驿马入传。用临日辰年命，尤的。天魁印也，太常绶也，驿马使命之神也，此迁除官爵之象，故名。

占主无官得官，有官进爵。传中合神动，更主重迁。如寅为驿马发用，末传亥是也。驿马既动行人至，求望遂，讼者遍干诸司，孕生贵子，访人不遇。

此课若驿马逢冲，官爵留滞；印绶逢空亡，官爵脱失矣。

三奇

旬奇发用，或入传是也。又有连珠奇、遁奇、干奇。

甲子甲戌旬用丑，甲申甲午旬用子，甲辰甲寅旬用亥，此为旬中三奇。盖丑为玉堂，鸡鸣于丑而日精备。子为明堂，鹤鸣于子而月精备。亥为绛官，斗转于亥而星精备。日月星三者之精，为六旬之奇，故名。

若三传亥子丑为连珠三奇，或地上三奇乙丙丁，天下三奇甲戊庚为遁奇。又甲日午，乙日巳，丙日辰，丁日卯，戊日寅，己日丑，庚日未，辛日申，壬日酉，癸日戌，此干奇也。旬奇干奇并临为上，有旬奇无干奇亦可；若止有干奇，不名三奇。

占主凡事逢凶化吉，不忌刑杀，士有奇遇，官有异政，何往不利。

此课如奇作空，未免奇中有损。先明后暗，吉凶无成。

六仪

旬仪支仪发用，或入传是也。

甲子旬用子，甲戌旬用戌，余仿此。六旬六仪也。子日午，丑日巳，寅日辰，卯日卯、辰日寅，巳日丑，午日未，未日申，申日酉，酉日戌，戌日亥，亥日子，此为支仪。盖旬首乃为六阳，支仪为官星之长，直符之使，此旬与支之首领，为诸侯仪表，故名。

旬仪支仪并临为上，有旬仪无支仪亦可；若只有支仪，不名六仪。

占主凡事吉利。若旬首为用，更作今日贵人，为富贵。六仪作帘幕官，士人高第。若奇仪全遇，凡百事吉不可言，惟仪克年命凶。

轩盖

三传午卯子，午为天马，卯为天车，子为华盖；三传并遇，如乘驷马高车高张笔盖者，故名。

占主加官进爵，干贵欢会求财便，车马既动，行人必至，贼必来，访人不遇。如午又作月内天马，卯又作月内天车（正七月内是），其动尤速。车马作财，财自外来。高盖有龙，出行则大雨。此课占病，主魂游千里，多难延长。或三传带煞，乘蛇虎死气，克年命日辰，或空亡，或卯作丧车，或刑冲，定主凶动，变轩盖为三交，乃落轩堕马之象。

铸印

三传巳戌卯，巳为炉，戌为印，卯为印模。戌中辛金，遇巳中丙火作合，煅炼成印符，故名。

卯为车，又名"铸印乘轩"。占主符命入手，科名官爵俱高，干谒吉。如戌巳又为生日之印，更遇太常为绶，乃印绶双全，定主转迁升擢。

此课主事成迟晓，然惟利官，庶人不利，更不利于病、讼、忧、产四事。又夏月巳午时，或值蛇雀火木王，戌卯或值空亡，则为破印损模，官必不迁；

兼遇神将凶，主先成后破，徒劳心力。大都铸印乘轩，须得驿马、太阳、六合，乃为真体。又有丙丁日，戌加午上得吉将，亦为铸印。春夏丙丁日，火王太过，不在此论，然须白虎、太阳、蛇雀，金火之将入传，若金多火少，金少火多，为五行不备，必有所伤。或末传得天后、玄武，更临水乡，与日相破，名曰"铸印不成"，来意主望官爵，吉事欲成中阻耳。又铸印课乘日墓，主退失，或旧事再新。

斫轮

卯加庚辛申酉发用，卯为车轮，金为斧斤，日就金新，故名。

占主禄位高迁，革故鼎新之象，更喜戌为印，太常为绶入传。卯加庚与申为上，辛酉次之，缘卯中乙木，与申中庚金作合成器。或壬癸日见水神为舟楫，初乘有马引从为轩车，能任重致远，除官必矣。斫轮来意，主谋望官事，先历艰难，后却有成。盖木畏金，故主艰难后却有成也。将得龙常阴合，方成其体，求财大获。寅亦是木，如何不作斫轮？盖寅乃天梁，成器不须斫也。此课多主事成迟晚，占孕与讼病忌之。木休囚乘白虎为棺椁，值空亡为朽木难雕，须另改革。春季甲乙日寅卯时，木太重为伤斧，秋季庚辛日申酉时，金太重为伤轮反凶。或辛卯日，干上卯为财就人，宜急取之，缓则被木克其戌土，反有害也。与乙未日，未加乙同。若传见本日墓神，名曰"旧轮再斫"，来意主退官失职，再谋复兴之意。大都斫轮课，木日艰难，火日灾病，金日获福，水日心不定，变异艰难，土日流转。

引从

前引后从，或初末传拱干，主得人提携，大利。或两贵拱干，主官职升迁。两贵拱支，主家宅吉庆。或贵临干，共拱年命，主得两贵成就。或干支拱日禄，宜占食禄事。或干支拱贵，宜占告贵事。又有干支并初中及中末拱地贵，亦是。此皆前引后从，故名。

占求财、求官、出行、婚孕，皆宜。

亨通

支干生王，或初生中、中生末、末生干，及末生中、中生初、初生干，为迭生格。或干上生干，支上生支，为俱生格。或支上生干，干上生支，为互生格。或干上乃干王神，支上乃支王神，为俱王格。或干上乃支王神，支上乃干王神，为互王格。此乃亨利通泰之象，故名。

占主大吉迭生，得人重重荐举，终始成就。或末助初传生日，主傍人暗动吹嘘。或末助初传作日财，主暗地财来相助，且主人宅安吉。互生彼此相助，和合俱王，谋用省力；彼此投奔，互有兴王。

此课若迭生俱空亡，克害破财，凡事难成。或初生中、中生末克干，为恩多怨深，作事美中不美。或俱王中有王禄临身，传财逢空，不可舍此别谋动作。倘有意外之图，远动谋为，则羊刃变为网罗缠身。若六处无冲克破网罗，反为凶。（日辰年命，传用六处。）

德庆

凡干支德神及天月德，临年命发用者是。

干德者，甲己在寅，乙庚在申，丙辛戊癸在巳，丁壬在亥。

支德者，子日起巳，丑日起午，顺行十二辰。

天德者，正月丁、二申、三壬、四辛、五亥、六甲、七癸、八寅、九丙、十乙、十一巳、十二庚。

月德者，正丙、二甲、三壬、四庚，周而复始。德星扶持，不忌诸煞，转因为吉，庆莫大焉，故名。

如德神为鬼，利占功名。如德空，或德带煞乘虎，或神将外战刑克，不吉。

合欢

凡课传见干合、三合、六合多者是。

干合者，甲己中正合，乙庚仁义合，丙辛威权合，丁壬淫佚合，戊癸无情合。六合者，子合丑实，丑合子空，亥合寅就，寅合亥破，戌合卯旧，卯合戌新，辰合酉暗，酉合辰醒，巳合申顺，申合巳疑，未合午晦，午合未虚。三合者，亥卯未繁冗驳杂，巳酉丑矫革离异，寅午戌党侣未正，申子辰流而不流、滞而不竭，宜动不宜静。凡日辰年命见合，乃和合欢美之象，故名。

此占或合有二、三，则涉二、三事，或传遇三合，全脱，本不利，若生起干上财神，或生支上财，为取还魂债，利取财。此课虽吉，占病讼忧疑难散，占失脱藏匿难获，占文书谋干难成。或合带刑冲破害，蜜里藏砒，合空事，竟难济，合带暗鬼克日，乘蛇虎雀，仍有患害，不可妄图，及托人干事。

四顺

初传将凶，末传将吉，一也；初囚死，末王相，二也。四者皆为顺利，故名。

占主始虽阻滞，终获通泰。

五福

初传囚死，末传王相，一也；子逢凶，母带得救解之气，二也；初传凶将，末传吉神，三也；初传鬼，年命上神克之，四也；德星日主，五也。此转福为福之象，故名。

迍福

八迍课，又得五福。

假如癸酉日午时，亥将春占，课得午癸亥午宾酉未寅，传得未子己，时得雀虎贵囚死，一迍。未下春木不胜，二迍。木墓在未，仰见其丘，土畏木克，俯见其仇，三迍。将雀，四迍。雀与刑合，五迍。子临未，下贱上，又乘虎，六迍。子得虚宿，主坟墓哭泣，七迍。干上蛇，支上武，俱凶将，八迍。初末死，末巳相，一福。末生初，子投母，二福。初雀末贵，三福。巳受子克，得贵人救，四福。癸德附戊，戊寄丙，午临日，五福。迍中有吉，故名。

占主化凶为吉，先忧后喜。

```
朱 玄 空 蛇
未 寅 亥 午
寅 酉 午 癸


官 辛 未 朱
兄 甲 子 白
财 己 巳 贵


青 空 白 常
戌 亥 子 丑
勾 酉     寅 玄
六 申     卯 阴
未 午 巳 辰
朱 蛇 贵 后
```

凶否类

乱首

干临支被克为"自取乱首"，支临干克干为"上门乱首"，更兼发用，尤的。

干为尊上如首，支为卑下如足，卑下无礼作乱，故名"乱首"。上门乱首发用，又名"反常课"。占主小害大，下犯上，家内背逆。自取乱首，尊上自失礼，为支所犯，事体稍轻。上门乱首，尊不惹卑，卑敢犯上，事体重。自取乱首，事发于内而起于外，兵不利客，惟可固守解围，切不宜攻。上门乱首，事发于外而起于内，兵不利主。支伤则谋望无成，干伤则占官不宜。若见卯酉后合，主男女讹杂，不分长幼。

干临支，生支曰"偃蹇"，泄耗甚也；支生曰"俛就"，先难后乐也；同类曰"培本"，比和相劝也。

赘婿

干临支克支，支临干被克，更兼发用，尤的。干为夫，支为妇。干临支，以动就静，如男子婚赘妻家，俗所谓"坐堂婿"。支临干，以静就动，如妇人携男就嫁，俗所谓"随嫁儿"。皆舍已从人，以身入赘，故名。

占主凡事不快，身不自由，屈意从人，事名牵制。日用休囚乘凶将，病人缠染不脱。日用王相乘吉将，求名望利可成。将临六合，必主招婿婚姻事也。甲戌日，戌临甲，有女人衣服事。甲辰日，辰临甲，有斗讼事。乙未日，未临乙，有酒食言语事。癸巳日，巳临癸，有争衣服、惊恐事。己亥日，亥临己，有女子惊逃事。丁酉日，酉临丁，有分离事。壬午日，午临壬，有田宅相连事。戊子日，子临戊，有女子疾病、就人财物事。丙申日，申临丙，因言他人事。辛卯日，卯临辛，有木器伤财事。

此课干临支克支，惟乘囚死作合阴，名"赘婿"。若乘王相作勾虎，又名"残下"，甚不利卑小也。皆主仗他人势，事乃可成。支临干，看支上神原受艰难，则为不得已而出随他人，受此折磨。如支上原有存处，岂可轻易舍己从人？君子于此，审其可否，则免失身之咎。若支乘脱气，必无正房可居，终非自立之象。二项若中末见救神克日，若年命得神将吉，又名"赘婿当权"，可任意为也。

支临干生干，曰"自在坐享"也。同类曰"壮基"，并力相聚也。

凌犯

干克支，下贼上为用。支克干，上克下为用。

日克辰，乃上凌下，却得下贼上为用。辰克日，乃下犯上，却得上克下为用。互相凌犯，故名。

占主篡弑事。初传官鬼，祸尤速。克下外事起，克上内事起。

孤寡

旬中孤寡有三：发用值旬空，阳空为孤，阴空为寡，一也。发用地盘空为孤，久盘空为寡，二也。发用空为孤，末传空为寡，三也。

四时孤寡有二：春以丑为孤，巳为寡，一也；春又以生我之水，绝神在巳为孤，我克之土，墓神在辰为寡，二也。夏以辰为孤，申为寡，一也；夏又以生我之未，绝神在申为孤，我克之金，墓神在丑为寡，二也。秋以未为孤，亥为寡，一也；秋又以生我之土，绝神在巳为孤，我克之木，墓神在未为寡，二也。冬以戌为孤，寅为寡，一也；冬又以生我之金，绝神在寅为孤，我克之火，墓神在戌为寡，二也。

十干不到之地，五行藏脱之乡，前去后空，阴惆阳怅，所谓"孤辰寡宿"，故名。

占主孤独，离乡背井，官易位，财空手，婚断弦，孕虚有，出入防盗。日辰无气，最凶。孤辰，父母灾，亦离宗弃祖。寡宿，妻子离，六亲叛。如旬寡孤，又并四时孤寡，更凶。凡值空亡，忧喜皆不成，托人多诈。谋望，近事出旬可图，远事终难。时空，事亦难成。若中传空，为断桥折腰，主事中止难就。或中末俱空，为移远就近，动中不动，寻远人即在近也。初中空推末传，中末空取初传，以不空者断吉凶。新病空病，久病空人。吉空反凶，凶空更吉。

此课大端不吉。或遇三奇、六仪为救神，及遇太岁、月将、月建为孤寡再醮，又今日所坐位值孤寡为用，曰"孤寡得位"，如庚日用申是也，皆主反祸为福，凡事先破后成。日辰年命不论空。又有绝空反实，或遇岁月日时冲起，为逢冲暗动，祸福皆成。

罗网

日前一位为天罗，罗之对神为地网。又日前一位为天罗，辰前一位为地网。前位神覆盖遮隔，不得出头，故名。

占身宅等俱不利，逢丁马更凶。若得年命冲破罗网之神，为有救。

天网

时与用神俱克日，时为目前，用为事始，始处皆见日鬼，则至近之处先有所阻，如人举目见天有网，故名。

占主动见阻滞。木鬼斗讼，火鬼主火灾、惊官，土鬼争讼田墓事。传遇三杀，定主官灾。王相克囚死，谓之"天罗四张，万物尽伤"。天网正月起亥，逆行四孟；天刑春酉、夏子、秋卯、冬午。盖天罗辰，地网戌，入传凶甚，若与天狱，死奇必死。

此课凡占凶，惟利田猎、追捕寇盗。或日与中末及年命有子孙，及冲破克鬼者，为解网，反凶为吉。

伏殃

天鬼临日辰发用，或临年命发用。

天鬼者，正酉、二午、三卯、四子，周而复始，发用伏藏灾祸，故名。

鬼墓

干支上发用，或作干鬼、干墓，或作支鬼、支墓。

假如壬日，辰加亥为用，既作日鬼，又作日墓，故名。

占主一切凶。盖鬼者贼也，主残伤。墓者昧也，主暗塞。日上得日墓，为墓神覆日，主人昏暗，乃命逢衰弱，天罗自裹。辰上得日墓，为干墓临支，主宅倾颓。或日上得日墓，辰上又得辰墓，为干支乘墓，人宅俱不利。或日上临日墓，辰上又临辰墓，为干支坐墓，乃自己招祸，身心甘受昏昧，家宅愿与人作践。占病癫狂，行人失路。或日上得辰墓，辰上又得日墓，为干支互换坐墓，彼此各招晦滞，不宜两相投奔。辰未为日墓，暗中有明，夜墓坐日亦吉。丑戌为夜墓，昏昧日甚，日墓坐夜亦然。辰戌墓，主事刚速。丑未墓，主事牵柔缓。生王入墓，事成中止。墓入生王，事废复兴。

凡日墓、辰墓乘蛇虎，见卯酉与行年，并为墓门开。如日墓加卯为外丧，辰墓加卯为内丧，宜迁葬以禳之。日墓加酉为内丧，辰墓加酉为外丧，宜合寿木以禳之。卯酉日，墓临卯酉为真墓门开，见丧吊死气尤的。更看发用囚死克贼归墓是何类神，以定何人丧也。大都鬼墓发用无气，病最忌，乘虎必死。或财神、禄神、官星、长生在中末见墓，仕人不利。

此课常人更忌见鬼，鬼带恶杀更凶，惟内有德神王气，求官大利。或魁罡及丑未作日鬼，占科第高中。若日鬼发用，中末逢墓，常人为喜。或鬼墓临日辰作生气，或自墓传生，或鬼墓有克制冲破，或墓逢空，变凶为吉，病者生，囚者解，凡事先起迍后吉也。

鬼呼

天盘作鬼，加地盘墓神是也。行年神将凶更的。

鬼临墓则鬼为得地，引类呼朋为鬼呼。

占主壮者得病，事多暗害，或连累入狱。

五坟四煞

稼穑课作本日墓神，乘凶将发用，更的。

五墓为坟，四神为煞，故名。

占主不可独行远去，去逢凶祸，或讼病相缠。

刑伤

刑干，刑支。

占主偏欹失位，家门不昌，胎欲坠，婚不良，利征下，不利斗上，凡谋殃咎。寅刑巳，举动险阻，彼刑我，事已复生。巳刑申，长幼不顺，先犯后成，彼刑我，仇将恩报。申刑寅，男女相制，彼刑我，各欠安宁。丑刑戌，官鬼刑禁，尊贵伤卑贱。戌刑未，少凌长，妻财凶。未刑丑，大小不和，或见孝服。子刑卯，门户淫乱死败，尊卑不睦。卯刑子，自明入晦，水路不通。自刑，主自逞高大，自害自受。

大抵刑神发用，或临日辰，皆主伤残。刑干男伤，身不利。刑支女伤，宅不利。时刑干，忧小人。用刑时，时下事不利。善刑恶，无忧，恶刑善，凶至。刑月建，忌讼。刑日神，忌远行。干刑速，支刑迟。或上下相刑，遇日鬼，主公私之扰，尊卑不分，谋事费力，忌小人。见螣蛇、血支、血忌，孕堕胎及血光灾。或神自刑，自乘凶将，主燥暴，挟刃自伤。或六处有神，作支之自刑，又作干鬼。三传为鬼，为助刑伐德，凶甚。此课若遇德神吉将有气，亦主先阻后遂。

冲破

干支冲神，加破为用，或用神与岁月日时冲破亦是。

冲者冲动，有反复意。破者有解散意，亦破损意。如子年庚子日，午时酉将，三传午酉子，为岁冲、日冲，酉为岁破、日破，冲又加破为用，又甲年忌见申冲亥破，冲破并而为课，故名。

子午冲，道路驰逐、男女争谋变动。卯酉冲，门户改移、或逃亡失脱、淫乱奸私。寅申冲，人鬼相伤、夫妇异心。巳亥冲，凡事反复无常。丑未冲，兄弟兴衰相持，谋心不同，干事不遂。辰戌冲，奴仆离异，贵贱不明，不义之争。午卯破、子酉破，门户破败，阴小灾。辰丑破，坟墓、寺观破损。戌未破，先破后刑。亥寅破、申巳破，先破后合。冲主人情不顺，暗中相违，出入难久。乘凶将无救，尤凶。破加破碎煞，尤甚。

六破歌：午卯子酉及亥寅，辰丑戌未与巳申。

　　　　　俱有解散破碎意，人情反复事虽成。

此课王不宜冲，衰墓宜冲；吉不宜冲，凶将墓宜冲；凶空不宜冲，吉空宜冲。类神空亡，岁月冲则暗动，日辰次之，不宜散成事，宜散凶事。

侵害

干支上神，上下相加害发用，临行年更的。

子未为势家害，丑午与卯辰为少凌长害，寅巳与申亥为竞强争进害，酉戌为鬼害。六处皆能肆其侵损，故名。

六害歌：子未势家侵，丑午卯辰少长凌，

寅巳申亥竞争害，酉戌鬼害不堪亲。

子加未，事无始终，官非口舌。未加子，营谋沮塞。丑加午，官病忧惊、夫妇不和。午加丑，事多不明不就。卯加辰、辰加卯，事皆虚诈，争财有阻。寅加巳，出行改动，退则利，进则阻。巳加寅，事皆艰难、口舌忧疑。申加亥，事已得后，仍多疑阻。亥加申，图谋未遂，事无终始。酉加戌，阴小逃亡，病凶。戌加酉，时有阻，病凶。

此课大端破伤损害，若带德合喜神，事可解。

九丑

戊子、戊午、壬子、壬午、乙卯、己卯、乙酉、己酉、辛卯、辛酉，此十日占，丑临四仲神发用是也。不发用而临支上者亦是，凶神时占更的。

子为冬至，以阳易阴。午为夏至，以阴易阳。卯为春分，阳盛阴绝。酉为秋分，阴盛阳绝。此阴阳易绝之辰，有生杀之道焉。乙者当始震之日，戊己北辰下降之日，辛者万物断绝之日，丑者岁功既毕，诸神奏事，会集明堂以考善恶。乙戊己辛壬合子午卯酉四支为九，此等日遇丑临仲，乃凶祸不美之兆，故名。

占主大祸，臣叛子逆，诸凡不妙，止出殡埋葬可。吉将祸浅，凶将祸深，不出三月、三年；若与大小时并，不出月内。大时者，正月起卯，二月起子，逆行四仲；小时即月建是也。与虎并，主死亡。刚日伤男，柔日伤女。刚日日辰在天乙前，为重阳，丧父。柔日日辰在天乙后，为重阴，丧女。

二烦

日宿临仲，斗罡系丑未，曰"天烦"。月宿临仲，斗罡系丑未，曰"地烦"。日月宿俱临仲，斗罡系丑未，曰"天地二烦"。

日宿者，太阳躔度也。正月起亥，逆行十二度。月宿者，太阴躔度也。正月初一起室，二月初一起奎，三月胃，四月毕，五月参，六月鬼，七月张，八月角，九月氐，十月心，十一月斗，十二月虚。一日行一宿，如遇奎、井、张、翼、氐、斗，皆重留一日，数至占日，即月宿所在也。子午卯酉为天地关格，四极之地，太阴、太阳切忌临之。丑未贵人之首也，斗罡凶神加临其上，使贵人不得理事，此门户闭塞，三光不明，德气在内，刑气在外，天翻地覆，故名。

占主极凶，春夏尚可生，秋冬必死，百事即吉犹凶，虽有吉神莫救。日宿临卯午为春夏天烦，男犯刑囚徒配。临酉子为秋冬天烦，男犯兵刀刑法，虽死不葬。月宿临卯酉为春夏地烦，女犯重法，为男所杀，男女行年俱并尤的。月宿者，遇重留者更凶。大抵晦、朔、弦、望四日，男行年抵日宿，主被吏执。子午卯酉四仲日，女行年抵月宿，主被盗贼。

假如壬子日，午将酉时，四课寅壬巳寅卯子午卯，三传午酉子，若正月十四日占得此课，则为地烦。盖正月初一起室，数至十四日为柳，柳乃午宿是也。若六月初二日占得此课，为天地二烦。盖午为六月将，午临昴，此日宿临仲，又六月初一日起鬼，初二柳，柳乃午宫宿，比又月宿临仲，故名"二烦"也。二课俱斗系丑。

壬子日，午将酉时例：

```
    蛇 阴 贵 玄
    午 卯 巳 寅
    卯 子 寅 壬

  财 丙 午 蛇 ⊙
  父 己 酉 勾
  兄 壬 子 白

    六 勾 青 空
    申 酉 戌 亥
  朱未        子白
  蛇午        丑常
    巳 辰 卯 寅
    贵 后 阴 玄
```

此课四仲月日及四正月占之更得，然日月宿不发用者不真。

天寇

分至日占得月宿临离辰，春分秋分，阴阳均分；冬至夏至，阴阳俱至。分至前一日为离辰，乃阴阳离析，盗生盗杀之时。月宿详见二烦课中，即正月起室，二月起奎等是也。逢奎、井、张、翼、氐、斗，皆重留一日。数至四离日，若是月宿加之，当主寇盗。假如八月初五日，丁酉秋分，辰将酉时占事；初一角；初二亢，初三氐，氐该重留一日，初四仍在氐，初五房，房在卯，申为离辰，而卯加之，是离辰上望见月也。月乃金水之精，主刑杀，又乘四雄盗寇之神，如天降凶寇，殃及于人，故名。

占主凡事凶，虽有救神莫解，惟居家静守可也。月宿临离辰，不在课传亦凶，发用更甚。乘玄勾作游都盗神，盗必来，来必战。乘虎作鬼劫，为真天寇，凶尤甚。此时不可出行市贾，主劫盗丧亡。若占人年命，见月宿加离辰，必己身欲为盗来问也。或月宿值太阳，日月并明，主盗贼败露，为败寇。

天祸[①]

凡四立日，占得今日干支临昨日干支，或昨日干支临今日干支。

立春日木王水绝，立夏日火王木绝，立秋日金王火绝，立冬日水王金绝。四立前一日为"四绝"。如四立日干支加绝神干支，或绝神干支加四立日干支，此四时之气，德绝用刑，日上、日下皆不愿处。如天行时灾，人受其祸，故名"绝神"。为四时穷日，故亦名"四穷"。凡占不出节内便见应验，诸凡不利。或四立日值朔望，先一日为"月穷"，又为"四废"，并此四绝之日上望见月宿，凶尤甚。

天狱

发用囚死，斗系日本。

---

① 亦名"四穷"。

日本者,日长生也。我克为死,克我为囚。死囚发用,已主死丧囚系,又是斗罡凶神,临日本之上,如天降灾,致人罗狱难脱,故名。

占主一切凶,如用神囚死作日墓,俯仰丘仇者更的。丘乃三丘,天盘见之,曰"仰见其丘";仇乃克制,下受地盘克,曰"俯见其仇"也。斗加日本带刑煞灾劫,为真天狱,乃致死之地,虽有青龙莫救。或魄化为用,斗系日本,谓之"绞斩卦",祸尤惨。

此课甚凶,主家有人系狱,如将得贵龙常后,又不带灾劫等,变凶为吉。来意主望天恩事,有贵临辰戌,未入狱者遇之,则贵人不得地,不能察讼,讼凶。若罪人在狱,喜见贵人,有履狱录囚之象。更日辰年上得子孙乘生气,德解吉将,为天狱清平,危中有救,讼伸围解。

死奇

天罡发用,月行度到角亢之方,或月宿临太岁日辰皆是。

天上日月星三奇:天罡星宿为死奇,月宿为刑奇,日宿为德奇。盖白昼万物光辉,夜则鬼神不潜,奸盗为害。所以,日主德,月主刑,星主死也。日宿即月将是也,月宿乃月躔度。如二烦天寇中,正月初一起室,一日一宿,遇奎井等星重留是也。天罡太阴同见,六处有月将照之,谓之"死奇回光"。只有太阴刑奇单见,亦主患病,而又天罡恶神并,无有月将救援之,主死亡奇祸,故名。

占主凶甚。天罡临日,旬内忧。临辰,月内忧。临岁,岁内忧。临孟,忧二亲。临仲,忧己身。临季,忧妻子。诸凡皆凶。如罡带鬼墓劫煞,及乘蛇虎等,更临岁月之上,为"三死",祸尤甚。若斗罡王相,德合相生遇吉将,或六处有克冲,反吉。辰为月将尤美,皆转祸为福也。

飞魂

正月起亥,顺行十二宫,加人行年,或日辰发用,令人魂有飞扬千里之象,故名。

占主夜多凶梦鬼祟,恍惚不宁。

丧魄

正月起未，二月起辰，逆辰四季，加人行年，或日辰发用，四土凶神能丧魄，故名。

占主病将死，壮健亦衰。

魄化

白虎乘死神、死气及囚死临日辰行年发用，又日墓乘虎作鬼，加日亦是。

死神，正月起巳；死气，正月起午，俱顺行十二辰。虎乃凶神，乘王相，或自贪其王，或受克制，皆难为害。若遇死神、死气及时令囚死，则为饿虎，定是伤人，如魄神受惊消散，故名。

凡占俱凶。如日墓作鬼乘虎，或作魁罡带财又发用，为"白虎衔尸名魄化"，更凶。若在年命上，主自寻死，并金神三煞血支血忌，主刀下身亡。或水神地井天河相迫，必是欲投水溺死，或为玄索勾绞自缢死。大抵虎克干防身，克支防眷宅。上克下，外丧；下克上，内丧。在阳，忧男；在阴，忧女。

如二月甲戌日，课得戌甲午戌午戌寅午，三传戌午寅，将得虎乘，天上死神迫日辰，必有死丧事。午为阳，忧男子。下克上，内丧。又如六月，壬戌日，课得戌壬酉戌酉戌申酉，三传戌酉申，将得虎乘，地下死神迫日辰，必有死丧事。戌为阳，忧男子。上克下，外丧，此课十分凶。若贵临鬼门、日辰，年命得吉将，虎被冲克，为魄化魂归，先忧后喜。

二月甲戌日例：

后　白　白　六
寅　午　午　戌
午　戌　戌　甲

财　甲　戌　六
子　壬　午　白
兄　戌　寅　后

　贵　后　阴　玄
　丑　寅　卯　辰
蛇子　　　　巳常
朱亥　　　　午白
　戌　酉　申　未
　六　勾　青　空

六月壬戌日例：

玄　常　常　白
申　酉　酉　戌
酉　戌　戌　壬

官　壬　戌　白
父　辛　酉　常
父　庚　申　玄

蛇　贵　后　阴
辰　巳　午　未
朱卯　　　　申玄
六寅　　　　酉常
　丑　子　亥　戌
　勾　青　空　白

死绝

如日之死乡，又加死地之绝神发用。如甲子日，午加亥发用是也。甲木死在午，午火绝在亥，故名"死绝"。

占主百事不利。

三阴

贵人逆治，日辰在后，一也。发用传终，各带囚死，二也。将乘玄虎，时克行年，三也。三者俱主暗昧无光，幽阴之象，故名。

占诸未吉。如日辰发用，带墓鬼，克行年，最凶，公私事皆不成。或丧魄、游魂、天鬼诸煞并，占病必死。此课主凶，然六处有救解，末传王相，反吉。

四逆

用吉终凶，一也。用王终衰，二也。天乙逆行；三也。传入天乙后，四也。四者皆属拂逆，故名。

占主事体隔绝，有头无尾，志意不遂，妻奴不顺。

八迍

时令死气发用，一也。用被地盘王气所胜，二也。俯仰见丘墓仇克，三也。乘凶将，四也。带刑害，五也。下贼上，六也。见坟墓哭泣神，七也。凶神临日辰，八也。八者迍遭，忧患之象，故名。

占主一切凶。

四季类

玄胎

四孟神作三传发用，长生为五行母气，此玄中有胎，故名。

占主事皆新意，有婴儿隐伏之象，最易于产。求财、求官、求婚俱皆长生大利。病讼淹滞，行人不来，捕盗不获，恋生故也。若老幼占病，为没世投胎之兆，凶。

寅加巳，巳加申，申加亥，亥加寅，为进步长生，主事速，又名"病胎"。盖上生下为五行病处，怀胎有忧。寅加亥，亥加申，申加巳，巳加寅，为退步长生，事主迟，又名"生胎"。盖下生下乃身临长生之乡，怀胎大吉。发用财爻，得天后值生气胎神，定主妻有孕。如正月戊己日用子，四月庚辛日用卯，七月壬癸日用午，占妻怀孕无疑，年命见之尤的。

常占遇三刑及凶将，必有忧疑惊恐。父母发用，尊长见灾。子孙空亡，为玄胎不育，凡占无成，更艰子息。天后空亡，因孕伤母。

此课虽系新鲜、喜庆之兆，然多身喜心忧，盖为腹中有孕，心自悬悬也。若反吟课，为绝胎。

三交

四仲日时占为一交，课传皆仲为二交，将逢后雀阴合为三交。子午阴阳所起，卯酉日月所从，此四败神，乃天门地户。占之日时及课传，并所乘将，三处交加皆仲，故名。

占主诸事交加连累，暗昧不明，进退两难，或家隐私人，或已往逃匿，谋事被人阻破，求望难，病讼凶。盖四仲纯全，无父子相扶，是谓"四正四平，互刑互破"。前无孟之可隐，后无季之可奔，如遇兵贼，纵欲逃避而不及矣。六阳日为交罗，主阴私上门，带凶杀，有惨祸。六阴日为交禄，主以禄求私。乘玄武，为阴私失禄。午加酉为死交，酉加午为破交，反吟为反目交，皆不能成合象也。如值凶将，男犯重法，女犯奸淫。乘阴合门户不到，阴小口隐匿，空虚诈，武遗失。蛇火惊，雀口舌，勾战斗，虎杀伤丧孝。

此课如三者不备，又无阴合，则名"三交不交"。或年月日时皆仲，则名"三交不解"。过与不及，二者祸更甚于交也。若年命日用，王相乘吉将，传皆午卯子，又名"轩盖"，占官大贵。

游子

三传皆土，或见旬丁，或见二马，土为季神，有遍历巡游之象。旬丁、二马俱主动摇，使人好游，故曰"游子"。见天马，又名"海角课"。

占主利出行，不利静守，病凶，婚阻，逃难获，天阴不雨。或支二课加干二课发用，或传送白虎为用，主动更的。未戌丑为阴传阳，在家欲远出。丑戌未为阳传阴，在外为思归。丑加辰为破游，戌加未为衰游，反吟四季为复游。传值墓神杀害，主冤家逼迫。传值合龙戏驿，主万里奋飞。斩关并为绝迹课，如范蠡、张良归山灭迹。淫佚并，因阴私欲逃。天寇并，为盗欲逃。行年并，主身欲逃，故来问。若五墓四煞并，神将凶，主事迍遭破败故也。

此课动摇不定之象，大端凶。若值三奇六仪神将吉，六处若得冲克救神，可化凶为吉，主行人遂意。

五行门

润下

三传申子辰，水生于申，王于子，墓于辰，水性润泽就下，故名。

占主悠悠长久，事不急迫；亦主迟留屈伏，然终不能静也。木日生气，金日盗气，事多系舟楫、沟渠、网罟、鱼鳖等。其性就下，吉凶多下贱人当之。占讼主牵连，占雨必下，孕生女，病凶，以天罡作墓故也。占宅虽不凶，亦不振。占文书不利，必克雀也。寻常水将水神多者，亦欠吉。三传喜顺，倒非，水性大都润下，主事浮游不安。后合并，定主淫。玄武并，定主盗。

炎上

三传寅午戌，火生于寅，王于午，墓于戌，火性炎上，故名。

占主文书，金并主炉冶事。土日生气，木日盗气，火为日象，君宜奏对。得驿马贞位，为天子特权，仕人差遣快心。驿马贞位者，以罡加日建，视马上所得神为贞神，年命遇之更吉。常人占，主口舌及宅不安。火鬼并火灾，朱雀并官讼，天空并屋坏。病者多热，或在于心。见后合，妇人血病。占天大晴，占人性急、文明、行人至，以火性动故也。

临戌加寅为墓临生，盖火以虚而明，实则暗。占事明反为暗。午加戌，主失马，以马入墓故也。戌为狱神，传墓有讼狱事。壬癸日为财，其实是鬼，盖火生土，土能克水，名"子母鬼"。凡占，主被骨肉解破其事。大都炎上，利于见官，雪明皂白。秋夏占为恃势，谋事成。庚辛日，名"带杀"，来意主占病、讼。如年命更乘火神，病死、讼凶。辛酉日，寅加辛为用，主因财成怨也。

曲直

三传亥卯未，木生于亥，王于卯，墓于未，木性曲折又直遂，故名。

占主进退未决，动则如意，不动则不宁。盖木为震，震主动也。火日生气，水日盗气，利用作舟楫，修营栽植。木以水为根，秋冬气敛，外伐内实；春夏气散，外刚内柔。壬癸甲乙日准此。戊己根固，丙丁枝枯，庚辛则成器矣。春占最宜。自下传上则直，未加亥是也。自上传下则曲，亥加未是也。卯加亥，先曲后直；卯加未，先直后曲。先曲后直者，始难终易；先直后曲者，有始无终。木主风，风传事多不实。凡亥加卯作雀，望信未来，以雀内战故也。亥加未作蛇内战，主失财，未主桑绢之属。卯加未作虎，身灾尤验。未加卯作后，阴人灾病，有离哭之兆。失物藏茂林器中。曲直作鬼，讼主枷杻。

从革

三传巳酉丑，金生于巳，王于酉，墓于丑，既煅炼相从，又器使可革，故名。

占主动变，革从鼎新。水日生气，土日盗气。丙丁日虽为财，若丑发用，将见贵常后勾，乃为降气，却主父母被恃势力之人强抑而不得伸也，事先阻后就。若遇王相气吉将并，主革变富贵。遇岁月破及蛇虎，主死丧兵革。日干囚死，有西行之兆。巳酉丑为顺，有气则革而进，无气则革而退。酉巳丑主萌芽，欲就而又被革。丑酉巳革变而不顺，又主革。酉加巳为愁课，盖酉为秋金肃杀，万物愁苦。巳加酉，仕人差遣改易，常人道路门户改革不宁，或有阴人离别之象。占婚大忌，仍以衰王神将言之。

大都从革与金鬼并，遇秋作游都，定主金革血光逃亡。遇从革，藏石山道途之处，讼有罪，病作肝，以三传见的杀故也。求财获珍宝，远行隐避最宜。

稼穑

三传辰戌丑未，无丁马是也。若纯土而有丁马，仍为进子，土主稼穑，故名。

占主沉滞，戊己日更为艰难，惟壬癸日为脱难煞。谓"物极则变"，变则动。凡人占，则名"鲸鲵归涧"，凡事逼迫，不由自己，遇雷神方能变化。雷神者，太冲、六合也。凡占多系耕农、土工、筑室、田宅事。若日辰年命，乘死气为坟墓事，乘杀坟墓不安。巳午加日辰年命，则理窑灶事。寅卯加，为耕农。申酉加，为修城、筑室。亥子加，为治沟河。六合青龙，为田宅交易。大凡此课事皆迟钝，病者在脾。

此课如占田土，发用神将得空贵勾陈，主因田土争斗带众。盖天罡为部领之神，勾陈又住戌辰，定主带众。如将不过此，主两人争竞田土。甲乙日，主争财物。大都土气重，带杀冲破者，托人费力，谋事反复。

此皆上五课，总名"三合"，又名"全局"，皆主事丛杂不一，伙众共谋；

不然两三处，托人干事。或一传与干支上一神作六合，及见天六合者，凡谋必遂，名利皆宜，主人相助成合也。大都三合是无休歇之象，一事去又一事来，必得吉将用事，须人引进方可，但不利解散事。五课外有寅卯辰亦作曲直，巳午未亦作炎上，申酉戌亦作从革，亥子丑亦作润下。

动摇门

龙战

卯酉日占，卯酉上神发用，行年卯酉更的。卯月，阳气南出，万物生；阴气北入，榆荚落。酉月，阳气北入，万物凋；阴气南出，麻麦生。此阴阳出入，德刑聚会，其体如龙，一生一杀，相战于门，故名。

占主疑惑反复，门户不宁，出忌南方，入忌北方。合者将离，居者将徙，欲行莫行，欲止难止，诸凡不利。如传入三交，贼来必战。游神并行人来，病反复、官改动。或夫妇年立其上，主室家离散。兄弟年立其上，主争财异居。将得天后，事起妇人。乘蛇虎玄，尤加惊恐。

励德

贵人临卯酉。卯酉为阴阳交易之位，贵人临之，门户动摇，进退分焉。如干支阴神属卑，乃妄主贵人前，小人恃势不谨，定当黜退，主小吏剥落。干支阳神属尊，乃退处贵人后，是君子谦冲修省，定当进用，主大吏升迁。此天道福善祸淫，奖励有德，故名。

占主反复不定，理宜迁动。此课外有干支阴阳俱在贵人后，为微服格，主君子升迁，小吏罢事。有干支阴阳俱在贵人前，为蹉跎格，主小吏升迁，君子黜退；俱小处则可，大干不可也。

粘连门

连珠

或三传孟仲季相连，或三传岁月日相连，如贯珠者，故名。

占主吉凶，各重迭不已。进连珠事顺，退连珠事逆。

连茹

三传不断，相为牵引，有"拔茅连茹"之象，故名。

占主吉凶，各有重迭。孕必连胎，士获交举，时旱多晴，天阴久雨。进连茹事顺，值空亡则退可远祸。退连茹事逆，值空亡则进可消灾。退连茹又名"失反"，主事欲行不行，人情不美。或三传亥子丑，为"三奇连茹"，万事和合，讼释。

此课外有日辰前后夹三传在内者，名"夹定三传格"。如癸酉日亥加戌，庚子日戌加亥等，凡事进退皆不由己，以夹定故也。财喜并成，合事则美，病讼及散解事难除。日辰夹定少一位者，名"干支虚一格"，主有小节不完，其事稍缓。或前虚一，初时有沮；或后虚一，将成小沮。虚一是日财，则财不足；是父母，则长生不足。丁卯日干上申，传辰巳午，欠一未字，是子孙乘朱雀，主卑幼口舌，文字不足。年命填实，不在此论。总主进退俱难，吉凶皆不散也。

三传透出日辰之外，主夹不住格。如甲子日，三传子亥戌是也。《经》云："夹住不夹，留中有去。"若进透出，因进太过；退透出，因退不及。若干透出支，不利外动，事有回还。支透出干，不利内守，惟宜外动。或透鬼，鬼外为凶；退财，财外破耗。余仿此。

三传有支上发传归干上，有他处发传归干上，有干上自发用相传作三传，皆名"三传朝日格"。神将吉，主成合事，不求自至。神将凶，祸来不测。如丙寅日，干上午，三传辰巳午；壬寅日，干上戌，三传子亥戌是也。

三传有干上发传归支上，有他处发传归支上，有支上自发用相传作三传，皆名"三传朝支格"。如臣使君，子使父，俯就于人，被人抑勒，不得自由。王相犹可，死绝最凶。利卑不利尊，利静不利动。如甲午日，三传辰巳午，末传引入死地，占病死，行人不来。

回还

三传在四课之上，传不离课，往复皆同，故名。

占主谋为遂，盗即获，行人归。

此课吉，总名"盘珠课"。占吉则吉，占解释则凶。

隐匿门

斩关

魁罡加日辰发用，魁罡天关也。重土闭塞，天关难度，欲通道路，必须开关，故名。

只利出行、书符、合药、厌祷。最宜传遇寅卯子，乘天乙、青龙、阴合为天地独通时，又为天藏地盖时。盖寅天梁，卯天门，并魁罡为天关，以木克土，三天俱动。未玉女，六丁亦为玉女，能护身。子华盖，能掩形。天乙神光，能佑庇。青龙万里，翼可致远。太阴地户，主潜藏。六合私门，主隐匿。传遇数神，逃亡出行，如有神助。若甲戊庚日，丑贵登天门，辰罡塞鬼户，六神藏，四杀没，更吉。

六神藏者：蛇下临子名"坠水"，雀下临癸名"投江"，勾临卯"入狱"，空临巽"被剥"，虎临午"烧身"，玄临坤"折足"。

四杀没者：辰戌丑未墓煞临，乾坤艮巽限于四维也。又传见申酉虎阴，为斩关得断，逃者永不获。更带血支、血忌、羊刃、呻吟、大煞，必伤人而走。大都此课最宜更新，出外喜见丁马。若守旧家居，主沮塞且有暗昧事应也。

此课虽宜山外，若魁罡作官鬼为直符，或作罗网乘凶将，及罡塞鬼户，魁度天门，皆谓之"斩关逢吏格"。加四仲，为"天地关格"。加子天关，卯天格，事因天时所格。加午地关，酉地格，事因地理所格。神将克战，内外不相见而格。中冲初末，首尾不相见而格。刚日昂星，道路关津而格。柔日昂星，伏吟潜伏不欲见人而格，反吟人心不相照而格。又三交、罗网、从革，及不见申酉虎阴，皆名"斩关不断"，阻隔难行，逃者易获也。

闭口

或旬尾加旬首，乘玄武发用；或旬首在天盘，乘玄武发用；或旬首在地盘，其地盘上神乘玄武发用，皆是也。又法：不论用，但看玄武当旬首，逆推度四神，虽有首尾相加，自有首尾之意，皆是首尾相加，似物闭口，循环无端，不见其口，故名。

占主闭密，机关莫测，事迹虽明，寻人没影。失物，人见不肯言，纵乘贵告贵不允。孕生哑子，病痰气格塞，暗哑或噤口，痢或喉塞不食，讼屈不伸，有冤莫诉。传逢六合，喜事成，凶难散也。日禄作闭口，病更凶，若又值无禄课，必死。

逆推度四神，专为逃与盗而设。六甲旬首值玄武，是谓"玄武阳神"，其加临位下，可以捕女。连根逆数四位即旬尾，是谓"玄武阴神"，其加临位下，可以捕男。如甲辰日，辰旬首，则丑旬尾，辰乘玄武临申，则寻女子于西南；逆四度丑临巳，则寻男于东南方是也。非六甲日不得度四，但看玄武乘地盘为阳神，可以捕女；天盘上为阴神，可以捕男。如乙卯日，卯乘玄武临戌，则寻女于西北戌方，寻男正东卯方也。

三传相克带凶神，并勾陈克玄武，追逃亡，武受克日时可获，相生带吉将难获，失物在阴神生处寻。如玄武乘金，金生水，在水中。乘水，水生木，在林中。乘木，木生火，在窑炉中。乘火，火生土，藏泥窖中。乘土，土生金，藏石中。

此课外有旬尾加干，旬首加支；或旬首加干，旬尾加支，名"一旬周遍格"。占忧喜事，各皆不悦。或宜换旬，交易去而再来。六阴日发用玄武，又名"察奸课"。

又有占行人法，专看干德支刑所临之处，相克何如。德如甲己在寅，乙庚在申之类；刑如子卯相刑，辰午酉亥自刑之类。如甲戌日，甲德在寅，戌刑在未，寅临未，君子隐西南；未临子，小人逃正北。而寅木克未上，是德克刑也，易获。如己巳日，己德在寅，巳刑申，寅临亥，君子隐西北；申临巳，小人逃东南。而申金克寅木，是刑克德也，难获。

淫佚门

佚女

初传天后，末传六合。六合私门，主男；天后厌厌医神，主女。后始而合终之，女随男奔，故名。

占主利私谋，不利公干，惟逃遁则吉，访人不见，捉贼不获，病主色痨。三交并，为浊溢所私，非止一人一处。罗网并，主恶声。天烦并，男遭杀。地烦并，女遭杀。二烦、九丑，男女俱杀。若后合与日辰反，男女行年并，则先奸后娶。值空亡，则虚意也。

狡童

初传六合，末传天后，始合而后终之，男诱女私，故名。
占同前。此二课卯酉发用更的。

大六壬总归卷三

九天玄女指掌赋

六壬通万化之机，大为国而小为家。

干支定动静之位，日为人而辰为事。

月将加时，图局顺布。

日二课而辰二课，合成四象。

生主和而克主乖，义法三才。

一上克下为元首，理势顺而百事攸宜。

一下贼上为重审，人事逆而谋为不利。

二克二贼，知一总名。

神将凶而祸不单行，神将吉而福祥双至。

用孟名为见机，当因时以制宜。

仲季号曰察微，事未萌而已料。

克贼重重，比用涉害。

用辰主外灾害己，用日主我祸延人。

蒿矢神遥克日，二克主两事合为一事。

弹射日遥克神，二克主一端分为两端。

昴星为对虎立，视俯仰以占远近之疑忧。

别责如花待时，合日辰以定人事之巧拙。

八专士女怀春，亦云不修帷簿。

丁己辛同丑未，井栏射主灾深。

伏吟信任用刑，而作事忧疑。

反今无依递传，而事多反复。

凡占上克下，事起男子，或属他人。

若逢下贼上，事起女人，或因自己。

将克神为外戳，灾白外来。

神克将为内战，祸因内起。

用居日后，事势将来。用在日前，事情已过。

日辰为用，事在今朝。日辰刑冲，作事恍惚。

年月节旬为用，事在年月节旬之内。

吉神王相事皆吉，凶将相加事主凶。

以上九门定式，次观附课加临。

日加辰而受克为乱首，主行悖逆之道。

辰加日而受克为赘婿，主不能立其身。

辰临日而生日者，名曰自在。

日临辰为辰所生者，名曰俯就。

自在有恢弘之志，俯就有荣显之风。

日临辰而生辰，名历虚，主无稽之笑谈。

辰临日而受生，云归福，主福履之来崇。

同类相加，培植和合。

日辰交生，名为脱鼎，主彼此舒多实少。

日辰交克，号为芜淫，主内外疑忌生猜。

三传全在日辰四课之上，为回环，吉不脱吉，凶不脱凶。

四课俱在年月日时之上，为天心，逢忧不忧，喜中加喜。

三上克下为幼厄，如腐绳系巨室之象。

三下贼上为长厄，似越海无舟楫之形。

四上克下名无禄，主孤单，有救神亦能免祸。

四下贼上名绝嗣，主贫苦，纵吉将到底成空。

日辰见辰戌为新关，阳逃亡而阴主伏匿。

贵人临卯酉为励德，庶人吝而君子亨通。

天乙立卯酉为私门，名曰微服，而各怀私意。

夫妻行年反相克，亦名芜淫，而琴瑟不调。

用卯为龙争，用酉为虎斗，主更改而忧疑不定。

合会后为狡童，后会合为泆女，主厌浥而男女淫奔。

三传四孟为玄胎，非怀孕则有移旧换新之兆。

三传四仲为三交，加日辰则有阴匿罪人之占。

四仲亦为二烦，主杀伤而更招讼狱。

四季乃为游子，乘丁马而欲将远行。

传午卯子为高盖，主公卿爵位。

用卯戌巳为斫轮，主印绶俱全。

巳戌卯为铸印，乘轩用驷马，而升官加爵；

若逢岁破，主得罪于帝王之象。

害气交加，主远涉江河之事。

时逢太岁作贵人，为月将发用，名曰龙德，有受爵升官之庆。

占得太岁发用，中间月建合青龙，名曰时春，兼利见大人之征。

四离前一日为天寇，宜居家不宜远行。

四绝前一日为天祸，事休绝又复重起。

四时前孤后寡，楚苦无依。

闭口旬首加尾，病危讼释。

时克日而用又助之，名为天网，有死丧之厄。

用囚死而斗系日本，名为天狱，主囚禁之灾。

上下王相为三光、终始迪吉。

神将顺布为三阳，作事皆成。

传见六仪，病将瘳而囚出禁。

三奇发用，忧疑解而喜气生。

用起天罡为伏殃，有杀伤之厄。

传虎死气为魄化，主死伤之忧。

用起丧魄，健者衰而病者死。

传起飞魂，家有祟而人有殃。

卦名始终，视神将而玩克战以前知。

课名新旧，用刚柔而察生死以可见。

八迕主见忧疑将至，五福必然福禄骈臻。

若顺相加之卦，传列巳申亥寅。

春玄胎者，生意已萌于中。

夏励阳者，机关略见于外。

秋占四牡，躯驰不息。

冬占全福，行止亨通。

四仲相加，子卯午酉。

春占关隔，若羝羊之触藩。

夏占观澜，似游鱼之吞饵。

秋占四平，日逢望弦晦朔，名曰三光不仁。

冬占匿阳，时遇日月辰戌，号为四门俱闭。

四季相传，丑辰未戌。

春稼穑而生长以时，夏游子而飘流不定。

秋地角，据一隅而忘天下。

冬五墓，舍朝市而守丘墟。

若逆相加，势情为悖。

三传亥申巳寅，六合一名六害。

春亢毓，有始勤终怠之形。

夏洪钧，秉中正权衡之象。

秋含义，而无中生有。

冬待庆，而暗事将明。

四仲逆传，子酉午卯。

春占陷阱，如鸟投笼；夏占正烦，若牛受刃。

秋失友，既离而复合；冬出渐，阴极而阳生。

逆传四季，丑戌未辰。

春占越库散财，不以其道。

夏曰转魁委任，不得其人。

秋杀墓势，将兴而将起。

冬伏阴机，渐败而渐藏。

若顺相合，理势自然。

申子辰为润下，以和顺为义。

寅午戌为炎上，以发达为名。

亥卯未为曲直，当举直错枉。

巳酉丑为从革，宜革故鼎新。

三传稼穑，田土稽留。

子辰申为出奇，自新改过。

午戌寅为间魁，舍窦从庭。

卯未亥为合纵，彼我各怀其忿。

酉丑巳为献刃，远近俱被其伤。

辰申子为呈斗，玩阴阳于天象。

戌寅午为顶墓，会消息于方舆。

丑巳酉为藏金，囚事而韬。

未亥卯为从吉，待时而动。

若逆三合，事主乖违。

辰子申为循顺，责毋躐等。

戌午寅为就燥，行合中庸。

未卯亥为正阳，遵发生之意。

丑酉巳为法罡，防肃杀之威。

四土逆行，尚宜守正。

子申辰为仰玄，守凝寒之困。

午寅戌为正义，显朱夏之形。

卯亥未为先春，未萌先动非时遇。

酉巳丑为操会，已过受时岂失宜。

申辰子为间斗，聚秀气于怀中。

寅戌午为华明，彰精光于天表。

亥未卯为转轮，困颠蹶而自反。

巳丑酉为反射，怀杀伐以酬恩。

天罡加四仲为关格，人事暌违。

登明临日辰为萃茹，事情和美。

初传为开端之门，中为移易之府，末为归结之官。

孟为神之在堂，仲为神之在门，季为神之外应。

日生初；初生中，中生末，为遗失而事久凌夷。

末生中，中生初，初生日，为荣盛而多人推荐。

初克中，中克末，末克日，为迭噬而受众辈欺凌。

末克中，中克初，初克日，为僭妄而致外人侮乱。

三传生日百事宜，日生三传财源耗。

日克三传，求财可羡；三传克日，众鬼难堪。

初传克末成者罕，末克初传事可成。

传见妻时利益多，传见父母饶生意。

传见兄弟口舌生，传见子孙福禄满。

传见官鬼有两途，病讼畏兮官位显。

子传母兮逆且疑，母传子兮顺且使。

干支吉兮三传凶，谋事不成终不善。

三传吉兮干支凶，事吉而成无少惮。

支若传干人求我，干若传支我求人。

连茹之课，逆则速而顺则迟。

三传间课，向阳明而向阴晦。

故顺三间之课，居溟蒙而事多暗昧（辛丑卯）。

向三阳而渐望光明（子寅辰），

出户者如春雷震蛰（丑卯巳）。

出三阳似金鲤腾波（寅辰午），

迎阳者高冈之鸾凤（卯巳未）。

登三天，云雨之蛟龙（震午申）。

变盈者，名秋场之登稻（巳未酉）。

出三天，名鹤鸣之在阴（午申戌）。

入冥者，心劳而日拙（未酉亥）。

涉三渊，当归隐于山林（申戌子）。

见凝阴而忧不可解（酉亥丑）。

入三渊，而屈不能伸（戌子寅）。

至若逆三间之课，

时遯无出潜之意（亥酉未），悖戾有追悔之心（戌申午）。

励明者，出入从其所便（酉未巳）。

凝阳者，动止罔合诸心（申午辰）。

回明而利有攸往（未巳卯）。

顾祖而意气和平（午辰寅）。

转悖当吉凶二者之间（巳卯丑），

涉凝，入祸福双关之道（辰寅子）。

断涧义利分明（卯丑寅），

冥阳善人是富（寅子戌）。

极阴如花隐西山（丑亥酉），

偃蹇似马驰栈道（子戌申）。

若顺连茹，亥将顺行。

龙潜阳光在下，空怀宝以迷邦（亥子丑）。

含春和气积中，勿衔玉以求售（子丑寅）。

将泰有声名而未得实惠（丑寅卯），

正和展经纶而果沐恩光（寅卯辰）。

离渐利作宾于王家（卯辰巳），

利升亲观光于上国（辰巳午）。

迎春名实相随（巳午未），

丽明威权独胜（午未申）。

回春若午夜烧灯（未申酉），

流金似双桥走马（申酉戌）。

革故从新，小人进而君子退（酉戌亥）。

隐明就暗，私事吉而公事凶（戌亥子）。

若逆连茹，亥位逆推。

回阴心怀暗昧之私（亥戌酉），

反驾主行肃杀之道（戌酉申）。

出狱主出丑离群，亲者疏而疏者亲（酉申未）。

凌阳主行侥幸，危者安而安者危（申未午）。

渐积凡远涉而游遇高朋（未午巳），

登庸舍蛙洼而旋登月阙（午巳辰）。

正己人物亨通（巳辰卯），

反照行藏攸利（辰卯寅）。

联芳悔亡否极泰来（卯寅丑），

游魂乘凶而事成反败（寅丑子）。

入墓有收藏之态，仕进无心（丑子亥）。

重阴安嘉遁之形，宁甘没齿（子亥戌）。

局有进退之异，气有王相之殊。

衰墓总同退断，胎生进气无疑。

退气则吉事成凶，而凶事反吉。

进气则安者愈安，而危者愈危。

进茹空，为声传空谷，退吉而进不宜。

退茹空，为脚踏空亡，进宜而退不可。

三间之课，亦有缘由。

传课六阳，利于公干。

传若六阴，利主私谋。

半阴半阳，缘情审势。

阴阳多少，以理推求。

阳为德而阴为刑，阴从人而阳自处。

癸为闭而丁为动，闭主死而动主生。

空乃耗散之神；初斩首中折腰而末为弋足。

辰戌天罗地网之杀，覆巢日毁破而用置中逞。

年命若值魁罡，动者静而静者动。

日辰加临卯酉，离者合而合者离。

三传纯，子孙不求财而财自至。

纯父母，勿虑身而身自安。

纯妻财，父母克害。

纯官鬼，父母安康。

见克不克，从其鬼贼，岩岸迫而勒马收缰。

见生不生，不如无生，鸟兔尽而藏弓烹狗。

见救不救，灾须自受，常如燕雀处堂。

见盗不盗，本根无耗，谁知凤鸾栖棘。

合中带毅，蜜内藏砒。杀遇空亡，饥食甘李。

交车入长生之位，苦去甜来。

交车入刑克之宫，幸中不幸。

先生后克，乐极生悲。劫杀入辰，萧墙祸起。

日辰神将交生，龙虎聚明良之会。

日辰神将交克，猿鹤争风月之巢。

交车入墓，瘄痖双盲；交车刑冲，风痈隔噎。

乙戊己辛壬同四仲，名曰九丑，天地归殃。

死绝休囚气加日，号曰二难，夫妻反目。

上下三合六合，主客相和。

上下克害刑冲，冤仇相见。

引从日辰，名曰用贞，家必兴而人必王。

干头支尾，名曰回环，成事吉而败事凶。

男年干而女年支，合后成婚。辰加罗而日加网，巧中反拙。

阳星照武，宜擒贼盗。月将加辰，宅舍光辉。

魁度天门，行多阻隔。罡填鬼户，事任谋为。

出行则日为陆，而辰为水，观神将之生克，以辨吉凶。

经商则辰为主，而日为客，看神将之王相，以卜合宜。

既定课传，次归神将。

贵神有神之长，得位为福，失位未必为殃。

螣蛇为卑残之神，王为怪异，休囚亦主忧虑。

白虎主道路，亦主官灾、疾病、死亡。

朱雀为文书，亦为刑戮、奸谗、口舌。

太常为饮食，武职占，得之则为权任。

六合为婚姻和合，妇人占，得之则为私门。

玄武为盗贼虚耗之神，休失人而王失物。

勾陈为迟滞勾连之事，休主事而王主争。

太阴主暗昧不明。天空主奴婢妄诞。

青龙为财物，文官见之，尤甚恩宠。

天后为妇女，庶人得之，亦主亨嘉。

功曹为木器文书，传送主行程消息。

太冲林木车船，从魁金刀奴婢。

天罡词讼，兼主死丧。河魁欺诈，或称印绶。

太乙惊怪颠狂，登明阴私哭泣。

胜光鬼诞连绵，神后奸淫妇女。

大吉咒咀冤仇，小吉醋歌医药。

辰乘合禄，公门役吏，遇马而奔走公人。

戌遇空禄，燎哨边军，见丁而窜逃落阵。

大吉、小吉为勾陈，斗争田工。

从魁、河魁为六合，奴婢逃亡。

魁罡若乘玄后，妻妾怀孕。传送上为青龙，子孙财损。

胜光如逢天马，必问行人。太乙若乘白虎，家多疾病。

小吉如逢天后，妇女奸淫。功曹若值合龙，儿孙欢庆。

丑会勾常，欲进财产。天空临酉，走失家奴。

太常遇登明，亲朋饮酒。辰戌见玄武，奴婢奔走。

小吉乘六合，婚姻礼聘。辰戌遇勾白，必曰田坟。

大吉龙常，来占官职。子乘龙合，女受皇恩。丑作白虎，墓田破损。

二八如同阴武，私通门户动摇。巳亥若居阴后，二女争淫不已。

子作六合为藩妇，见亥亦作孩儿。丑遇天空为矮子，会申名为和尚。

寅作朱雀，会卯乃文章之士。寅乘玄武，见巳为炼丹道人。

卯上乘传送为匠人，辰上见白虎为屠子。

巳入酉官，为刑徒远配，会太阴亦作淫娼。

酉加午位，为宠婢登堂，会六合必主淫乱。

未加酉位为继母，申乘子合作医人。

戌作天空，健奴军吏。亥乘玄武，乞丐鬼神。

虎居二八之门，六离兴而三灾发。

贵莅天门之上，四煞没而六神藏。

太常乘破碎为孝服。加天狱螣蛇，生灾致讼。

天空会勾陈为斗讼，并伏殃死鬼，人离家破。

后阴乘卯酉，一举成名。月将乘青龙，片言入相。

勾龙同居王地，财宝如山。贵常共入官乡，当朝卿相。

辰逢寡宿，自甘半世孤灯。日遇空亡，当作首阳饿死。

太阳入神后之位，有水火之危。太阴临胜光之宫，主自缢之患。

财遇绝害而上乘王气，定因白手成家。

子作白虎而下见离明，亦主螟蛉承祀。

年命加临卯酉，作事朝改夕移。

合龙下就丑未，为人佛口蛇心。

武化太阴，嘲风弄月。虎同天后，恋酒贪花。

财同朱雀，口舌之财。武见官鬼，奸淫中事。

财乘天后，主宅主妻。财作太阴，为奴为婢。

年作卯酉而入空亡，随娘再嫁。

时为酉未而乘刃绝，市井呼卢。

合武乘王临酉寅，非雷震则主沉溺。

蛇虎带杀临巳未，非虎咬必遭蛇伤。

子午卯酉为关阻，谋为多主难成。

辰戌丑未为墓神，发用多主淹闭。

占天先看云龙风虎，察水火升降以辨阴阳。

占宅占人看日辰，而次详课议。

占地须看《大六壬玉藻金英》，详神将生克以定吉凶。

占病占狱，视勾虎而救解全轮。

占捕亡三奸之下可得，占鬼祟类神之下详推。

占婚姻看天后，要妻财与日辰比合。

占孕看夫妇，行年上判男女阴阳。

占谋望看成神合气，占求财看龙常王相。

占功名，先看吉神吉将，次明天吏天城。

子孙动而求官不吉，官鬼王而兄弟遭迍。

兄弟动而妻财有损，妻财动而父母灾临。

父母动而子孙受克，官鬼动而忧及己身。

吉神宜王宜相，凶神要墓要空。

吉神空，吉中不吉，凶煞空，凶内不凶。

吉居德禄之宫，出潜离隐而招福致详。

凶居生王之地，恋生解杀而无暇害人。

贵人顺治，凶将少降灾殃。天乙逆行，吉将聊施恩惠。

生殃招祸，上下多凶。致福降祥，始终俱吉。

凶神刑害日辰，连绵殃患。

吉神交加课传，不绝欢忻。

凶神和合，虽灾而不致深危。

吉将刑伤，有庆而终难成美。

日辰有彼我之分，神将有尊卑之别。

克日则灾及其身，刑辰则祸延家宅。

男推日而女推辰，其中玄妙。

阳课明而阴课暗，事体幽微。

孟神发用，事应尊亲。季作初传，定因卑小。

用神验祸福，合比为亲为近，不合为远为疏。

神将断吉凶，王则日新月盛，衰则渐退渐颓。

贵人帝禄克今日，有禄有位。申子相加乘天后，为保为媒。

虎克日辰，官灾劳疾。勾刑卯酉，路死扛尸。

白虎会王相之金而克年命者，难逃一刃之危。

勾陈会太岁之神而刑日辰者，定因尸解之危。

年逢阴鬼，暗地生灾。日遇阳官，明中致福。

要见分类形状，当视州野区分。

子列青州，亦主江湖沟涧；丑为扬地，更为宫殿桥梁。

寅主幽燕，亦主栋梁寺观；卯为豫州，更为棺椁门窗。

辰为兖州，亦主井泉坟墓；巳定荆楚，兼为弓弩长筐箧。

午主三河，亦主山林书画；未为雍地，亦主酒肆茶房。

申主晋分，更主神祠鬼屋；酉为冀地，又为仓廪山冈。

戌主徐州，亦主州城牢狱；亥为邹地，更为台榭厕房。

此特举其大略，于中仔细推详。

子作内房，妇女鬼神兼泄泻。

丑为庭院，秃头病腹患脾肠。

寅主道路，入长生则为道士，主须发而病见疯疥。

卯为门户，会玄武而为经纪，主手背而病在膏肓。

辰为墙垣书簿，主皮毛痈肿之灾。

巳为窑灶小口，主咽喉面齿血光。

午为堂屋，主心目吐泻瘟癀。

未为井院，主头胃膈噎脊梁。

申为驿递，主骸骨心胸脉络不利。

酉为门户，主口耳小肠喘嗽难当。

戌为墙院足腿，亦主梦魂颠倒。

亥为侧阁疟痢，定应脾疝膀胱。

自兹触类而长，当遵此例推详。

先贤时察来情，端倪无不应验。

时遇空亡，必主侵欺诈伪。

时乘驿马，必主动改迁移。

冲日冲辰，彼我流离颠沛。

同辰同日，事稍偃蹇迟疑。

时日相生，迭为恩泽；时日克害，互作寇仇。

日克时则为财，时克日则为鬼。

遇子遇午，时往时来；值卯值酉，为门为户。

时乘日墓，虽冲而终成蒙昧。

日得夜时，见贵而反为不祥。

日逢时破，主走失之灾；辰遇时刑，应讼狱之祸。

时干日干相合，外事和同。

时支日支相合，婚姻和会。

日辰俱合明时，内外见一团和气。

正时冲刑月将，顷刻有不测灾来。

大抵四课三传，

克多则事烦，克少则事一；生多则虚诞，生少则理明。

三传内有克日，子孙名为救神，无克则为脱气。

日辰交相入墓，冲神号作天恩，遇墓终成破损。

天地务致中和，阴阳不宜偏胜。

鬼临畏地，当忧不忧；财入鬼乡，闻喜不喜。

神将交克，占及夫妻；同类相伤，事因昆季。

财遇天中，产业倾颓；鬼临旬尾，官灾不起。

吉凶视其神将，生死辨其安危。

条例多而同归一理，举一隅当反三隅。

太常荷顶，定遭囚禁（未加子）。

勾陈捧印，职转升迁（勾加巳）。

青龙游海，宜求瀚漫之财（龙加子）。

玄武立雪，则有求干之意（亥加丑）。

白虎登山，好觅兵权之任（虎加未）。

螣蛇乘雾，必有进望之心（螣加午）。

太阴加枕，有暗昧之羁留（酉加巳）。

天后毁妆，主阴私之损失（子加辰）。

言词诽谤，天空鼓舌之神（戌加申）。

兴讼争官，朱雀含符之地（雀加午）。

婚姻和合，却得六合升堂（合加午）。

累被勾连，乃为勾陈反目（勾加午）。

贵神安枕，宜求谋望于公卿（贵加亥）。

玄武横戈，慎防阴贼于内外（玄加酉）。

螣蛇坠水，惊忧凶灾潜消（蛇加亥）。

白虎烧身，疾病官灾自退（虎加巳）。

青龙闭目，禄财有不测之惊（青加辰）。

朱雀翱翔，音信有非常之喜（雀加巳）。

勾陈佩剑，斗讼有非横之灾（勾加戌）。

玄武横刃，捕捉妨贼害之事（玄加申）。

天后裸形，必主奸淫（子加巳）。

太常列席，心狂饮馔（未加丑）。

六合操筍，定主动于阴私（合加子）。

天乙趋庭，必主迁于贵长（贵加申）。

螣蛇生角，变祸以为祥（蛇加寅）。

青龙无鳞，因财而争讼（龙加申）。

玄武窥户，防盗贼以来临（亥加卯）。

白虎衔牒，望行人而欲至（虎加申）。

死气若乘白虎加魁罡，定主死亡。

囚气若加勾陈遇朱雀，必遭刑狱。

用神玄武同天空，走失之因。

传见勾陈，有太阴稽留之兆。

日辰年月，看发用为期。

若尽不逢，验吉凶之生克。

传来克日，万物难成。日往克传，千灾易退。

日为己身，辰为他人，行年三位相推。

土神加土，移动田宅。金神会金，还居分异。

火来入火，惊恐失亡。木往加金，口舌呼召。

终来克始，欢乐无依。始来克终，忧虑不已。

用神王相，事主将来。若是休囚，定为过去。

青龙临午而破财，白虎立身而用信。

迁官进职，宜观天吏、天城。

候雨候风，但看青龙、白虎。

先贤仙言口诀，皆是一理其通。

后学若欲占验，亦必望闻问切。

医卜星相，术数同经。

望而知之者之为圣，闻而知之者之为决。

问而知之者之为功，切而知之者之为巧。

然必随机应变，万无一失也矣。

己酉仲秋吴兴赵少学敬录

飞壬透易

戌亥为乾，子为坎，丑寅为艮，卯为震，辰巳为巽，午为离，未申为坤，酉为兑。以日上神为上爻，辰上神作下爻。如日上是戌，则上属乾，辰上是丑，则下属艮，合之为天山遯。以初传作动爻。如子丑（初九、初六）。寅亥（九二、六二）。卯戌（九三、六三）。辰酉（九四、六四）。巳申（九五、六五）。午未（上九、上六）。

四课

一课，日之阳神；二课，日之阴神；三课，辰之阳神；四课，辰之阴神。阳神以占出现，阴神以占伏藏，以阳为主，而阴次之。

四课全者事正，顺而易；不全者事不正，逆而难。

日辰

日上生日，百事吉。昼将人助，夜将神助，但忌空亡，及三传脱空，即
　　得不偿费。

日上克日，诸般不利。昼将人害，夜将神殃，王相犹可，休囚乃甚。

日上生辰，虚费百出（问求财则不然）。日克上神，凡事抑塞。

日上生辰，辰上生日，或日辰上各自受生，两家顺利，各有生意。

日上克辰，辰上克日，凡事离散。或日辰俱被上克者，两相有伤。

日上脱辰，辰上脱日，主我脱他，他亦脱我。或日辰上各乘脱气者，彼
　　此防脱，乘玄尤甚。

日上见辰旺，辰上见日旺，或日辰各见旺神，不利谋动。动则变为罗网，
　　只宜坐谋、坐用，不宜占身宅。

日上见禄马，主荣名迁动。

日上见辰马，辰上见日禄，君子迁官，小人身动，宅迁有灾。日禄移辰，

凡占受屈。

日辰上见德神，利进发，乘吉将尤佳。日辰上见六合，或见互合，主交易成就，但不利解散事。

日辰上皆乘墓，如处云雾昏暗中，人宅俱不亨通。

日辰坐于墓上，比日辰上乘墓更不同。坐者是本身情愿受暗昧，家宅亦肯借人，被人作践。

日辰上逢败气，主身宅自衰败。

日辰上值绝神，宜绝结旧事。

日辰上逢死神、死气，凡事宜休息，不利动作。

日辰上空亡，虚声无实。

日上课不足，自身不足；心意憔悴，行止不定。

辰上课不足，家宅不宁，主阴灾殃。

日辰上魁罡，凡占不自由。或六合发用，主阴身避难，欺诈私门。乘蛇马加临，或为用，定折伤之危。

日辰上见卯酉，为阻隔。

日临辰被克，自取卑幼凌犯。辰临日克日，卑幼上门凌犯。

日临辰受生，以尊从卑，初虽艰难，后终逸乐。

辰临日生日，凡事不待我求他，他自上门顺从，不劳余力。

日临辰生辰，是人往生宅，人衰宅王。凡事他来求我，犹曰不得已而与之，此则情愿上门屈往就彼，财耗人疲，虚费无得。

辰临日脱日，主虚耗失，遗弃之象。

日临辰克辰，事虽费力，却得其财。

辰临日受克，尊长得财，不利卑幼。

日临辰，辰临日，俱比和，乘吉将，凡占吉。大都以日为体，以辰为用，占讼宜。

以日为占者，辰为对头。

求望：以日为我，辰为人。

占讼：日为起讼之人，辰为对头。

占病：以日为人，辰为医药起卧之门。

买卖：日为人，辰为物。凡有对者，日为我，辰为他。

茔宅：日为生人，辰为宅墓。

尊卑：以日为尊，辰为卑。

渔猎：日为人，辰为物。

日干为占者，最忌克。行年与日相生有喜事，日与命上神为生亦然。相克为财。

病符克日，乘凶神，主灾病事。

空亡克日，主走失人口财物。如癸卯日辰加子、癸巳日未加丑发用，与日三合，进人口欢娱。惟巳酉丑，主阴人离别。丧门吊客临日辰上，主死亡。

天马克日，复临支为用，又乘玄武，破财、人口散。岁破、月破在日辰上，主破财失脱。

日干落空亡，主遗失印绶文书。

日上见死气主哭泣，见囚气主囚禁。

日克命主求，命上神休囚主不顺。

日克辰，我谋他人。

日克年上神，大凶。

天上神在天乙前主事顺速，在天乙后主事逆迟。

太岁临支，家长灾，岁克支方确。日克三传为财，长上灾。

三传

传者，传课之隐微，发课之几端也。故课为体，传为用，传吉课凶事终吉，传凶课吉事少成，纵成亦无终始。

凡事始末，系之三传，以初中末为次第。假令初鬼、中印、末财，便是先阻中助末得也。若初吉末凶，初虽好，终不济。初末凶中吉，事虽中合，无益。

初传为发端门，乃心之所主，事之所向，须要神将比和，上下相生为吉。若逢德禄，举事称心，事危有救。

中传为移易门，乃事体中间一段。初凶中吉，则移凶为吉。初吉中凶，则移吉为凶。母传子则顺，子传母则逆。鬼主事坏，墓主事止。空为折腰，害亦为折损，且事多阻隔。破主中辍无成，逢空为断桥折腰，事皆不成。

末传为归计门，乃事之结果，发用在初，决事在末，最为紧切。若初传受下克贼而终能制之，可以反凶为吉。末克初为终来克始，游行万里，入水不溺，入火不焚，病苏灾止。加破害有阻，吉凶皆不成，逢空亡事无结果。初传日之长生，末传日墓，有始无终。初传日墓，末传长生，先难隆易。

初传凶，中末吉能解之。三传凶，行年吉能解之。若三传行年俱凶，难解。

三传神将，若将克神为外战，忧轻，凶可解。神克将为内战，忧重，虽吉有咎。三传皆空，推事了无一实。如两传空，一传实，却见天空，亦系三传空之象。如初中空以末传为主，中末空以初传为主。

三传自干发用，传归支上者，名"朝支格"，主我求人干事。自支发用，传归干上者，名"朝日格"，主人托我干事。

朝日格，若神吉、传吉，事成为合，不求自至。若神凶、传凶，则祸起不测。诗云："闭门家里坐，祸从天上来。"占产、病、忧、讼、行人，皆忌之。如丙寅日，干上午，三传辰巳午；壬寅日，干上戌，三传子亥戌是也。

丙寅日，干上午，三传辰巳午例：

```
青 空 朱 六
辰 卯 未 午
卯 寅 午 丙

子 戊 辰 青
兄 己 巳 勾
兄 庚 午 六

六 朱 蛇 贵
午 未 申 酉
勾 巳      戊 后
青 辰      亥 阴
卯 寅 丑 子
空 白 常 玄
```

壬寅日，干上戌，三传子亥戌例：

青 勾 常 白
子 丑 酉 戌
丑 寅 戌 壬

兄 庚 子 青
兄 己 亥 空
官 戊 戌 白

蛇 贵 后 阴
辰 巳 午 未
朱卯　　　申玄
六寅　　　酉常
丑 子 亥 戌
勾 青 空 白

朝支格，俯就于人，不得自由。

如甲午日，干上辰，三传辰午申，甲木传午死，行人不来，病者死。

甲午日，干上辰，三传辰午申例：

玄 白 青 六
戌 申 午 辰
申 午 辰 甲

财　　辰 六 ◎
子 甲 午 青 ⊙
官 丙 申 白

空 白 常 玄
未 申 酉 戌
青午　　　亥阴
勾巳　　　子后
辰 卯 寅 丑
六 朱 蛇 贵

丁亥日，干上酉。三传酉亥丑，被贵人引入绝地，不利与贵人交易，反有厄。

丁亥日，干上酉，三传酉亥丑例：

　　空 常 阴 贵
　　卯 丑 亥 酉
　　丑 亥 酉 丁

　　财 乙 酉 贵 ⊙
　　官 丁 亥 阴
　　子 己 丑 常

　　朱 蛇 贵 后
　　未 申 酉 戌
　　六 午　　　亥 阴
　　勾 巳　　　子 玄
　　辰 卯 寅 丑
　　青 空 白 常

庚寅日，干上午，三传午辰寅，此乃支助日鬼，反害尊长。

庚寅日，干上午，三传午辰寅例：

　　玄 后 六 青
　　戌 子 辰 午
　　子 寅 午 庚

　　官　 午 青 ◎
　　父 壬 辰 六 ⊙
　　财 庚 寅 蛇

　　朱 六 勾 青
　　卯 辰 巳 午
　　蛇 寅　　　未 空
　　贵 丑　　　申 白
　　子 亥 戌 酉
　　后 阴 玄 常

三传不离干支，求物得，谋事遂，行人回，贼不出乡，逃不脱。

三传不离四课，号曰"如珠走盘"，谋事成，占吉则吉，占凶则凶，占病讼忧产不吉。

如辛亥日。干上酉。三传戌酉申；戊子日，干上子，三传子未寅；外庚申、甲申、庚寅、甲寅、癸酉，反吟同。三传离日远，凡事难成，惟避难占讼，定可退。

辛亥日，干上酉，三传戌酉申例：

```
玄 常 阴 玄
酉 戌 申 酉
戌 亥 酉 辛


父 庚戌 常
兄 己酉 玄
兄 戊申 阴


朱 蛇 贵 后
辰 巳 午 未
六卯         申 阴
勾寅         酉 玄
丑 子 亥 戌
青 空 白 常
```

戊子日，干上子，三传子未寅例：

```
后 空 空 蛇
寅 未 未 子
未 子 子 戊


财 戊子 蛇
兄    未 空 ◎
官 庚寅 后 ⊙


蛇 贵 后 阴
子 丑 寅 卯
朱亥         辰 玄
六戌         巳 常
酉 申 未 午
勾 青 空 白
```

三传日辰互换，三合迭相牵连，占事翻来覆去，不易了当。

外有三传三合，为日干全脱全生，合兄弟者，俱视天将吉凶，及五行制化何如。假如全鬼为凶兆，若年命日辰四处有子孙则制鬼矣。

脱气要见父母，全生不可见财。

三传并日辰上下皆合紧，俱不得妄动，要寻日辰冲破方动，然又看三传吉凶何如，若吉则宜，吉合又不喜冲矣，凶遇冲则散，不以凶论。

三传生日百事吉，占讼轻，无理亦不致凶。

三传克日至凶，被冲则凶破散。如癸亥日，辰加癸，三传辰戌未，初蛇中勾末虎，是戌虎冲蛇，辰蛇冲虎，以凶制凶。若行年更在戌上，凶自可散。三传入盗贼，只宜退散，宜防失物，更加蛇虎空亡之神，主托人不能得力，官事反复。

三传递生干，吉凶详课体中。干克初，初克中，中克末，求财大获，此法最验。

三传日辰全逢下贼上者，全无和气，讼必刑，病必死，占事必家法不正，自惹祸害，或丑事出于堂中，以致争竞。

三传有被日辰夹定居中，若乘凶将，凶不可逃；乘吉将，吉不可遁。惟宜成合诸事，若占忧病、讼、产、行人皆不利。外有透出干支外者，则先紧后慢。更看所夹何如：若是夹财，利求财，不利病讼；夹脱气，利忧病，不利求财，利占孕，不利占产；夹生气，利用事，不利占产；夹兄弟，百事不利；夹空亡，事多虚诈，枉用其心，卒无实效。如乙丑日，干上巳，三传寅卯辰；甲午日，干上卯，三传辰巳午。

乙丑日，干上巳，三传寅卯辰例：

```
六 朱 空 青
卯 寅 午 巳
寅 丑 巳 乙


兄 丙寅 朱
兄 丁卯 六
财 戊辰 勾


空 白 常 玄
午 未 申 酉
青巳         戌阴
勾辰         亥后
卯 寅 丑 子
六 朱 蛇 贵
```

甲午日，干上卯，三传辰巳午例：

后贵六勾
申未辰卯
未午卯甲

财　　辰六◎
子　　巳朱◎⊙
子甲午蛇⊙

蛇贵后阴
午未申酉
朱巳　　戌玄
六辰　　亥常
卯寅丑子
勾青空白

　　有三传被日辰夹定，如日辰上乘空亡，谓之"遇夹不夹"，始困终亨，有名无实，过后失事，失于机密，反成差错，虽凶不至死，有吉不成喜。

　　有三传虽在日辰中间，或前欠一位，或后欠一位，谓之"夹定虚一格"，主一节不完。更看所虚何如：若是日财，因财不足不能成事；若是官鬼，因官事外生；若是同类，因手足兄弟不足，或朋友不足；若子孙，卑下不足；若父母，则尊长不足，或文字不足，更以吉凶天将断之。如丁卯日，干上申例，三传辰巳午，欠一未字，未乃今日脱气子孙爻，夜将朱雀，主卑下口舌，文字不足。日贵勾陈，主子孙旧事牵连末了，若年命填实，不在此限。

丁卯日，干上申，三传辰巳午例：

```
勾 青 贵 蛇
巳 辰 酉 申
辰 卯 申 丁

子 戊 辰 青
兄 己 巳 勾
兄 庚 午 六

六 朱 蛇 贵
午 未 申 酉
勾巳      戌后
青辰      亥阴
卯 寅 丑 子
空 白 常 玄
```

又有三传透出日辰外，名"透关格"者，号曰"当时不时"，过后失时，主事失时，或心力不逮，致使已成的事为人破坏。如甲子日，子加丑，三传子亥戌，有所透者是财，反吉为凶，主破财。若是退茹透出者，因退之慢而有所不及；进茹透出者，因进之故反成不及。若是干透出支，不利外事，主有回还意，先动后静；支透出干，不利内事，惟宜外动。岁月在三传，即空亡不论。

甲子日，子加丑，三传子亥戌例：

```
玄 阴 后 贵
戌 亥 子 丑
亥 子 丑 甲

父 甲 子 后
父   亥 阴 ◎
财   戌 玄 ◎⊙

六 勾 青 空
辰 巳 午 未
朱卯      申白
蛇寅      酉常
丑 子 亥 戌
贵 后 阴 玄
```

发用

即初传，最为关切，特详之。凡遇克日为用，少吉。

用在日上两课，主外事。辰上两课，主内事。

用第一、二课，兼天乙顺行，日辰在贵人前，不问吉凶主速。

用第三、四课，天乙逆行，日辰在贵人后，吉凶主迟。

第四课名"蓦越课"，凡事或蓦然成也。用上克下，卑小灾，事从外来，利男子，利先起。用下贼上，尊长灾，事从内起，利女子，利后起。

用上克下，天盘又克天官，谓之"内战"，忧重。凡事将成合，被人搅扰不足。

用下贼上，尊长灾。天官又克用爻，名"逼迫煞"，主身不自由，受人驱策，被人抑伏。

用若夹财神，财不由己而费。用天官入庙，而月将居中，克天官地盘，名"隔将"，主隔断难合。

用妻，问财。用鬼，事发不利。用印，宜求望。用泄，子孙事。用同类，兄弟朋友事。

用长生，凡谋大遂。用长生临墓，旧事再发。用败死，事必败坏。

用墓，事缓。占疾病，占物失，占人归，占旧凶，事止而不发。

用绝，事了。人来信至。

用刑冲破害，凡事阻隔，虽得亦倾覆。

用空亡，忧喜皆不成，谋事出旬，托人多诈，占病久死新安。

用克日，忧身，或长上官讼。克辰，家宅不宁。克时，心动惊忧。克末传，有头无尾，先易后难。用克命，如系财临本命，利求财。用克行年，求事难遂。

用天驿马，主动。马克日辰年命，损手足，忌乘马登舟。

用月厌，作事不成。

用丧吊，事干有服人。

用入庙，喜乐，虽凶将在本家，凶事亦不为灾。

用王相气，主吉。用休，主疾病。用囚，主官刑。用死，主丧祸。乃大概也。然更有生我、比和，则王相为宜；克我、盗我，则休囚不忌。

孟神发用，事应尊亲。季神为卑下。

用与日合，主进人口。

用日之阳，阳人占本身；辰之阴，问妻事。用辰之阴神，阴人占本身；日之阳神，问夫事。

用在日前，已过；日后，未来。

用见贵龙，利见贵。

用官鬼，士人官禄之喜，常人为鬼。王官主官事、争讼。休鬼主病，囚鬼害人。鬼临申酉，害西方人，寅卯东方人，巳午南方人，亥子北方人。用王相，事真实，死囚为虚诈。神将相生王气有喜，相克不和不吉。

如正月占行人，起太冲，二月行人至；起辰，三月至。末为进神，临月临日临门，在路不利。

占时

如求财。若木日土时为求财，又看天将是何等财。如贵人，必谒贵求财。又看用神，以见财之新旧得失也。其他仿此。

占时者乃人之神，机符自然，激发祸福之源，推测吉凶之首，故三传非时不发，月将非时不加，时与用俱不可伤。如甲乙日金时，戊己日木时，庚辛日火时，丙丁日水时，皆时克日，用又助之，谋事皆凶，谓之"天网四张，万物尽伤"。

地下正时为先锋门，天上正时为值事门，课一到手，便须于正时着意参详。金日得寅卯时，为干财先锋门，便知求财。正时将得白虎，为道路直事门，便是往来求财也。

值休气，主紧速疾病。若为日马带鬼，或紧急官事，往来衙门。时为日禄、日德。日贵、日官鬼、日兄弟、日子孙、日刑冲、破害、墓绝，各随事体断之。

阴时，主阴人。用时冲日辰，主不宁。时同日辰，主迟象。时生日得他人惠，日生时惠他人。

时在月将前为进喜，月将后为退欢。时天上神见贵人，主天恩。螣蛇为求浼事，朱雀文书，官员接引。六合婚姻和合，勾陈田宅事业，青龙迁改，天后阴灾，太阴私事，玄武水利、交接，太常章服更迁，僧道通达。白虎图画。天空虚诈。

太岁

太岁乃五行之标，岁功之本，上主天廷之事，作贵人不必入传，皆来救助。讼得贵人力，只不救病人。传为鬼者甚凶，月建次之。

太岁在传，主一年吉凶之事。如今子年，亥子丑年，定是来年旧事，是二、三年前事。若月建在传，是二、三月事。行年上见太岁，即是今年事。

初太岁，中末月建或日辰，谓之"移远就近，以缓为速"。

太岁生我最吉，合我次吉，我生亦吉，或贵人扶我，用计为我。

若克我，虽凶，倘有救可免；若我克太岁，凶，小事反成大事。日干年命上神，最不可犯太岁，凶祸甚大。

太岁乘天乙相生，吉非常。君子加官进福，常人反凶。

若太岁克日，号曰"太岁下堂"，君子小人俱主灾孝。太岁临辰上克辰，家长不安。岁破如月破，作吉将犹可，凶将凶。岁破月破加日辰，破财犯灾。

月将

太阳也。幽明之司，动静之机，祸福之柄，若入传为福不浅。月建运天道而左旋，月将禀天道而右转，左为天宫，右为地轴。占病为救神，他占为天心临日，主动。天乙发用为龙德，主有天恩之喜。

年命

命为身之应，所占与日干同，大约不得与岁月日上神相伤，宜前与日及类神相生德合。

年为用之助，大约不得与日用相伤，克日为不吉，克用事不成。年命上见财，问财吉。逢鬼，主官病。父母兄弟子孙依法推之。年命上神与太岁相刑，常人主官府事忧疑。若逢太岁在天乙，大人有天庭文书恩泽之喜，或横发得官。

年命上见魁罡，作凶将，凡事不吉。

年命上见月将，大能除一切凶祸。

年命上见二马，迁官奉诏出行大吉，若见破勾为用，主疑惑无定向。

年命上见天喜，又乘吉将，百事吉庆。

年命见月厌，作死气，主冤家人鬼相逼。

见凶将，乘玄武，主疾病医药。见血忌，车马惊恐。

见登明，主水死。

贵人临年命，非常喜庆。

若克命，年有官事。

腾蛇临年命，非常凝滞。

白虎斗狠，克年命者灾。乘死气，不出一月病，不过四十九日死。乘金煞尤凶。乘生气克命，有传尸痨瘵之灾。丧吊临，病符临，亦凶。

占寿夭，专看命上神。若命受上神生者寿，见生气更的。若得长生见，生炁更长，大端长生主寿。冠带临官帝王，壮健可望。沐浴好色多病。衰病神俱主血气不足而病。死墓绝胎养俱夭。若命上被克，见死神、死气，带白虎或空亡，皆殀夭。日上生日者寿。辰上生辰，只主壬健，不以寿夭论。

三传四孟，以长生递生干及命者寿。四孟从干递生去者，为源消根断，虚痨病生。三传四仲，不寿不夭。四季者夭。

来情

如正时为官鬼是讼事，又看用神见吉凶胜负。

凡占来情，须看正时与发用。正时与日生克刑冲破害比合，以定所占事体，发用王相休死，以定事体吉凶，并过去、未来、现在。

时为日冲，主占移动。时与日同，占出入迟滞，或外人暗损财帛事。时与日相生，选为恩惠。

时生日得他人惠，日生时我惠他人。

时为日马临日上，主远行动移事。

时为日禄，主求禄或动用进身之事。为日德，主蒙赐赏事。为日贵或干贵，及与贵人干事。

为空亡，主谋为不成或赚财失脱。

为日劫煞，主事急速或劫盗事。

为日刑，主急速事，带夹刑克，忧官事。

为日害，主损害自己，灾祸不测事。

为日鬼，主鬼贼相犯，灾病失脱事。

为日墓，被人蒙昧，或争田土坟墓事。王相为田，囚死为墓。

为日破，主走失、破走、破败事。

再以发用衰王，详其过去、未来、现在，以决吉凶，而来意得矣。

若同时众人占，各论来方上神，如东来看卯、西来看酉上神是也。方不真，看坐位上神；坐不正，看本命上神。

期候过去未来

若看远期，看太岁上，如正月占，巳加岁，事在四月，事未来；亥加岁，乃去年十月，事已过。大端事之吉凶，起处看发用；吉之成合，与凶之究竟散期，皆在末传。

如春占，发用见寅卯事近，见巳午事远方来。用起太岁，吉凶应在岁内，月建在月内，日干应本日，日支如旬首应一旬。非旬首，即当从本日支次第推之，如丑日用寅应第二日，用卯应第三日也。二十四气，一气管十五日。占日若得交气之日支发用，应本气日内。如初二日丙子立春，初六日庚辰，巳加庚得勾陈，主争田宅斗讼，在十六以前应之。七十二候，一候五日，立春日为始，一气为三候，如发用得每候之头一日，应五日内。用四立日，应在一季，用时应本时。

一法：以用神上下所主为月期，以今日爱恶之神为日期。吉课以生日为爱，凶课以克日为恶。

如吉课戊己日，卯加辰发用，月期在二月，不在二月当在三月，卯加辰故也。日期即在丙丁，以丙丁生戊己故也。

凶课如甲乙日，巳加申发用，月期在四月，非四月即七月，巳加申故也。日期在庚辛，以庚辛克甲乙故也。

一法：用起阳神取绝日为验，阴取墓日为验。

末传为结局之期，凶事取末冲处为散期，吉取末合处为成期，全在变通，看王相休囚气。

三合课各以墓为期，如三合中少一字，以少一字为期。如寅午戌，有寅午无戌，要见天空，只候戌月戌日成就。

又如间传课名"折腰"，三合待中传对冲神为克应之日，谓之"虚一待用"。甚验。

类神

课有大要，类神、用神、日上神俱宜详看。类神更紧要，如求官责官星及龙常，求名责文书龙雀，财责财星青龙，婚责天后，谒见责贵人，求雨责龙，晴责天空，文字责雀，衣服、酒食责太常，田土责勾陈，道路责白虎之类。要入课传内，王相不空，与日辰德合相生，求谋必济。

类入传，若克日辰、行年，更乘王相，立见倾败，谋亦无成，无气无鬼亦凶。

或不入传，落在闲地，更又无气，或作空亡，乃曰"无类难成"。

凡求谋，宜类入局，主事速。不入局，有气亦迟，无气尤缓。

凡入课传、年命俱作入局；即不入局，亦当以所占事类详之。如占失脱视玄武，虽玄不入局，但求所居生克刑合喜畏，断其方所色目自验。

凡类神，用阳观其大象，用阴察其隐微。阳指地盘，阴指天盘。阳者类神所乘之神，阴者类神传去之神。又类神上神也，如类乘申临午，则午上所乘为阳，申上所乘为阴。捕盗则求玄武之阴，乃见盗之胜负。访人则求日德之阴，见彼人之短长。求妻则求天后之阴，见妇之性情。财看青龙之阴，见财之得失。

主事

三传中一阳二阴（少阳），则阳主事，次传果决。一阴二阳（少阴），则阴主事，末传果决。三传俱阳（老阳），日上主事，次传果决。三传俱阴（老阴），则辰上主事，末传果决。宜详神煞衰王而言之。

遁干

课传支辰出现其遁干，为吉凶伏藏，最宜兼看。遁法有二，遁有旬遁，有五子遁。

甲数之始，冠万物以为尊。占者多主革故鼎新，重谋别用。

乙为日精，丙为月精，乙丙所至，妖邪伏匿，凶恶潜藏，婚得之成，宅得之宁，盗得之倾。大抵利明不利暗，利正不利邪。

丁为玉女、为星精，能变化、能飞腾、能通灵，逃亡得之远遁，盗得之潜身，婚得之奸淫密成，病讼得之幽暗难伸。大抵利暗不利明。又云丁主动，蛇马逃，虎常忧服，阴后女人走，天空奴婢走，玄贼远去，雀喜信至，勾远兵动，龙腾万里，六合子孙远行。

戊为阴伏隐遁之象，利逃亡远行。己为六阴之首，宜静。

庚、辛肃杀之气，不宜动，动俱死伤。占捕盗、渔猎可获。

壬者天乙生水，为五行之始位乎。乾为八卦之始，故《易》以乾首，课以壬名。此万物之祖，动之根。占者睹其动机，而萌芽见矣。

癸数之终，故天地以为静，可以隐遁伏藏。

指斗

罡加四孟，百事不实；加仲一半，加季是实。

斗，即天罡也。凡课皆视天罡所指，罡在日前，灾已过；在日后，灾将至；加日辰上，灾正发。

加孟为二亲，仲为己身及兄弟，季为妻妾、奴婢、财物。占来意，多用

· 95 ·

此发。

凡类占，除重类神外，俱视天罡所指为吉凶。

罡加子为天关，加午为地关；加卯为天格，加酉为地格。遇天关格，必天雨所阻，或寒暑雨雪所阻；遇地关格，必道路所阻，或津渡河水而阻，更以刑害天官消息看。

旬丁

凡课传逢丁神主动，庚辛日凶动，壬癸日财动。凶动或官司勾连，或因亲戚在外逃亡，动往他方。

支上逢丁，更带火鬼，主灾、火灾；若干逢丁马，凶动甚急。庚午辛未，卯是丁，因妻财凶动；庚辰辛巳，丑是丁，因墓田凶动。王相为田，囚死为墓。庚寅辛卯，亥是丁，因子息凶动；庚子辛丑，酉是丁，因兄弟或己身凶动。庚曰"兄弟"，辛曰"己身"及"禄马"。庚戌辛亥，未是丁，因父母凶动；庚申辛酉，巳是丁，因官鬼凶动。庚日鬼，辛日官。财动者或有妻妾之喜，或远方封寄财物。

壬申癸酉，卯是丁，因子媳财动；壬午癸未，丑是丁，因官鬼财动；壬辰癸巳，亥是丁，因己身及兄弟财动；壬寅癸卯，酉是丁，因兄长上财动；壬戌癸亥，巳是丁，因妻妾财动。

又如癸丑日，日上未乘丁为初传，其财却不可取，缘三传皆鬼，如刀头蜜也。

旬空

凡天盘作空，是转动则实，乃游行空，吉凶事主七、八分。地盘空亡，乃落地空，吉凶事主十分。

太岁、月建、月将、行年。本命不论空。

占时空，事不成。

日干不论地盘空，天盘仍以空论。如甲子旬中壬申日，壬禄在亥，地盘亥不空，天盘日禄则以空言之。

八煞

干有德合鬼墓，支有破害刑冲；视其生王休囚，审其亲疏间隔。

德临便是吉庆。如甲己日，遇寅加日辰，三传遇德神也，便吉有喜事也，不可以为鬼也。大凡德神，主改凶致吉，百祸消散。

合逢便是成期。凡遇干合、支合临日辰，或作用传，主和合成就之喜，但不宜占病，若占讼有凶有吉。

鬼主官事可决。鬼主伤残。若日辰及三传遇之皆伤残事，遇吉将可决官事。

墓神昏昧不通。墓主蒙昧，临日辰或用传，主壅滞不通。凡占讼被禁，占病死。

刑主人情不美，主伤害。临日辰及用传，主伤残、人情不和。如自刑大凶，凶将燥暴自害，持刀自伤。

冲反复不宁，主动移，即反吟也。用传与日辰相冲，主反复不宁。

破主阻隔之灾，主倾覆。若临日辰及作用传，主损坏不完，被人打破。

害有相凌意，主竞争。若临日辰及用传，则有侵害之象。

断诀

其法有八，推占不能离乎此，宜知之。

以正时为先锋门

所占正时，或为财、为鬼、为合、为刑，不待运式而先知所主，故云。

以天上正时为直事门

以天上正时上所得天将，为所占之事，故云。

假如甲日未时为日财，天上未时得天空，是虚王干财也。

以日为外事门

若时与日合为外合，时与日害为外害。

以辰为内事门

若时与辰冲主内动，辰为宅故也。

以初传为发端门

为事之主，事之所问，乃名用神。如正月占事，用大吉，即为过去事；用功曹，即为目下；用太冲，即未来事，以为灾福发用之端，故云。

以末传为归计门

初传为始事，中传为事变，末传为事终。如四月内甲日占事，而时传见申酉，末见午，即午月内事方结绝，故云。

以人命为变体门

谓传既同，人命不同，以命上所见神将，改变其体而主灾福，故云。

凡占一课，八门之内，仔细精详，务为切当，乃断课紧要，宜深穷究。

天文

子：为华盖星、为云。

丑：为牵牛星、为雨师。

寅：为三台星、为龙神。

卯：为雷。

辰：为哭星、为水库。

巳：为风门、为电，冬至为雪。

午：为霞、为电。

未：为酒星、为风伯。

申：为钱星、为水母。

酉：为文星、为虹、为兑泽。

戌：为斗、魁星。

亥：为雨、为霹雳。

六合：为雷。

玄武：为雨。

螣蛇：为电。

天后：为雨母。

天空：为晴霁。

太阴：为水冻。

白虎：为风。

青龙：为雨。

地理

子齐兮（青州），丑吴兮（扬州），寅燕兮（幽州），卯宋兮（豫州）。

辰郑兮（衮州），巳楚兮（荆州），午周兮（邻州），未秦兮（雍州）。

申晋兮（益州），酉赵兮（冀州），戌鲁兮（徐州），亥卫兮（并州）。

廿八星宿分属九州

角、亢，开封府。

亢、氐，汝宁府。

房、心，徐州。

尾，永平、保安府、万全都司。

尾、箕，顺天、保定、河间、辽东郡司。

斗，应天、庐州、凤阳、淮安、扬州、徽宁、池、太、苏、松、常、镇、安庆、滁州、和州、广德、南康、南昌、饶州、广信、抚州、临江、瑞州、袁州、平安、赣州、南安、杭州、嘉兴、处州。

斗、牛，九江。

牛，湖州府。

牛、女，岩州、金衢、绍兴、台州、雷州、温州、泉州、福州、延平、汀州、兴化、漳州、广州、韶州、南雄、高州、琼州、梧州。

女，建宁、惠州。

虚、危，济南、登州、莱州。

危、室，东昌。

室、璧，大名、彰德、卫辉、怀庆。

奎、娄，兖州。

胃，顺德、广平。

昴、毕，真定、大同。

觜、参，平凉、泽州。

参，汾州、束州、军名府。

参、井，太原、潞州、成都、顺庆、贵州宣慰司。

井，凤翔、汉中、平阳、巩昌、庆阳、延安、宁夏、文县、守慰。

鬼，云南、大理、临安、楚雄、征安、侯宁、叙宁。重庆、加定、雅州、泸州、眉州、岷州、兆州、曲靖。

柳、星，河南。

张，南阳。

翼、轸，桂林、柳州、庆原、平乐、浔州、南宁、武昌、汉阳、襄阳、德安、黄安、荆州、岳州、长沙、衡州、辰州、沔阳、安陆、夔州。

人事

子：主妇女淫佚、逃亡、盗贼、悲泣等事。

丑：主谒见、车牛、田宅、仓库等事。

寅：主文书、征召、谒见、棺椁、诚信等事。

卯：主行往、水陆、舟车、私门、棺椁等事。

辰：主欺诈、战斗、杀伐、疾病、死亡。

巳：主赏赐、炉灶、管籥、非横等事。

午：主宫室、道路、文书、口舌、音信、诚实等事。

未：主羊酒、婚姻、祭祷、井泉、田庐等事。

申：主刀兵、道路、冤仇、市价、边远、死丧等事。

酉：主少女、婚姻、妾婢、私门、口舌等事。

戌：主印绶、牢狱、奴婢、欺诈等事。

亥：主天门、秽厕、忧溺等事。

人身

子：肾、膀胱、耳、腰、腋。

丑：脾、肠、足。

寅：胆、毛发、背、爪甲。

卯：肝、血、目、筋、手。

辰：皮肤、肩、背、项。

巳：三焦、小肠。

午：心、目、神、气、舌。

未：胃、腕、腹、口舌、唇。

申：大肠、筋骨。

酉：肺、口、鼻、声、精血。

戌：命门、足、膝、臂、腿、胁、胸。

亥：膀胱、头、胸、髓、大小便、涌泉穴。

甲胆乙肝丙小肠，丁心戊胃己脾详。

庚大肠兮辛属肺，壬曰膀胱癸肾脏。

相貌

甲己合：眼斜。

乙庚合：包牙。

丙辛合：面黄白。

丁壬合：轻媚。

子：身圆，面色润黑。

丑：身重，头大，面肥，黄黑。

寅：身长，美须，面满滑清。

卯：身细，面瘦青。

辰：声高，面方而陋，带黄。

巳：身小，瘦长，面薄赤。

午：身轻，面光赤。

未：身短，小面，促黄赤。

申：身健，面圆白。

酉：身锐，面洁白。

戌：原身，面润黄白。

亥：身轻小，面斜，黑色。

贵人：骨秀而厚、面清、性严重。

腾蛇：头尖、眼小、面赤、性狡。

朱雀：尖、面赤、身轻、性燥急。

六合：色秀、身长、骨清、性缓慢。

勾陈：眼大、睛黄、唇粗、面丑、性纯而凶。

青龙：神清、腮赤、眉眼分明、美须鬓、性淳美。

天空：脑大、冷面、头黄、性虚诈。

白虎：眼圆、颈短、额阔、形肥、发短、鬓稀、性恶。

太常：身大、面圆、肉腻、肌肤香润、性浑厚。

玄武：面小、目斜、身微肥、色黑、面丑、性偷淫。

太阴：声清、肤腻、性柔而媚。

颜色

甲青乙碧，盖青东方正色，象木叶也。甲畏庚金，以乙妹妻庚。春木王，甲召乙，乙怀金以应，故有间色曰"碧"。

丙赤丁紫，赤者南方正色，象火。火畏水，以丁嫁壬。丙召丁，丁怀水气以应丙，故有间色曰"紫"。

庚白辛白者，西方正色，象霜露也。

壬黑癸绿，黑者北方正色，象水中泥。

戊黄己绛，黄者中央正色，象黄中通理也。

庚畏火，以辛嫁丙；壬畏土，以癸妻戊；戊畏木，以己嫁甲。

子黑，午赤，卯青，酉白，寅碧，申黑白，巳斑点，亥淡青，辰戌丑未纯黄。

方所

子为江湖。寅、卯为山林。丑为山田、坟墓。

未为平田、为井。午为市、为大路。巳为灶。

申为园场。酉为城。戌为营。

辰为冈岭、为垣墙、为衙庭。

亥为水边、为楼台。

住居

子房，丑壁，寅过路，卯酉门，辰积粮，巳厨，午堂，未园井，申过道路，戌浴堂，亥厕、水沟。

丑加亥为桥，未加亥为井，亥加寅为楼台。

寅卯山林得木火王相，林中必有时新果品；被金克为破林伐木；体因为枯木朽株；得天空为林下有粪，水多为尿；或亥子相加，为丛林曲溪。盖木主曲直，水为溪也。

如卯为门，有气为大门，无气为小门，刑冲破害为破门。

如三合为三传，天乙为神圣，占逃走定在神圣祠堂庙内。太阴得木为庙上有树，总在初传。仿此例传之。

姓氏与字

子为点水并耳字、女字、衣傍。

丑为田土及土傍土脚。

寅主木，又主宀头并佳字，以艮土为重也。

卯主草头，木傍木脚，又为丝，为卩，为乙。

辰山土龙，又主厂。

巳主大，又双女，又巳字。

午主火及张、周、马姓，又者字。

未主井、田、羊，并鬼、杨。

申主金，又主立人走脚，又为刂，为弓。

酉主金，又为口，为奴，为立人。

戌主犬、戈与酉，俱主鬼，以天魁、从魁俱有鬼也。

亥主水，又为古，为奴、鱼。

赵（申加酉乘太常）　　　　　钱（申加戌乘河魁）

孙（子加卯）　　　　　　　　李（寅卯加子）

周（午加小吉单午可）　　　　吴（酉加寅）

郑（酉加卯）　　　　　　　　王（子加丑）

冯（子亥加午）　　　　　　　陈（卯加卯）

褚（子加午乘太常）　　　　　卫

蒋（卯加子）　　　　　　　　沈（子加子为坎穴）

韩　　　　　　　　　　　　　杨（未宫分野以未取之）

朱（午加寅单午亦可）　　　　秦（申加亥，申坤亥乾泰也）

尤（子加卯）　　　　　　　　许（酉加午）

何（申加酉乘太常，申加未乘雀亦是）吕（酉加酉）

施（申加传送）　　　　　张（申加午或单午）孔（子加卯）

曹（寅加午）　　　　　　　严

华（卯木临王处）　　　　　　金（从魁乘王气）

魏（卯乘天后临戌或临酉临未）　　陶（卯乘勾）

姜（未加子）　　　　　　　　　　戚（戌加小吉）

谢（酉加申）　　　　　　　　　　邹（太冲加卯得六合）

喻　　　　　　　　　　　　　　　栢（寅卯加酉）

水（单子）　　　　　　　　　　　窦（天空加六合）

章（六合加午临旬尾）　　　　　　云（卯加丑）

苏（六合乘太冲临亥）　　　　　　潘（子加丑）

葛（六合加午乘勾）　　　　　　　奚（子乘六合临大吉）

范（卯乘子临巳）　　　　　　　　彭

郎（寅加卯）　　　　　　　　　　鲁（亥加卯）

韦　　　　　　　　　　　　　　　昌（午加午）

马（午乘生气）　　　　　　　　　苗（六合加丑）

凤（雀乘酉）　　　　　　　　　　花（六合加传送加酉）

方（传送临驿马）　　　　　　　　俞

任（申加亥）　　　　　　　　　　袁（申加破）

柳（寅加卯）　　　　　　　　　　鄷（寅加卯）

鲍（亥乘勾加巳）　　　　　　　　史

唐（申加酉）　　　　　　　　　　费（申加酉）

廉（雀乘光临午）　　　　　　　　岑（罡加午）

薛（六合临从魁加戌）　　　　　　雷（太冲逢冲）

贺（酉加酉申加酉）　　　　　　　倪（申加亥）

汤（子加午乘太阴）　　　　　　　滕（蛇加巳）

殷　　　　　　　　　　　　　　　罗（或巳或亥乘六合加寅）

毕　　　　　　　　　　　　　　　郝（雀乘卯或午加卯）

邬（酉乘六合）　　　　　　　　　安（寅加子）

常（从魁临未）　　　　　　　　　乐（太冲临庚乘龙）

于　　　　　　　　　　　　　　　时（午加申）

传（午加太冲临王气）　　　　　　皮

卞　　　　　　　　　　　　　　　齐

康（申加亥）　　　　　　　　　　伍（申加戌）

余（太阴乘空）　　　　　　　玄

卜　　　　　　　　　　　　　顾

孟（天后加酉或辛加酉）　　　平

黄（六合加申）　　　　　　　和（六合加酉）

穆（卯得虎临亥）　　　　　　萧

尹（丑加空）　　　　　　　　姚（子加六合）

邵　　　　　　　　　　　　　湛（亥加子）

汪（子乘神后加土）　　　　　祁（子加卯）

毛（子乘生气）　　　　　　　禹

狄（申加午）　　　　　　　　米（太常临未）

贝（以从魁取）　　　　　　　明（午乘太阴或午未或午子）

全（寅加乾）　　　　　　　　郗（坤加卯）

班　　　　　　　　　　　　　仰（以震取）

秋（太冲加午）　　　　　　　仲（申加丑）

伊（申临败）　　　　　　　　宫（酉加二酉）

宁　　　　　　　　　　　　　仇（申临乾）

栾（寅卯乘酉）　　　　　　　暴（巳加子）

甘（以子取之象耳）　　　　　针（鑫临旬尾）

厉（勾乘卯加寅）　　　　　　戎（以河魁取）

祖（子加丑）　　　　　　　　武（以太常乘生王取）

刘（六合乘酉加申）　　　　　符（太冲乘子临生休气）

景（以午取为景门也）　　　　詹（子加酉）

束（寅加酉逢破）　　　　　　龙（以辰取）

叶（以卯取）　　　　　　　　幸（卯加午）

司（太常乘子加酉）　　　　　韶

郜　　　　　　　　　　　　　黎（卯乘勾加子）

蓟（六合乘亥临申）　　　　　薄（六合临子乘卯）

印（卯加未）　　　　　　　　宿（寅加申）

白（金取）　　　　　　　　　怀

蒲（六合临子加巽，以巽为天甫）　　郫（太冲临酉）

从（酉取）

索（寅加卯）

藉

卓（申带空）

屠（以辰取）

池（亥水加坤）

阴（以酉取）

胥

苍（六合加乾）

闻（卯酉加子）

党（常加乙）

翟（子加寅，水子羽音，寅为佳艮宫连土）

贡（王火临寅）

逢（申临会神）

申（以申取）

堵（小吉临午）

宰（寅加戌）

雍（以申取之）

璩

桂（寅加二土）

牛（以丑言）

通

扈（卯乘酉加巳）

冀（以子取）

浦（亥临巽）

农（酉加辰）

别（从魁加王申）

晏（午加未）

瞿（王午加寅）

充

鄂（王酉临巳加卯）

咸（戌加酉）

赖

蔺（二卯加寅）

蒙（六合加寅临亥）

乔（亥乘太阴加酉）

鬱

能

双（王寅乘雀）

莘（卯加戌）

谭（王酉临龙）

劳（王火临寅）

姬（天后加子）

扶

冉

郦（王午加卯）

却（酉加卯）

桑（逢寅迷木）

濮（亥水加天空）

寿（以子言）

边（申作虎逢空）

燕（以寅取）

郏（卯加申）

尚（太常坐空）

温（神后加午临酉）

庄（六合临王土）

柴（寅临死煞）

阎（卯加坎）

慕（六合乘午加子）

连（卯加申）

习（子加午）

艾（卯乘六合临王地）

容（寅加酉）

古（旬尾得酉或亥子）

愼（雀临胜光）

廖（以巳取之，巽箭在弦上在巳）

终（卯加亥）

居（卯加亥）

臧

伏（申加戌）

戴

宋（寅得龙）

庞（龙乘辰）

纪（六合乘巳）

屈（六合乘辰加辰）

祝

梁（子加寅得六合卯，卯乃寅之羊刃）

杜（寅加丑）

蓝

席

麻（勾加卯）

贾（酉加酉）

娄（戌加亥）

江（子加亥）

颜

梅（寅加太阳）

林（寅得龙或二寅二卯）

徐（从魁乘金临败）

骆（午得虎临酉得生气）

茹（六合乘天后临酉）

宦（寅乘太常）

鱼（以亥取之）

向（金取）

易（午加子或加未或乘太阴）

戈（天魁逢破或逢玄武）

庚（罡加申）

曁（艮带死气加寅）

衡（太冲临亥）

计（从魁临旬尾）

成（戌加丁）

谈（酉临胜光得雀）

茅（卯加申）

熊（以亥取之，谓亥有能）

舒（六合乘子）

项

董（合乘卯）

阮（卯加旬首）

闵（卯得龙或乘雀）

季（卯加子）

强

路（甲乘驿马）

危（辰加巳）

童（龙临丑）

郭

盛（戌加酉）

钟（太阴卯）

丘（五乘王气）

高（寅乘王气）

夏（巳加午木）

田（丑加丑）

胡（亥乘太阴，亥为古阴月）

霍（卯加寅，卯为雷，寅艮重土为佳）

虞

支

旮

卢（子乘丑临酉）

经

裴（以太常取）

干（子加旬尾）

应（辰乘寅临干）

丁（未乘王气）

贲（卯临酉）

郁（子作太阴临卯）

杭（寅加辰）

包（勾临巳）

左（辰作空亡）

雀（罡加寅）

钮（从魁加丑）

程（六合乘酉加土）

邢（小吉临卯）

裴（坤乘小吉）

荣（二火加寅）

荀（六合加旬首）

于（坤加败金）

甄

家（寅加亥）

芮（六合临内）

糜

蔡（太冲加登明）

樊

凌

万

柯（龙加未临酉）

管（六合乘寅加酉）

莫（六合加墓）

房（太冲乘卯）

缪（卯乘子临巳）

解（辰加未）

宗（寅临小吉）

宣（寅临午）

邓（亥加卯，亥为登明）

单

洪（亥同子位）

诸（酉加午）

石（辰加酉）

吉（丑未加卯）

龚（辰加巳）

嵇（合作龙加辰）

滑（亥加子）

陆（六合加土，土逢空）

翁（亥加子受衰气）

羊（未得生气）

惠（太冲临午）

魏（酉加戌）

封（二土加休木）

邴（巳临卯）

松（寅加乾）

井（取未）

富（寅乘太阴加丑）

乌（以酉取）

巴（酉加乙）

牧（丑加雀）

山（以天罡取）

车（太冲取）

宓（寅午逢破）

都（午加卯）

满（天空乘合加卯）

匡

文

广（辰加寅）

阙

欧

沃（神后加亥）

蔚

夔

师（以午取谓午为狮子）

库（辰临太冲）

晁（午加卯）

敖（戌取之谓戌为傲故）

冷（亥水临金）

辛（戌取）

那（以卯加刃）

饶

鲁

沙（子加酉）

养（未加寅）

须（子加酉）

段

巫（以天空取）

焦（寅加巳）

弓（以巳取）

隗（六合乘未）

谷（以申酉取）

侯（申取）

蓬（以子取）

耿（子加巳）

弘（巳加艮）

国（酉加戌带合）

寇（以辰戌取）

禄

东（卯取）

殳（以乾取象天）

利（卯加申）

越（申加戌）

隆（卯乘亥生气）

巩

聂（天后乘神后加子）

勾（辰取）

融

訾（以子取）

阚（卯加子乘未）

简（六合乘卯临子）

空（以天空取）

母（以坤取）

也（以乙取）

鞠（以秋金取之）

丰（天罡加丑）

巢（申加寅卯）　　　　关（卯酉相加乘六合）

蒯（卯乘太阴得王气临申）相（寅加午）

查（寅卯乘午临次）　　后（以天后取）

荆（以巳取）　　　　　红（以巳午临丙丁取）

游（以亥子加申）　　　竺（卯加火）

权（六合加寅乘王酉）　逮

盖（六合乘休气加酉）　益

桓（寅乘子临卯）　　　公（申临寅死气）

刁（丑破刑又取刃）

物类

神后天后：旦为鼠，昼为燕，暮为蝠。

大吉贵人：旦为牛，昼为蟹，暮为鳖。

功曹青龙：旦为狸，昼为豹，暮为虎。

太冲六合：旦为狐，昼为兔，暮为貉。

天罡勾陈：旦为鱼，昼为蛟，暮为龙。

太乙螣蛇：旦蛇，昼蚓，暮蝉。

胜光朱雀：旦鹿，昼马，暮獐。

小吉太常：旦雁，昼羊，暮莺。

传送白虎：旦猿，昼猴，暮狐。

从魁太阴：旦鸟，昼鸡，暮雉。

天魁天空：旦狗，昼豺，暮狼。

登明玄武：旦猪，昼猵，暮豕。

甲与寅，主斑点、文书、药物等。王为林木，相竹苇，休栋梁，囚为死木，死为棺椁。

乙与卯，主门户动用之物。王花草，相为席箔，休舟，囚柴薪，死麻秸。

丙与巳，主弓箭、音乐。王炉冶，相灯火，体囚炭灰，死为烟。

丁与午，主物偏斜有光彩或文书。王铸造，相煅炼，体囚烧燋，死为尘埃物。

庚与申，或沙、磁铁、石。王金玉，相铁铜，休为锅，囚锡铅，死钢针。

辛与酉，或金银、刀锥。王珍宝，相刀刃，休为钺斧，囚为锹锄，死磁瓦。

壬与亥，是小儿器物，及近水鱼盐之类。王雨露，相山涧，休死水，死为湿沟。

癸与子，或水中物，及妇人用物。王江湖，相清泉，休池水，囚沟渠，死地厕。

辰与戌，主火土石刚硬之物。王为屋宅，相墙壁，休沙土，囚丘阜，死牢狱。

丑土，或瓦石土坏桥梁，及冢墓所出之物。

未土，或酒食器用，及衣服丝绵俱主。王为堂殿，相为园圃，休为泥块，囚为冢墓，死荒郊。

水上见水，其物具四足，好行走。水见其火，其物有头无尾。水上见土，土器故物。见木，轮转之物。见金，生全之物。

火上见金。铸冶之物。见木，花果之物。见水，伤败故物。见火，好行之物。见土，瓦与砖。

木上见水，带花土物。见火，枯焦残物。见木，花果器物。见金，镌斧鎗刀。见土，棺椁之类。

金上见水，金石物。见火，炉冶物。见木，雕刻物。见金，成器物。见土，土石器物。

土上见水，和柔物。见火，光明物。见木，坚牢物。见金，瓦石物。见土，重迭物。

贵人乘子（笔墨文章书）	丑（鱼虾有美味，有泥土）
寅（瓦器）	卯（黄土泥物）
辰（竹笛空物）	巳（花绢衣服，丝麻绵苎）
午（绯紫衣服）	未（黄物铜铁酒器）
申（铜铁锡物，硬钢曰物）	酉（黄白泥塑像）
戌（黄母猫腊物）	亥（黑生刑畜之类）
螣蛇乘子（并申为唇）	丑（渠孔物）
寅（蛇形物）	卯（刀割花红物）

辰（砖瓦珠玉黑资）　　　　　巳（虫蛇线丝绵）

午（女人衣服）　　　　　　　未（文字图物）

申（煅炼之物，金石银矿）　　酉（火灰中物）

戌（自死泥中物）　　　　　　亥（烂衣朽物）

朱雀乘子（笔墨文书）　　　　丑（秽尘灰物）

寅（鸡雉毛衣）　　　　　　　卯（果子黄色）

辰（罗缎赤色）　　　　　　　巳（烧炼石药）

午（衣服马）　　　　　　　　未（口舌文书）

申（钗剑铁刀）　　　　　　　酉（铜铁梳子钗钏）

戌（龟果骨脚）　　　　　　　亥（泥土玳瑁）

六合乘子（青白物贮水火）　　丑（伤破刀割物或剑锄）

寅（猫狸刀果子）　　　　　　卯（轿梁之物）

辰（土瓦合盒）　　　　　　　巳（竹管空虚，火器火色）

午（瓦瓶磁器）　　　　　　　未（臭烂盐果）

申（铸成镜或磁盒子）　　　　酉（女人尸刀）

戌（鲱罐角瓦之器）　　　　　亥（四足虫绵）

勾陈乘子（绯衣或生或不死物）丑（灰颜花绫）

寅（瓦石木根，兽形四足物）　卯（桥柱河栋，为蛇虫物）

辰（龟鱼蟹）　　　　　　　　巳（衣服旧物）

午（苗叶符印之书或篆）　　　未（粟绵绢物）

申（铁器刑伤物）　　　　　　酉（铁锁白磁器）

戌（绯紫衣服）　　　　　　　亥（鱼肉香美）

天空乘子（土石砖瓦，缸器盆钵）丑（虫形镜锁，妆查泥物）

寅（底火）　　　　　　　　　卯（土名物）

辰（土泥烧的砖瓦）　　　　　巳（飞虫形有脚走）

午（木用破碎物）　　　　　　未（可食甘美物）

申（土角坚铜铸物）　　　　　酉（破白磁器）

戌（秽泥似兽形异物）　　　　亥（泥土水中物）

青龙乘子（似蝉蛇形）　　　　丑（铁器）

寅（矫揉之物有孔窍似龙形）　卯（木器果实）

辰（百头瓦罂，柱杖似龙形）　　　巳（双合物）

午（烧成可食物）　　　　　　　　未（烂木或茶味）

申（腰带之物）　　　　　　　　　酉（刀伤器物）

戌（刀割物）　　　　　　　　　　亥（瓜果类）

白虎乘子（烧成瓦器）　　　　　　丑（刀尺之物）

寅（形动日色物）　　　　　　　　卯（瓜果物）

辰（铜银铁物）　　　　　　　　　巳（金帛孝服）

午（瓦心空赤悬空）　　　　　　　未（泥中所居可食之物）

申（钺斧环子）　　　　　　　　　酉（锹锄铁器镜）

戌（兽物铜物，铁锄有口铜印）　　亥（草木喜美因游外来）

太常乘子（花绢罗衣）　　　　　　丑（旧白衣物）

寅（情人笔砚僧道法物）　　　　　卯（草木）

辰（光明之物）　　　　　　　　　巳（花纹之物，故破之物）

午（飞雁文章）　　　　　　　　　未（衣服黄褐）

申（猴畜白锡腿足类）　　　　　　酉（是白毛物色，鹤鸡雁雉）

戌（破赤白色衣服）　　　　　　　亥（黑白带绳）

玄武乘子（鱼鲤物）　　　　　　　丑（羊角兽乌金物）

寅（勾动白色物）　　　　　　　　卯（瓜菜物）

辰（黄尾火烧赤色）　　　　　　　巳（破瓶缸瓦类）

午（瓦心空赤悬虚）　　　　　　　未（泥中所吃食物）

申（蛇虫蜂蝶，飞形类）　　　　　酉（生银布帛）

戌（班点花绫白瓦）　　　　　　　亥（草木喜美因游外来）

太阴乘子（麵食甘物）　　　　　　丑（衣服美妇人衣）

寅（刀斧器物黄色堪食）　　　　　卯（以钱光明）

辰（钗钏花朵物）　　　　　　　　巳（刀尺师娘衣服）

午（剪刀铁器白物）　　　　　　　未（黄色堪食油麻类）

申（女子钗钏梳，鸡雉小菜）　　　酉（金鸡雉鸽）

戌（蠹毛虫多足物）　　　　　　　亥（通白物）

天后乘子（麵食甘物）　　　　　　丑（衣服美妇人）

寅（刀斧器物黄色堪食）　　　　　卯（土泥物）

辰（秽物赤色）　　　　巳（烂白衣服）

午（刑倚破损猎物）　　未（带伤凶物赤色）

申（形如川鼠）　　　　酉（白色衣服）

戌（赤黄泥物黄衣）　　亥（水旋类酸醋物）

如发用物值相生王相，及带生气月厌为活物。死墓带死气者死物，与日辰俱王相，更值功曹为可食物。课得八专昴星涉害，主物三、四件。伏吟为近物，亦水边伏匿物。反吟远物，及道路往来物。

物形

发用孟神圆物，仲神方物，季神失碎。发用王圆而软，相方而嫩，死直硬破坏，囚碎细，休轻体不全，王相新而完，囚死缺而旧。

发用长生新物而小，沐浴滑润，冠带枯槁，临官新而王，帝王物近贵可用，若值衰病墓绝胎养，皆废闲故物也。

发用子午物有眉目，卯酉物有口腹，寅申物有毛角，巳亥物有面貌，辰戌物有手足，丑未物有孔窍。

日辰入传，物有表里。如甲午日占，为外青内赤类。四课阴阳俱备，不值刑冲破害者，为完物。若不备，又刑冲破害，为破坏物。水主柔软，近水曲形。壬与亥物偏形，癸与子或有爪窍。

火主虚锐，上尖虚心烟火物。丙与巳，不完，似有手足。丁与午，多偏斜，有光彩。

木主直长斜弯曲。甲与寅，物丛杂，有手足五色文斑点。乙与卯，为细长，似有口腹。

金主刚硬，为方圆、金铁、炉冶、刚坚物。庚与申，物四角，寻常或空心，辛与酉，物头绪多或尖圆。

土主厚重圆厚。戊土物刚硬有皮角，己土物多细碎。

课连茹或孟仲季，主物形无定体，色无规模。日辰相克，乃杂色物类。物形、颜色。姓氏、新旧、多寡等项，射覆多用之。专看发用上要得五行衰王分明，不必兼取中末传。

显晦

类神入传为显，入年命次之。课传年命俱不入者为晦，各随所宜，详其吉凶。有宜显不宜晦者，如问官责官，问财责财神等是也。有宜晦不宜显者，加问病责鬼虎，问讼责朱雀等是也。

虚实

旬空主虚，旬首主实。火临日辰发用主虚，水临日辰发用半实。

聚散

聚散以天时言，得令有气为聚，无气为散。大端相气更吉于王气，如现在之气来生我，不过眼前吉庆，后季来福祉非常，然而有正有变，未可执一。凡占俱喜气集，都以四季令详之，此其正也。占进用事，课传俱见为吉。占解散事，反取无气。此其变一。

占远大事，俱以四季令为主，若射覆等小事，一时俱王，其衰王只以日干而言，不必看大时令。凡两日二十四时，五行各有王相休囚死，过两日又换也。如甲乙两日，即以木王火相水休金囚土死详之。此其变二。

又有不执定本支五行，专看初建与复建干，多者为集，少者为散。初建者日上五子元遁，复建者时干五子元遁是也。以建干多少，变化而推。如巳午本火，上下壬癸又临水乡，便从水论。又如丁亥春夏从火，秋冬从水，若临火地还从火论，若临水乡还从水论。此其变三。

向背

以地利言，吉神得地为向，不得地为背。大端天上之神所临地方，欲不陷空、不入墓、不受克制刑冲，得当得躲，方为有情，方为向我，中间有正有变，亦须活泼。如生我为恩主，我生为救神，克我为鬼贼，我克为财星，此是正法。

变而通之，则有见生不生，不如无生，如木日水生，若水居金上，他自恋生，不来生我，水居土上为土制，虽日辰年上皆见，俱不能生，至水皆空亡尤甚，父母病不救，干谒亦徒然而已。

见克不克，不如从贼。如木日金鬼，若金在火上，他自受制，不能克我；金居王土，他自恋生，不来克我。若陷空，亦不能克我。

见财不财，王费心怀。如木日土财，若土在王木上，财在鬼乡，不可取也。或脱气之上，反有所费。或陷空，亦不吉。

有见救不救，灾须自受。如木日见金，得火为救神，火居王水上受克，不能救我；居王木上，亦自恋生，不能救，反为灾。如不见鬼，而见救神，反为盗也。

见盗不盗，本根可保。如木日见火为盗，火居水土，或坐空，皆不能盗，反吉。此等吉中藏凶，凶中藏吉，宜从容审之。

凡课传父母见，忧子孙；兄弟见，忧妻财；子孙见，忧官禄；妻财见，忧父母，无父母防生计，是固然也。不知传财者，若日辰年命上无父母，未可言父母灾也。日辰年命上，先有父爻后传财，始可言父母长上灾。或求财有防生计，或妻忤逆公姑，若日上乘官鬼，能生父母，盗窃财气，但父母无咎。父母见，而日辰年命上见兄弟，子孙无忧。子孙见，而财神临日辰受生，则子孙忧泄，惟逢迁官，讼有罪，病难苏。官鬼见父母临干，则己身兄弟无忧。同类见子孙临干，则子孙生而同类受泄，反主妻财无恙，求财益丰矣。

进退

传进为进，传退为退。进空宜退，退空宜进。三传吉宜进，凶宜退。

动静

日辰主静，三传主动。日辰有生气宜动，三传有凶神宜静。日辰有恶煞宜静，三传有扶助宜动。泛称日主动，辰主静，似少别白，不然刚专日，柔专辰，天上日行地方，相生宜动，克陷宜静。斩关游子丁马则动，稼墙墓合则静也。

始终

课中以旬首为首即始事，旬尾为尾即终事。干支上见之，凡事始终皆宜。传中以三传分事，始中终三段，详前三传说中。

迟速

伏吟、涉害、天乙逆治，用在日辰后，主事迟。斩关、占时发用、天乙顺治，用在日辰前，主事速。冬占申酉入传，天罡在日辰后过去事。冬占寅卯入传，罡在日辰前未来事。第三、四课为用，向事去，用二八门，主事速。传进速退迟，丁神驿马速，空亡墓绝迟。柔日伏吟、关格、斗罡加卯酉入传，岁月久远事。又太岁在初传为当年事，太岁在末传久远事。在中传分方来过去。传顺年浅，传逆年深。又看六月以前为过去，六月以后是未来事。数者，非特岁月日辰时作发用而已，凡用岁月日辰时上皆是也。详在期候中。

新故

王相加日辰上新物，休囚加日辰上故物。日上王相，辰上休囚，新故相半。

辰上见天罡新物，大吉旧物。

刚日用阳为新物，阴为故。柔日用阴为新，阳为故。

甲日占，甲木生亥墓未，亥加甲为新，未加甲为故，此以本干之生死论新故也。此刚日占法。如乙日，乙德在庚，庚生巳墓丑，丑加干死旧，巳加干新生，此以干德之生死论新故也。此柔日占法。

存亡

占人得生王为存，死墓为亡。若问人不知存亡，视白虎克辰上为亡，不克则存。占久出之人，行年临孟则存，仲病，季亡。日为我，辰为人，故看辰上。

男女

纯阳男，纯阴女。一阳二阴男，一阴二阳女。阳神临阳位男，阴神临阴位女。贵腾雀勾龙虎是阳将，后阴合空常玄是阴将。

看产妇行年上专确。

老少

看所临地，孟为少，仲为壮，季为老。又看有气为少，无气为老。

贵贱

王气为贵长，休囚气为贱。天乙贵，蛇贱。太岁尊神，月建为官长，皆王气也。得地为贵，败绝空亡为贱。贵人坐印，为有禄为贵，败绝空亡为贱。坐印如甲以乙丑为贵，加申见壬申为坐印，是有禄之人。又甲子日，辛未为贵，未加辰见戊辰为坐印，戊生辛克日，是有禄之人。贱者如庚寅见丙戌，丙为庚煞，戌临亥为火绝于亥，是贫贱之人害我。

子为妇女、为阴邪小人、为媒人、盗贼。

丑为将军、贵人、僧尼。

寅为吏、道士、医人。

卯为术士、私门。

辰为恶人、狱人、二千石。

巳为孕妇、吊客、医术、窑匠。

午为下人、善人、亭长。

未为媒婆、师巫、寡妇、酒人、野人。

申为商人、僧、医、铺兵、行路人。

酉为妇人、婢妾、酒人。

戌为奴、军人、狱人、贱人，长者为统辖众人之人。

亥为妇人、为醉人。

太岁为天子，月建为公卿宰相，朱雀为王相官星，又为学堂星，主翰林。月建作官星乘青龙，吏部吏科之属。建乘勾陈，王相户属。建乘青龙，或为寅卯木礼属。乘常或巳午火兵属。建乘勾朱劫煞三刑，或申酉金刑属。建乘天后，或亥子水工属。俱要官星王相，内带朱雀者，都给事也。申为行人，大抵龙常天驿马相并，作月建官星王相者，多出使之臣内。若白虎作官星，或是御史。建雀临寅卯午，官星不见，或传入休囚者，林下之人。财生宫，官星又生学堂，言官星也，不王相监生也。官星龙德王动者，必科第主人。建神将吉，又成合神，加三六合者必君子。

丑未为田，同木作犁，更兼申酉入传必农人。建丁马发用休囚死绝空亡，不带财官必游方人。建天空王相，带丁与雀者乃术士。建甲子相加，值空亡太常发用，主僧人。建甲子，见空亡玄武发用，主道士。

天地医发用太常，主医人。六合喜值神发用，主媒人。

亲疏

日与辰三六合者主亲人，不合者疏。生日干者父母。

如甲乙日，以子阳为父，亥阴为母，壬癸为外翁姑，午为子，巳为女，丙丁为外甥孙，寅为伯、为兄，卯为弟、为叔，甲为姐，乙为妹，辰戌丑未妻妾。

日干所克为正妻。如甲乙日见土，丙丁见金，戊己见水，庚辛见木，壬癸见火是也。以干之墓神为妾。如甲乙见未，丙丁见戌，庚辛见丑，戊己、壬癸见辰是也。

妻前一位为媒人。己为甲妻，则己前庚与申为媒。乙为庚妻，则乙前丙与巳为媒。辛为丙妻，辛前壬与亥为媒。丁为壬妻，丁前戊与巳为媒。癸为戊妻，癸前甲与寅为媒。

日干所克干神为婢奴。如甲乙日戊己，丙丁日庚辛是。总之干属外，支属内，故翁姑、外甥、奴婢皆以干言。

媒人所合为亲家。如庚申为媒，则乙卯为亲家，乙庚合也。丙巳为媒，则辛戌为亲家，丙辛合也。壬亥为媒，则丁未为亲家，丁壬合也。甲寅为媒，己未为亲家，甲己合也。子日见亥，寅日见卯，日辰同气，为本家人。子见丑，丑见寅，为比邻人。

若不以子父财官论，只就本支神所属论之，子为闺女，或为中男，丑为父母，寅为叔、为夫婿、为少男，卯为兄弟、为母姑长、长男，辰为侄，巳为姑、为长女，午为中女，亦为宫女，未为姑姨、姊妹，申为舅，酉为姨、为妾婢、为少女，或为妹，戌为奴仆，亥为幼、为孙。六合亦以子论，亦以朋友论。

凡占动众，三合为兄弟朋友之众，同类为眷属之众，戌为部领之众，反吟连茹牵连之众。

多寡

王相主多，休囚死主寡。甲己子午九，乙庚丑未八，丙辛寅申七，丁壬卯酉六，戊癸辰戌五，巳亥无干四，此定数也。合天地盘看，王相倍加，囚死减半，休为本数。如上寅下子，寅七子九，七九六十三，王相六百三十，或一千二百六十；囚死三百一十五，或三十五。一法不用地盘，止天盘上神合将论之。

贵人八，螣蛇四，雀九，合六，勾五，龙七，空五，虎七，常八，玄四，阴六，后九。

胜负

日克辰我胜，辰克日彼胜；日辰俱不克，彼我俱不胜。上克下先举胜，下克上后对胜。日被上克尊负，辰被上克卑负；日辰俱克，尊卑皆负。日被辰上克我负，辰被日上克彼负。八专日在分阴阳配偶喜忌断之。如己未日，己为我，未为彼。己畏卯与六合之克，所喜者青龙与寅，以甲己合，未所畏寅与青龙之克，所喜卯与六合为同气。凡占八专宜用此，不宜端以胜负言。

前后

支前为前，支后为后。寅卯在支前为前山前林，在支后为后山后林。亥子在支前为前溪，在支后为后溪。

左右

支左为左，支右为右。如支属子为宅，丑为左邻，亥为右邻，午为对邻。

与日上相生比和则睦，相克不睦。

假如左右上神自克其下，或空绝，则邻衰替。若火鬼克战则有火烛，白虎死气则有死丧，雀乃口舌，玄为盗贼，或勾索死气，白虎相克则吊死之类。

高下

有气为高，无气为低。如神辰为陵墓，有气为高坟；日上发用为高，辰上发用为低。如占讼，高为吊，低为缚。失物，日上发用，物藏高处；辰上发用，物藏低处。

远近

如一伏吟为近，涉害反吟为远；休囚为近，王相为远；丁神驿马为远，游子斩关为远；龙合为远，常贵为近；远支远，近支近。

一法：远近用关梁，春丑关巳梁，夏辰关申梁，秋未关亥梁，冬戌关寅梁。关内近数，关外远数。关内十里以下，梁下五里以下，过关外又增数，看远近推之。三合主三百里，六合主五里、五十里，水三里、三十里，梁上近数。土主五里内，金四里，火二里，水一里，关外远。润下三百里，炎上、曲直、从革、稼穑三百五十里，游子远去三千里。

一法：天罡为阳关，传过关外远；从魁为阴关，传过戌上去主远。用上下相加，戌加申，戌五申七，即五七三十五里。用神王倍增，用囚死减数。三传日辰上见六丁，及马太阴太乙神后，占逃远不可追。

勾陈兵也，游都大贼也。玄武小寇也，游都空死责玄武。戌为城，午为城门，天罡加季，事必直确，言必实信。寅地看谷鲁，丑地看福建。玄武在卯发用刑克日干，如居舟上，主盗登舟打劫。勾陈援巳午，而加申酉之支，主兵放火烧宅。勾陈在寅卯，而居辰戌丑未之支，主兵拆屋。

看六甲以产妇行年上看男女，凡阳生男，阴生女，阳年来阴生女，阴年来阳生男。

大六壬兵占

察贼所在

春乙辰，夏丁未，秋辛戌，冬癸丑，名天目，一般同驻札，目神观隐伏行程，天耳听形踪。

寅申西南巳亥北，卯酉正西子午东。辰戌乾方丑未巽，乘衰急剿难攻。

凡用兵驻扎处所，欲察贼在何处潜伏，以月将加时，视上天天目神所临之方，即贼所居之处。

天目者，春辰顺行四季。如春占辰临子上，贼在正北方。余仿此。此驻扎察贼之法。

若行兵路途中，欲察贼在何方，视课中天上天耳神所临之方，以察贼之住处。

天耳者，大吉丑也。若大吉加地下子午上，贼在正东卯方，临卯酉在正西酉方，临寅申在西南申方，临巳亥在东方丑方，临辰戌在西北亥方，临丑未在东南巳方。

寅卯辰方山林草木，巳午未方斜道岗林，申酉戌方山岭险地，亥子丑方河涧溪滩之处。此四方驻扎、行营、占贼处，皆应如此。

假如春二月，丁未日，巳时占，戌将加巳，察天目神临亥，贼在西北亥方，近河涧溪滩之地。余仿此。

假令夏四月，丙午日，丑时占例：

```
    后 勾 阴 六
    申 丑 未 子
    丑 午 子 丙
官 壬 子 六
子 丁 未 阴
父    寅 青 ◎


    六 勾 青 空
    子 丑 寅 卯
  朱 亥       辰 白
  蛇 戌       巳 常
    酉 申 未 午
    贵 后 阴 玄
```

假令夏四月，丙午日，丑时占，申将加丑，察天上天目未临子，贼在正北子方，乃夏令死绝之地，宜速发兵进剿得胜。余仿此。以上二例乃驻扎用天目之例。

春二月，丁未日，巳时占例：

空 后 空 后
巳 子 巳 子
子 未 子 丁

兄 乙 巳 空
子 庚 戌 蛇
父　 卯 常 ◎

蛇 贵 后 阴
戌 亥 子 丑
朱 酉　　　寅 玄
六 申　　　卯 常
　未 午 巳 辰
　勾 青 空 白

假令七月，甲寅日，未时占，巳将加未，察天上天耳丑临地下卯，在正西酉方山岭险处。余仿此。

七月，甲寅日，未时占例：

玄 后 玄 后
戌 子 戌 子
子 寅 子 甲

财 壬 戌 玄 ☉
官 庚 申 白
子 戊 午 青

朱 六 勾 青
卯 辰 巳 午
蛇 寅　　　未 空
贵 丑　　　申 白
　子 亥 戌 酉
　后 阴 玄 常

假令十月，庚子日，申时占，寅将加申，察天耳丑临地下未，贼在东南巳方属火，十月冬临死绝之地，宜速战伐大胜，若夏令占得此，是贼居王相之方，不可攻剿。

十月，庚子日，申时占例。

```
蛇 白 青 后
子 午 申 寅
午 子 寅 庚


财 壬 寅 后
兄 丙 申 青
财 壬 寅 后


朱 蛇 贵 后
亥 子 丑 寅
六戊      卯阴
勾酉      辰玄
申 未 午 巳
青 空 白 常
```

以上二例乃行营用天耳之例。

寻贼消息

贼营消息最难寻，丑未临方必得真，

欲晓彼中机密事，须从卯酉听其音。

凡为将用兵欲察贼之消息者，以月将加正时，视天上丑未所临二方，寻访必得其信。若察贼所行机密之事，视天上卯酉所临二方，探听必得其音。若丑未及卯酉二方，有一方相碍不便探听者，从一方探听亦可。

假令正月，甲子日，卯时占，以亥加卯，是天上丑临巳，未临亥，差人往巳方或亥方，探听贼之消息即得也。余仿此。

正月，甲子日，卯时占例：

```
玄 青 白 六
辰 申 午 戌
申 子 戌 甲


财    戌 六 ◎
子 庚 午 白 ⊙
兄 丙 寅 后


贵 后 阴 玄
丑 寅 卯 辰
蛇子        巳常
朱亥        午白
戌 酉 申 未
六 勾 青 空
```

假令二月，乙丑日，巳时占，以戌加巳，视天上卯临戌，酉临辰，差人往辰方或戌方，探听机密之事必得也。余仿此。

二月，乙丑日，巳时占例：

```
蛇 空 阴 六
亥 午 寅 酉
午 丑 酉 乙


兄 丙 寅 阴
财 辛 未 青
父 甲 子 贵


朱 蛇 贵 后
戌 亥 子 丑
六酉        寅阴
勾申        卯玄
未 午 巳 辰
青 空 白 常
```

令人探贼

探贼虚实出何旁，太冲覆处最相当。王方触犯须回避，更向太阴之下详。

凡用兵行营或驻扎，欲差人探贼兵从何处来，及虚实踪迹欲出何方，以月将加正时，出天上太冲卯下，则人鬼不见。如卯下不便，或值王相不可触犯，出地下太阴之上，其道深矣。

太阴视地盘太岁后二辰之位也。

王方如春令甲乙戊己日，不可向东南方出也。余仿此。

假令二月，己巳日，午时占，以戌加午，视天上太冲卯临地下亥，差人宜向西北亥方，探贼大吉，此太冲覆处最相当也。余仿此。

二月，己巳日，午时占例：

```
后 六 玄 蛇
丑 酉 卯 亥
酉 巳 亥 己


子 癸 酉 六
兄 乙 丑 后
父 己 巳 白


  六 朱 蛇 贵
  酉 戌 亥 子
勾 申     丑 后
青 未     寅 阴
  午 巳 辰 卯
  空 白 常 玄
```

假令辛丑年，三月，乙丑日，申时占，以酉加申，太冲卯临寅，须差向东北寅方探贼，但寅乃东方，乃乙木日干王方也，助贼之王，不可往寅方去也。察本课地盘太岁丑后二位，亥为太阴，差人往亥方出，探贼大吉。余仿此。

辛丑年，三月，乙丑日，申时占例：

```
六　朱　空　青
卯　寅　午　巳
寅　丑　巳　乙

兄　丙寅　朱
兄　丁卯　六
财　戊辰　勾

空　白　常　玄
午　未　申　酉
青巳　　　　戌阴
勾辰　　　　亥后
　卯　寅　丑　子
　六　朱　蛇　贵
```

渡关觇贼

渡关须视命元宫，岁月日时冲破凶。日上生和王相吉，亥辰午见最亨通。

凡欲令人渡关越境探听贼寇情状者，以月将加时，视地盘中差人本命宫上，如岁支、月支、日干支、时支，作冲破本命之人者，凶不可去，须另差不犯岁月日时冲破本命之人，前去方可。

将军本命，亦同此占。《经》云："凶不凶，视破冲"，若日辰上神王相有气，与日辰相生宜进，反此不宜。如日辰上见登明亥，天罡辰，胜光午者，宜急速前去大吉。假令甲子年，正月，乙丑日，巳时占，差人本命丙午，以亥加巳，视地盘本命午宫上逢子，是岁支冲命不宜去，其岁支破及日月时冲破本命宫者，皆同此例。

甲子年，正月，乙丑日，巳时占例：

```
后 青 常 朱
丑 未 辰 戌
未 丑 戌 乙
```

```
财    戌 朱 ◎
财 戌 辰 常 ⊙
财    戌 朱 ◎
```

```
蛇 贵 后 阴
亥 子 丑 寅
朱 戌        卯 玄
六 酉        辰 常 常
   申 未 午 巳
   勾 青 空 白
```

假令十二月，戊寅日，卯时占，以子加卯，视地盘日干上乘寅，日支上乘亥，乃水木相生，冬日水王木生，又登明亥临日支上，宜差人急去大吉。若天罡辰或胜光午临日干或日支，亦主差人速去大吉。余仿此。

十二月，戊寅日，卯时占例：

```
白 阴 阴 蛇
申 亥 亥 寅
亥 寅 寅 戌
```

```
官 戊 寅 蛇
财 乙 亥 阴
子    申 白 ◎
```

```
蛇 朱 六 勾
寅 卯 辰 巳
贵 丑        午 青
后 子        未 空
   亥 戌 酉 申
   阴 玄 常 白
```

疑贼前后

疑贼前后法通玄，子卯巳申天上吉。覆在支宫随我后，临于干处阻我前。

干居支位防前面，支坐干方慎后边。亥子居干侵大路，加支小路是真传。

凡用兵行营不知贼在前后者，以月将加时，视天盘子卯巳申四时。若有一神临日干，贼在前；临日支，贼在后。如日干临日支，贼在前；日支临日干，贼在后。如四神不临日干支辰，及干不临支，支不临干，则贼尚远也。

凡占贼知在前或后，但不知在大路、小路者，察天盘在登明亥、神后子二神，如一神临日干在大路，临日支在小路及偏僻险处也。

假令二月，乙卯日，寅时占，以戌加寅，视天上子临日干辰宫，贼在我前，若子卯巳申有一神临支，贼在我后也。余仿此。

二月，乙卯日，寅时占例：

```
        后 六 贵 勾
        未 亥 申 子
        亥 卯 子 乙

        财 己 未 后
        兄 乙 卯 白
        父 癸 亥 六

        青 空 白 常
        丑 寅 卯 辰
      勾 子       巳 玄
      六 亥       午 阴
        戌 酉 申 未
        朱 蛇 贵 后
```

假令三月，丙戌日，辰时占，以酉加辰，视天上戌临巳，是支临干上，主贼在我后。余仿此。

三月，丙戌日，辰时占例：

```
六 常 常 蛇
申 卯 卯 戌
卯 戌 戌 丙
```

```
财 甲 申 六
子 己 丑 阴
兄   午 青 ◎
```

```
蛇 贵 后 阴
戌 亥 子 丑
朱 酉       寅 玄
六 申       卯 常
  未 午 巳 辰
  勾 青 空 白
```

假令四月，庚子日，巳时占，以申加巳，视天上亥临日干申宫，主贼在大路，若亥子二神，有一神临日支，主贼在小路也。余仿此。

假令四月，庚子日，巳时占例：

```
白 阴 后 朱
午 卯 寅 亥
卯 子 亥 庚
```

```
官 甲 午 白
兄 丁 酉 勾
子 庚 子 蛇
```

```
青 勾 六 朱
申 酉 戌 亥
空 未       子 蛇
白 午       丑 贵
  巳 辰 卯 寅
  常 玄 阴 后
```

疑有伏兵

巳申子卯日辰详，临日前堤辰后防。王相杀刑强必战，空亡死绝弱非扬。日伤辰位左前伏，支克干宫右后藏。俱损干支战必胜，日辰无克靖封疆。

凡用兵在山林险阻之处，或行兵或扎营，疑有敌兵埋伏，不知前后左右者，以月将加正时，视天盘子卯巳申四神，有一神临日干，主伏兵在我前；若临支，主伏兵在我后。若此神乘四时王相之气，或刑日神带杀，伏兵强壮，起必大战。若乘休囚死绝之气，及空亡不刑克日辰，伏兵不敢起。

《连珠经》曰："日干伤支，伏兵在前或左；伤干，伏兵在后或右。若地盘干支俱被天盘克制者，主伏兵与我战，彼此不胜。若干支不逢伤克俱吉者，主无伏兵，我兵可靖守封疆也。"《兵帐赋》曰："天罡加孟仲无伏兵，加季有伏兵。加季之阳宫，伏兵在左；加季之阴宫，伏兵在右。"阳乃辰戌阴丑未也。附此以备考焉。

假令六月，庚寅日，酉时占，以午加酉，视天上巳临日干申，主伏兵在我之前。巳乃夏令王气，又刑日干，主有伏兵强猛，必然大战。余仿此。

六月，庚寅日，酉时占例：

后　常　青　朱
申　亥　寅　巳
亥　寅　巳　庚

官　癸　巳　朱
财　庚　寅　青
子　丁　亥　常

　青　勾　六　朱
　寅　卯　辰　巳
空丑　　　　午蛇
白子　　　　未贵
　亥　戌　酉　申
　常　玄　阴　后

若四杀止临日或辰，不刑或乘休囚及空亡者，虽有伏兵，其利在我。余仿此。

假令三月，壬午日，辰时占，以酉加辰，视日干壬水克日支午火，主有伏兵在我前左，天上辰土克日干，亥水克日支午火，是干支俱损，逢伏兵虽战，彼此皆不利。若支克干，主伏兵在后右。如干支彼此无克，主无伏兵也。余仿此。

三月，壬午日，辰时占例。

```
后 空 勾 后
辰 亥 酉 辰
亥 午 辰 壬


官 庚 辰 后
父    酉 勾 ◎
子 戌 寅 玄 ⊙


    青 空 白 常
    戌 亥 子 丑
勾 酉        寅 玄
六 申        卯 阴
    未 午 巳 辰
    朱 蛇 贵 后
```

突困出围

突困天罡指处攻，仲察亥子丑三宫。绛宫申酉明堂卯，若值玉堂戌下冲。神将支干愁克害，日辰年命喜亨通。勾陈神制奔方吉，阴起阳传免难凶。

凡用兵战守忽被敌兵围困，欲求出处，当从青龙下突出，所谓"八极俱张，利如锋芒"。青龙者天罡辰是，从天上辰字所临之下出之也。如天罡下不便冲突，用三宫时出。三宫时者：登明亥临四仲曰"绛宫时"；神后子临四仲曰"明堂时"；大吉丑临四仲曰"玉堂时"。若占课遇亥临四仲，从天上申酉加临之方出；遇子加四仲，从天上卯加临之方出；遇丑加四仲，从天上戌加临之方出之也。

未知伤否，视日辰上神将，相生主无伤克，若相克主有伤害，故《经》云："伤不伤，视阴阳"。阴阳者，日辰上神将也。

一曰：吉神与吉将并所临日辰，及主将本命行年，或勾陈所乘之神制所出之方，或发用起阴传出阳者，主免难。

假令二月，庚寅日，卯时占，以戌加卯，视天罡辰临地下酉，宜向正西酉方冲突必得脱。余仿此。

二月，庚寅日，卯时占例：

```
玄 勾 六 阴
辰 酉 戌 卯
酉 寅 卯 庚
```

```
父 丙戌 六
官 癸巳 常
子 戊子 蛇
```

```
    蛇 贵 后 阴
    子 丑 寅 卯
朱 亥         辰 玄
六 戌         巳 常
    酉 申 未 午
    勾 青 空 白
```

假令二月，丙午日，寅时占，以戌加寅，视天上亥临地下卯为绛宫时，宜向申酉二方冲突，大吉。此亥加子午卯酉之例。

二月，丙午日，寅时占例：

蛇　青　贵　勾
戌　寅　酉　丑
寅　午　丑　丙

子　庚　戌　蛇　⊙
兄　丙　午　玄
父　　寅　青　◎

勾　青　空　白
丑　寅　卯　辰
六子　　　　巳常
朱亥　　　　午玄
戌　酉　申　未
蛇　贵　后　阴

若子加子午卯酉曰"明堂时"，宜向卯方冲突；若丑加子午卯酉曰"玉堂时"，宜向戌字所临之方冲突。余仿此。

抽军避锐

天罡临孟左宜藏，临仲宜中季右方。卯酉下亨甲下利，地遥孤王隐非良。

凡用兵，遇敌众势强，我寡难敌，或我兵欠利，被其追逐欲择险地，或坚城暂且避锐待隙者。以月将加正时，视天上辰加地下孟宫，宜向左方设险避之，加仲宜向中方避之，加季宜向右方避之。又视天上卯酉加临之方，最利避兵。若卯酉之下不便，甲临之下亦吉。

忌孤王之方，最不宜避。孤王者，春东方，夏南方，秋西，冬北，四季土王之时，土王用事也。春东南辰方，夏西南未方，秋西北戌方，冬东北丑方是也。

《神枢经》曰："神在内宜左避，神在门宜中避，神在外宜右避。"天罡加孟，神在内，杀在外；加仲，神在门，杀将入；加季，神在外，杀在内。神藏则吉，杀入则凶。

假令五月，甲戌日，申时占，以未加申，视天罡辰临地下巳乃孟宫，宜向左方退兵固守，若天罡临仲宫宜中方，临季宫宜右方。余仿此。

假令五月，甲戌日，申时占例：

白　常　后　贵
申　酉　子　丑
酉　戌　丑　甲

父　丙子　后
父　乙亥　阴
财　甲戌　玄

六　勾　青　空
辰　巳　午　未
朱卯　　　　申白
蛇寅　　　　酉常
丑　子　亥　戌
贵　后　阴　玄

假令六月，乙亥日，酉时占，以午加酉，视天上卯临午，酉临子，宜向子午二方，选一方避兵，如二方不便视甲，甲属寅，寅临巳，宜向巳方坚守亦吉。余仿此。

六月，乙亥日，酉时占例：

玄　贵　朱　青
巳　申　戌　丑
申　亥　丑　乙

财　丁丑　青
财　甲戌　朱
财　癸未　后

空　白　常　玄
寅　卯　辰　巳
青丑　　　　午阴
勾子　　　　未后
亥　戌　酉　申
六　朱　蛇　贵

藏兵隐匿

藏兵丑下隐一军，子万卯千酉百人。从斗至罡向觜宿，直临心地妙如神。

凡用兵欲埋伏掩袭者，以月将加正时，视天上丑下之方，可藏一万二千五百人，乃一军也。子下可藏万人，卯下可藏千人，酉下可藏百人。

又法：领兵，从天盘斗宿丑宫起，顺行至天罡辰宫，却至觜宿申宫立定，直向心宿卯宫所临之方埋伏，甚妙如神。

前设伏兵出奇者，乃伏兵待敌至，而出奇致胜也。此藏兵隐匿者，欲攻彼预隐匿其兵，而攻彼之法也。

假令七月，庚辰日，酉时占，以巳加酉，天上丑临地下巳，东南巳方可藏一军也。余仿此。

再领兵一枝，从天盘丑顺行，至天盘辰地逆回至天盘申地，经往天盘卯临地下未方埋伏，同前袭敌大胜。余仿此。

七月，庚辰日，酉时占例：

```
蛇 青 青 玄
申 子 子 辰
子 辰 辰 庚


子 丙 子 青
兄　 申 蛇 ◎
父 庚 辰 玄 ⊙


空 白 常 玄
丑 寅 卯 辰
青子　　　 巳阴
勾亥　　　 午后
戌 酉 申 未
六 朱 蛇 贵
```

行军迷路

迷路辰申未下昌，三岐两岔视天罡。三岐孟仲季宫取，两岔阴阳左右详。

137

日吉天衢左道违，辰亨小径右途良。功曹传送日辰利，蛇虎魁罡前路妨。

凡行军深入山林，或阴雨、云雾昏朦，迷路失踪，若浑然四下无路而行者，以月将加正时，看天罡辰字所临之方，觅之百步得道路。如辰不下便，视未申二方下寻之，即得路也。

若迷路，前有二路不知何路通达，察课天罡加地下阳宫左道通，加阴右道通也。

又法：日干吉大路左道通，支辰吉小路右道通。

功曹寅传送申临日辰上，前道通。如螣蛇、白虎、河魁、天罡临日辰上，前道不通也。

前项迷路寻踪之法，出《通神集》；及诸占，《兵经集》中萃选也。此用辰申下寻路者，《兵帐赋》云："昏迷失路参角堪"，前乃用申辰也。其用辰未者。《军帐直指》云："天罡下百步见道，行三百步路，未下进十步有路。"今所兼二法通用也，辰未申三字也。述此以备考。

假令正月，甲子日，卯时占，以亥加卯，天罡辰临地下申宫，宜向西南申方，行百步得路也。若申方不便，视天上未字加临之方，寻路必得也。此述路寻辰申未下可得也。余仿此。

正月，甲子日，卯时占例：

```
玄 青 白 六
辰 申 午 戌
申 子 戌 甲

财   戌 六 ◎
子 庚 午 白 ⊙
兄 丙 寅 后

贵 后 阴 玄
丑 寅 卯 辰
蛇子       巳 常
朱亥       午 白
戌 酉 申 未
六 勾 青 空
```

假令二月，乙丑日，巳时占，迷路前有三路，何路吉者？以戌加巳，天罡辰临地下亥宫孟，宜往左道通也。若天罡加仲往中道通，加季往右道通也。

此三岐以天罡加孟仲季宫而决也。余仿此。

二月，乙丑日，巳时占例：

```
蛇 空 阴 六
亥 午 寅 酉
午 丑 酉 乙
```

```
兄 丙 寅 阴
财 辛 未 青
父 甲 子 贵
```

```
    朱 蛇 贵 后
    戌 亥 子 丑
六 酉        寅 阴
勾 申        卯 玄
    未 午 巳 辰
    青 空 白 常
```

假令三月，丙寅日，未时占，迷路前有两岔路，何路通者？以酉加未，天罡临地下寅乃阳宫，宜往左道通，若天罡加阴宫，宜往右道通。此两岐以天罡加阴阳而决左右也。余仿此。

三月，丙寅日，未时占例：

```
青 白 朱 勾
午 辰 酉 未
辰 寅 未 丙
```

```
子 戊 辰 白
兄 庚 午 青
财 壬 申 六
```

```
    勾 六 朱 蛇
    未 申 酉 戊
青 午        亥 贵
空 巳        子 后
    辰 卯 寅 丑
    白 常 玄 阴
```

假令四月，丁卯日。酉时占，迷路前有大、小二道，何道吉者？以申加酉，用夜贵人，天上午为六合临干，丁在未宫，夏令丁火王，又乘六合吉将，午为比王，乃日干吉，宜往大道或左道通，若支吉宜往小道或右道通。此日吉宜往大道或左道通，辰吉宜往小道或右道通之法也。

四月，丁卯日，酉时占例：

```
常 白 勾 六
丑 寅 巳 午
寅 卯 午 丁


  子 乙 丑 常
  官 甲 子 玄
  官    亥 阴 ◎


  青 勾 六 朱
  辰 巳 午 未
空 卯       申 蛇
白 寅       酉 贵
  丑 子 亥 戌
  常 玄 阴 后
```

假令五月。戊辰日，辰时占，迷路得道，以未加辰，天上申临日干，戊在巳宫，申为道路吉神，主前途吉。

五月，戊辰日，辰时占例：

六 空 朱 青
戌 未 亥 申
未 辰 申 戌

财　　亥 朱 ◎
官 丙 寅 后 ⊙
父 己 巳 常

青 勾 六 朱
申 酉 戌 亥
空 未　　　子 蛇
白 午　　　丑 贵
巳 辰 卯 寅
常 玄 阴 后

寅亦为道路吉神，寅临日干，前程亦吉。如寅申临日辰，前途亦吉。若
日辰不遇寅申，却逢螣蛇、白虎、天罡、河魁者，主前路凶也。余仿此。

渡江过水

日遇冲罡风送流，支乘伤克岁虚忧。天河地井行船恶，土杀水龙过渡愁。
日辰吉临选水陆，支干卯覆定车舟。器寻损补泥寻路，总向天罡指处求。

凡行兵欲渡江河者，以月将加时，视天罡辰、太冲卯加于日干辰支上，
必有风涛危险之凶。若地盘支辰被天上加临之字克制者，必有水势泛涨沉溺
之厄。地盘太岁支辰上，逢天上子字加临者，子宫有虚宿，乃为太岁乘虚，
谓之"岁虚"，名曰"渡江沉水"，占者遇此主凶。

天有三河，壬癸子即亥丑子也。地有三井，卯辰酉也。如天盘有一河，
如地盘有一井，主涛浪汹涌。

前项凶象课，占得此皆不可渡，姑候别日时，另占渡之。涧下水龙，乃

丙子丁丑二日，名曰"水龙触海"，主沉溺之灾。城头上杀，乃戊寅己卯二日，名曰"土杀堕江"，主渡水大凶也。

水陆二路俱可行兵，欲择吉者，以日辰干支决之，日为陆路，辰为水路，日干吉利于陆，辰支吉利于水。

天盘卯临日干为车，临日支为舟。若卯居王相之乡，舟车无损坏，居休囚死绝之乡，舟车有破损。以天罡辰察之，加孟舟车前有补处，加仲中有补处，加季后有补处，察此防之。

行兵遇遍野泥泞无路可出，视天盘中天罡辰加临地下之方，乃得通干路也。又曰："天罡加孟宜稍偏左行，加仲正中行，加季宜稍偏右行。"

假令正月，庚午日，辰时占，以亥加辰，视天上卯临日干申，乃太冲临干，主风涛险厄。若卯临支，乃天罡加日干及支同，皆仿此。

正月，庚午日，辰时占例：

青 贵 六 阴
申 丑 戌 卯
丑 午 卯 庚

父 　 戌 六 ◎
官 己 巳 常 ⊙
子 甲 子 蛇

蛇 贵 后 阴
子 丑 寅 卯
朱 亥 　 　 辰 玄
六 戌 　 　 巳 常
酉 申 未 午
勾 青 空 白

假令二月，辛未日，卯时占，以戌加卯，视地盘日支未宫上临寅，乃支受克制，主水泛涨沉溺。余仿此。

二月，辛未日，卯时占例：

```
六 常 空 后
酉 寅 子 巳
寅 未 巳 辛
```

```
兄 癸 酉 六
父 戊 辰 阴
子　  亥 青 ◎
```

```
空 白 常 玄
子 丑 寅 卯
青亥　　　　辰阴
勾戌　　　　巳后
酉 申 未 午
六 朱 蛇 贵
```

假令丁巳年，三月，壬申日，寅时占，以酉加寅，视地盘岁支巳上临子，乃太岁乘虚，主渡船不利。余仿此。

丁巳年，三月，壬申日，寅时占例：

```
青 贵 朱 玄
戌 卯 丑 午
卯 申 午 壬
```

```
财 庚 午 玄 ⊙
官 乙 丑 朱
父 壬 申 白
```

```
六 朱 蛇 贵
子 丑 寅 卯
勾亥　　　　辰后
青戌　　　　巳阴
酉 申 未 午
空 白 常 玄
```

假令四月，癸酉日，午时占，以申加午，视天上亥临地下酉，乃天河覆地井，主涛浪汹涌难渡。余仿此。

四月，癸酉日，午时占例：

```
常 空 贵 阴
丑 亥 巳 卯
亥 酉 卯 癸


官 乙丑 常 ⊙
子 丁卯 阴
财 己巳 贵


朱 六 勾 青
未 申 酉 戌
蛇午      亥空
贵巳      子白
辰 卯 寅 丑
后 阴 玄 常
```

假令七月，甲戌日，申时占，以巳加申，视地盘日干寅宫上临亥，乃水生木，又天将得太阴是干吉，当从陆路行兵，如支吉乃行水陆。余仿此。

七月，甲戌日，申时占例：

```
六 空 白 阴
辰 未 申 亥
未 戌 亥 甲


官   申 白 ◎
子 辛巳 勾 ⊙
兄 戌寅 蛇


蛇 朱 六 勾
寅 卯 辰 巳
贵丑      午青
后子      未空
亥 戌 酉 申
阴 玄 常 白
```

144

假令八月，乙亥日，子时占，以辰加子，视天上卯临地下日支亥宫为舟，又视天罡临子乃仲宫，其舟中间有补处，察验可否方用。余仿此。

八月，乙亥日，子时占例：

```
后 白 勾 贵
未 卯 子 申
卯 亥 申 乙
```

```
财 癸未 后
父 乙亥 六
兄 己卯 白
```

```
蛇 朱 六 勾
酉 戌 亥 子
贵申        丑青
后未        寅空
午 巳 辰 卯
阴 玄 常 白
```

假令九月，丙子日，午时占，偶兵行至泥地之野，以卯加午，视天罡辰临地下未乃季宫，宜向西南未方稍偏右行，即得干路也。余仿此。

九月，丙子日，午时占例：

```
白 阴 贵 六
午 酉 亥 寅
酉 子 寅 丙
```

```
兄 壬午 白 ⊙
父 己卯 勾
官 丙子 蛇
```

```
六 勾 青 空
寅 卯 辰 巳
朱丑        午白
蛇子        未常
亥 戌 酉 申
贵 后 阴 玄
```

假令某月丙子或丁丑日占，名"水龙触海"，渡水不利。若戊寅己卯二日占，名"土杀堕江"，同前不利。

潜行劫掠

掠敌卯酉利行军，玄武宜强克日辰。地下旬中遁戊己，天乘神将并祥贞。

三传无制相生吉，四位逢囚彼此迍。末王初中休绝否，两衰中王袭兵神。

凡用兵，欲潜行，袭掠敌营，或城池者，以月将加正时，视天上卯酉加临之方，出兵大胜。卯酉为天之私门禁户，行兵用此二神，乃扶将兵之吉门也。

看天盘中玄武乘神，若临地盘王相之位，能遥克日干或日支者大胜。若王相不克日辰亦胜，但休死囚绝为不利，谓"我去袭彼"，是我为劫掠之师，当要玄武王相及克日辰之义。

按日旬戊己二字，在地盘何宫上乘二神，宜王相不逢伤克，又与吉将并，袭掠大胜。如二神不吉，得一将吉者亦大胜。若天盘戊己乘神俱吉，又得二吉将，尤为大利。旬中戊己之法，如占日属甲子旬，以甲子乙丑遁之，戊乃戊辰，己乃己巳，在地盘辰巳二宫，察辰巳上乘神得何将，以吉凶决之；天盘戊己，亦在天盘辰巳之位察之。

又法：察课之三传，如相生者袭彼如入无人之境，必得人畜财物。若三传俱带休囚死绝之气，彼此战伤。若初中二传休囚，末传王相，彼利我不利。若初末二传休囚，中传王相，袭彼大胜，但不能得彼之财物。初中二传王相，末传死绝，全捷。其三传，初传为物，末传为彼，中传为我，以五行王衰生克之数详之。

假令十一月，丙午日，酉时占，以丑加酉，天盘私门卯临亥，禁户酉临巳，宜向巳亥二方，潜行大吉。

十一月，丙午日，酉时占例：

```
白 后 常 贵
寅 戌 丑 酉
戌 午 酉 丙
```

```
财 己 酉 贵
子 癸 丑 常
兄 乙 巳 勾
```

```
        贵 后 阴 玄
        酉 戌 亥 子
蛇 申         丑 常
朱 未         寅 白
     午 巳 辰 卯
     六 勾 青 空
```

酉时用夜贵人，天盘玄武乘子临申，得冬令水王之气，遥克日干丙火，乃玄武乘王克干，最利潜袭。

丙午日属甲辰旬，遁戊己在地盘申酉二宫，上乘子丑二神生王之乡是吉神，丑又乘太常吉将，潜袭大胜。

三传酉丑巳三合相生，中传乘王，初末休囚，尤利于潜兵袭掠。余仿此。

觅水寻粮

深入敌方觅水粮，天盘丑下聚粮方。未为水井卯河渠，憩息潜停壬丙乡。

凡用兵深入敌境或掠劫敌境，潜行觅粮者，以月将加正时，视天盘丑下有粮草，寻水者视天盘未下有井泉，卯下有河渠。

深入敌境或行潜袭，欲憩息歇止，视天上丙壬之下，可潜行憩息也。

假令七月，丙寅日，辰时占，以巳加辰，天上丑临地下子方，正北子方寻粮乃有也。若寻水，察天上未临地下午方有井，卯临地下寅方有河也。余仿此。

七月，丙寅日，辰时占例：

白　常　勾　青
辰　卯　未　午
卯　寅　午　丙

子　戌　辰　白
兄　己　巳　空
兄　庚　午　青

青　勾　六　朱
午　未　申　酉
空巳　　　戌蛇
白辰　　　亥贵
卯　寅　丑　子
常　玄　阴　后

假令八月，丁卯日，酉时占，以辰加酉，视天上丙属巳临地下戌方可歇息，如戌方不便，天盘壬属亥临地下辰方亦可。余仿此。

八月，丁卯日，酉时占例：

常　蛇　贵　青
巳　戌　酉　寅
戌　卯　寅　丁

子　　戌　蛇◎
兄　己　巳　常⊙
官　甲　子　六

六　勾　青　空
子　丑　寅　卯
朱亥　　　辰白
蛇戌　　　巳常
酉　申　未　午
贵　后　阴　玄

敌境安营

征临敌境欲屯兵，太岁之方上将宁。大将宜居月建下，九天豹尾利安营。

凡用兵征伐，军入敌境，将下营寨，以择善地，上将官居太岁之下，大将宜居月建之下。

又视豹尾之下，九天之上，宜下营寨。豹尾者，申子辰年在戌方，亥卯未年在丑方，巳酉丑年在未方，寅午戌年在辰方。

九天者，春寅，夏巳，秋申，冬亥也。

假令乙丑年，三月，甲午日，申时占，以酉加申，视天上太岁丑临子宫，大将宜居营地于正北子方，或月建辰临地盘卯正东方。余仿此。察天盘豹尾，丑年在未临午，宜在地形午方安营，如午方不便。察地下九天，三月春令属寅，即看功曹落处是也。余仿此。

乙丑年，三月，甲午日，申时占例：

　　白　空　六　朱
　　申　未　辰　卯
　　未　午　卯　甲

　　财　　辰　六　◎
　　子　　巳　勾　◎⊙
　　子　甲　午　青　⊙

　　青　空　白　常
　　午　未　申　酉
　勾巳　　　戌玄
　六辰　　　亥阴
　　卯　寅　丑　子
　　朱　蛇　贵　后

攻城劫寨

阳城龙首亥宫求，尾巳背寅申腹究。阴地城池反此是，宜攻背腹其攻头。

干支王相城当拔，中克终传功可收。末绝初中有气胜；初中无气有凶忧。

凡用兵攻围敌之城池营垒，不宜攻龙头，宜攻龙之背与腹尾。阳城龙头在亥，尾在巳，背在寅，腹在申。阴城龙头在巳，尾在亥，背在申，腹在寅。

我在南，彼在北，乃朝阳，谓之"阳城"，反此为阴。我居东，彼居西，亦谓"阳城"，反此为阴。

以月将加时，视日辰王相者，强气在我可以攻击，日辰休囚者，王气在内不可攻，以王相日辰而攻龙之腹背可必克也。

《兵征密旨》云："察课之三传，若中传克末传，我利于攻城。若末传带休囚死绝之气，必杀彼之将，破彼之城邑也。若中传与末传俱王，彼此各无伤，仍要初传有气，忌初中两传克末传者，宜并力坚守，勿得出兵。若末传王相克初中两传者，一面严守，一面出兵，击之大胜也。"

假令五月，甲戌日，巳时占，以未加巳，三传辰午申，中传午火乘夏令王气，克末传申金乘衰败之气，初传辰土乘生王之气，攻城必克。余仿此。

五月，甲戌日，巳时占例：

```
        蛇  后  青  六
        寅  子  午  辰
        子  戌  辰  甲


        财  庚  辰  六
        子  壬  午  青
        官      申  白  ◎


        空  白  常  玄
        未  申  酉  戌
    青午          亥  阴
    勾巳          子  后
        辰  卯  寅  丑
        六  朱  蛇  贵
```

遥望人来

遥望人来神后详，仲商季恶孟为良。水程船至天罡视，孟吏仲常季暴强。

凡行将或驻扎，遥望人来不知善恶，以月将加正时，视天上神后子加临地下孟为良人，加仲为商人，加季奸恶人也。

如遥望人从水路来不知善恶，视天罡辰加临地下孟宫吏人也，加仲常人也，加季强暴人也。

假令三月，丁卯日，辰时，遥望人来，以酉加辰，视天上子加未乃季宫，来者必恶人宜防之。

如此日，遥见水程船来，天罡辰加亥乃孟宫，来者必公差吏人也。

三月，丁卯日，辰时例：

```
阴 六 空 后
丑 申 巳 子
申 卯 子 丁


兄 己 巳 空
子   戌 蛇 ◎
父 丁 卯 常 ⊙


蛇 贵 后 阴
戌 亥 子 丑
朱 酉     寅 玄
六 申     卯 常
   未 午 巳 辰
   勾 青 空 白
```

若持刀棒

若持刀棒看干支，丑未农民午酉藏。巳贼卯仇亥子恶，寅申辰戌吏人当。

遥望人来，若持刀棒者，视地盘日辰支上所乘之神决之。干支上若乘丑未，农民之人。午酉其人欲藏匿，巳乃欲贼人，卯为仇人，亥子恶人，寅申辰戌吏人也。

假令四月，戊辰日，午时占，遥望人持兵器来，以申加午，看日干巳上乘未是农民也。余仿此。

四月，戊辰日，午时占例：

```
白 青 常 空
申 午 酉 未
午 辰 未 戌


子 壬 申 白
兄   戌 玄 ◎
财 甲 子 后 ⊙


空 白 常 玄
未 申 酉 戌
青午     亥阴
勾巳     子后
辰 卯 寅 丑
六 朱 蛇 贵
```

或闻鼓噪

鼓噪喧哗视闹方，合龙申未妓歌狂。白虎兵丧雀官吏，勾斗空学阴庙堂。

或偶闻鼓噪谊哗者，视地盘喧噪之方，上乘六合青龙或申或未，主娼妓歌之乐，乘白虎主兵丧，朱主官吏，勾争竞，天空习学鼓吹，太阴享赛神堂庙宇也。

遣使外国

遣使魁罡年命嗔，课占嫌忌反伏吟。年遭门克愁凶将，门神年伤喜吉神，申覆时传皆庆兆，或凭吉将是良因。岁神其制起行日，起日还愁到日侵。

凡欲发使敌国宣喻归附，或回答敌言，欲行间谍者，察占课日辰及使人本命行年上，不宜河魁戌，天罡辰字加临，乃主不利。所占之课反吟、伏吟，皆主不利。

所往之国方位名曰"门"。若门上神克使者本命行年上神者，主使者中道灾疾，年命上种再乘凶将，灾尤甚也。若年命上神克门上种者，主使人带病患而归，年命上神若乘吉将，灾祸浅也。年命上神与门上神彼此不相克者，大吉。

申宫即白虎，为出行道路之神，名曰"传送驿地"，传而送之之谓也。若起行时上及占课初传或中或末是申字，主使者吉庆。如起行时上及三传不遇申字，其天盘申字与吉将并者，皆为吉利之良因也。

起行日干与太岁相生者乃吉，若太岁干克起行日干大凶，又不宜到彼日干克起行日干，犯此亦凶，必预先察之，便于临时趋向。

如大将遣使往敌营探虚实，或行间谍，或讲利招降，俱用此法。

假令正月，甲子日，卯时占，以亥加卯，天上河魁戌临日干，遣使不利。若天罡临日干，及魁罡临日支亦然。余仿此。

正月，甲子日，卯时占例：

玄　青　白　六
辰　申　午　戌
申　子　戌　甲

财　　戌　六　◎
子　庚　午　白　⊙
兄　丙　寅　后

贵　后　阴　玄
丑　寅　卯　辰
蛇子　　　　巳常
朱亥　　　　午白
戌　酉　申　未
六　勾　青　空

　　假令二月，乙丑日，寅时占，使人本命戌申，以戌加寅，天上神辰临本命申宫必不可去，须另遣人。若河魁戌临本命，及魁罡临使人行年宫亦然。余仿此。

二月，乙丑日，寅时占例：

玄　蛇　贵　勾
巳　酉　申　子
酉　丑　子　乙

子　己　巳　玄
财　乙　丑　青
官　癸　酉　蛇

青　空　白　常
丑　寅　卯　辰
勾子　　　　巳玄
六亥　　　　午阴
戌　酉　申　未
朱　蛇　贵　后

假令三月，丙寅日，卯时占，以酉加卯，课得反吟，使去不利，伏吟亦然。余仿此。

三月，丙寅日，卯时占例：

玄　六　空　贵
寅　申　巳　亥
申　寅　亥　丙

父　丙寅　玄
财　壬申　六
父　丙寅　玄

　贵　后　阴　玄
　亥　子　丑　寅
蛇戌　　　　卯常
朱酉　　　　辰白
　申　未　午　巳
　六　勾　青　空

假令四月，丁卯日，丑时占，以申加丑，使人行年在地盘午上乘丑，敌国方位在地盘申，为门上乘卯，是卯木遥克丑土，乃门上神克使人行年上神，使人必有灾，行年丑又有勾陈凶将，主灾凶尤甚。余仿此。

若使人本命遇此，亦然。

如使人年命上神克敌国方位门上神者，主使人带病回乡，年命逢吉将，病轻不妨，逢凶将病重也。余仿此。

四月，丁卯日，丑时占例：

```
常 蛇 贵 青
巳 戌 酉 寅
戌 卯 寅 丁


子　 戌 蛇 ◎
兄 巳 巳 常 ⊙
官 甲子 六


　 六 勾 青 空
　 子 丑 寅 卯
朱 亥　　　辰 白
蛇 戌　　　巳 常
　 酉 申 未 午
　 贵 后 阴 玄
```

假令五月，戊辰日，寅时占，使人预择卯时行，以末加寅，视天盘申临地盘卯，乃行时遇传送吉神，使人去必主喜庆。如三传有一传申字者亦然。如起行时上及三传不遇申字，而天上申字与吉将并者，亦为差人利吉之良因也。余仿此。

五月，戊辰日，寅时占例：

```
白 朱 常 六
寅 酉 卯 戌
酉 辰 戌 戊


官 丙寅 白
兄 辛未 贵
财 甲子 青


　 六 勾 青 空
　 戌 亥 子 丑
朱 酉　　　寅 白
蛇 申　　　卯 常
　 未 午 巳 辰
　 贵 后 阴 玄
```

156

假令甲子年六月遣使外国，必选丙丁壬癸日干，与太岁甲干彼此相生者乃吉，庚辛日起行大凶，乃起行日干克太岁干也。余仿此。

假令七月己巳日起行，途中算定不可逢甲乙日入敌国城或营垒，乃到彼克起行日也。余仿此。

敌使虚实

干支时克是真情，反此须防久信行。日克辰头言不实，辰伤日上语堪凭，相生比和降兼讲，带克刑冲假未诚。空雀阴亡日用诈，日言天耳是虚盈。

此乃时天耳之神，亦名"四季雄神"，前有天耳乃大吉时也，察贼所在用之。

凡敌邦或敌营遣使来言可信否，以日辰正时决之。时上神克日辰上神，其言乃实。若日辰上克时上神，其言必虚无疑。日上神克辰上神，其言诈伪，利在于彼，辰上神克日上神，其言真诚，利在于我，以其日上神为传事之人，辰上神为主人故也。

日辰上神相生比和，来使言实，有讲和之意。若日辰上神虽相生比和，而带刑冲破害者，半虚半实，不可全用。日上神生辰上神投降，辰上神生日上神讲和。朱雀天空太阴空亡加于日干或临发用，其言谲诈。朱雀天空乃主奸宄，若昼夜贵相并朱雀天空，其言奸谋深，尤不可信。

《兵帐赋》云："春占寅，夏占巳，秋占申，冬占亥，乃四时天耳之神。"若加于占课日辰上，或加于主将本命行年上，来使之言必有诳诞，窥我虚实清息也。

又云："天罡太阴加日辰，及主将年命者，其言可信。"此一节惟《兵帐赋》有之，其余占兵诸经皆无述，此以备考。

假令正月，庚午日，寅时占，以亥加寅，视地盘日干庚在申宫上乘巳神，乃时上亥水遥克日干上巳火，主敌使来必实，反此乃虚。余仿此。

正月，庚午日，寅时占例：

```
白 勾 青 朱
子 卯 寅 巳
卯 午 巳 庚
```

```
官 己 巳 朱
财 丙 寅 青
子   亥 常 ◎
```

```
青 勾 六 朱
寅 卯 辰 巳
空丑     午蛇
白子     未贵
亥 戌 酉 申
常 玄 阴 后
```

假令二月，壬寅日，卯时占，以戌加卯，视日干壬在亥宫上乘午火，日支寅宫上乘酉金，乃干上午神克支上酉神，主敌使来言伪诈利于彼，反此来言真实利于我。余仿此。

二月，壬寅日，卯时占例：

```
蛇 常 勾 后
辰 酉 丑 午
酉 寅 午 壬
```

```
财 甲 午 后
官 辛 丑 勾
父 丙 申 玄
```

```
青 勾 六 朱
子 丑 寅 卯
空亥     辰蛇
白戌     巳贵
酉 申 未 午
常 玄 阴 后
```

假令三月，己卯日，辰时占，以酉加辰，视干己属未宫上乘子水，日支

卯宫上乘申金，乃支干金水相生，主敌使来言实，有讲和之意。若日辰相生
带刑伤破害者，主来言半实半虚。余仿此。

　　三月，己卯日，辰时占例：

后　勾　白　贵
丑　申　巳　子
申　卯　子　己

父　辛巳　白
兄　甲戌　朱
官　己卯　玄

朱　蛇　贵　后
戌　亥　子　丑
六　酉　　　　寅　阴
勾　申　　　　卯　玄
　　未　午　巳　辰
　　青　空　白　常

　　假令四月，甲辰日，未时占，以申加未，用昼贵人天盘卯为雀，临日干
甲属寅宫上，主敌使来言虚诈。朱雀天空太阴空亡临日干，或作初传者，皆
主来言虚谬。余仿此。

　　四月，甲辰日，未时占例：

青　勾　六　朱
午　巳　辰　卯
巳　辰　卯　甲

财　甲辰　六　⊙
子　乙巳　勾
子　丙午　青

青　空　白　常
午　未　申　酉
勾　巳　　　　戌　玄
六　辰　　　　亥　阴
　　卯　寅　丑　子
　　朱　蛇　贵　后

　　假令正月，丁巳日，辰时占，以亥加辰，视天盘寅乃春令天耳临日干，丁属未宫，主敌使来言多诈，窥我虚实清息也。若四时天耳临日支，又大将年命上皆然。余仿此。

　　正月，丁巳日，辰时占例：

```
常 蛇 阴 六
未 子 酉 寅
子 巳 寅 丁
```

```
财 辛 酉 阴
子 丙 辰 青
官 癸 亥 贵
```

```
　蛇 朱 六 勾
　子 丑 寅 卯
贵亥　　　辰青
后戌　　　巳空
　酉 申 未 午
　阴 玄 常 白
```

大六壬总归卷四

身命臆说

东园萍道人介于石纂释

身命之占，凡以日干为身，而视其上神，情形根基，贫贱富贵，皆在于此，所谓"仰以观天"也。若见吉神吉将，上乘贵德禄马，又带种种吉煞，既无内外刑战，而式中复见彼此生扶，绝无凶煞冲制，以伤其天，则其人不独性情安闲，而且根基稳重，所谓"安身无伤"也。若大运行年更乘吉生王，则其年其运发福无疆，吉于官贵则可成名，吉于财禄则可获利。

又曰："三传为大运，逐岁视行年。"

若见凶神凶将，上带凶煞，既内外战克，又彼此刑冲，而式中绝无吉神解救，其人不独性情不常，而且根基浅薄。所谓"天不我与，身无所赖"。以致进退维谷，凶何如也？若更年运逢凶，鲜不败矣。凶于官鬼则为病讼，凶于妻财则为退失，随其所凶而见于其运其年，而其地其日其时皆可缕指细按者也。

惟日上逢空，最为不美，仰无所天，身奚以立？惟九流技术之术、牙侩游手之徒，庶几可以空手求谋，然而终鲜积聚，未易成者也。若用传既吉，则根基虽浅，亦有白手成家之象，不可尽拘也。

凡以天上日干所临之处为游行，所谓"俯以察其所地也"。若带吉神、吉将、吉煞，加临有气，不受空克，式中又无刑冲破害以伤其身，则其人之生平出入无咎，不惟州里可行，而凡仕宦之方，商贾之地，无不相安者也。

若自身所带既凶，而又下临空克囚死败绝之地，则必动多凶咎，跬步难行，生平事业从可知矣。

所谓"日辰虽凶，三传得吉者，犹可有为也"。故曰："干支传课作提纲，先审安身无所伤。事业一生经历处，行藏隐现莫胡详。"

凡以支为家，而视其上神，以言休咎，所谓"宜尔室家"也。

若吉神临支，又乘青龙吉将，则妻必贤淑；若带咸池乘玄合，则性必乖淫。若日上无气，而支上之神又来相制，则必三纲倒置，不独妻夺夫权已也。

凡支上空亡，其妻必有损伤之象，而妻交更乘凶将空克，则必伤妻。惟干支上相生德合，则有琴瑟之调，克害刑冲，则有脱辐之咎。

生合若逢冲战，则当始合而终离。刑伤若逢救神，则必始乖终合。

若干上休囚无气，而支上之神带刑夹克，式中不见救制，定当伤夫也。

盖凡日阳为己身，亦为动作声色之显。日阴为昆季，亦为怀思心腹之微。日阴不备者，当主心事悾惚，而弟兄鲜力。辰阳为妻妾、为宅舍、为子孙、为亲戚朋友，亦为动作声色。辰阴为婢妾、为阴小、为仆役、为内宅，亦为阴宅，为怀思、心腹。辰阴不备者，当主卑下之属，心绪不宁，或内宅窄隘之类。

凡以用神为初传，而察其所临之休王，以察兴废之端倪。视所乘之天官，以言事类之克应，中传为中运之迁变，末传为终老之规模，所谓"生平倚托之人，终身经历之处也"。若用乘吉将带吉煞，立于生王之乡，与日年上神往来不相克战刑害，则用神无伤，初运必然亨嘉，遇官言贵，遇财言富，遇禄言福，遇长生言聪明、文学、寿考，遇父母言恩荫、扶救，遇兄弟言比王；而中末两传，或又递生递吉，乃为十全之占。反是则有否吝困穷之象，无所不至矣。

凡占身命者，首须视刑，虽干支相刑与三传相刑之不同，总之皆伤象也。是故刑于父母则父母有伤，刑于兄弟则兄弟有伤，刑于妻财则妻妾财帛有伤，刑于子孙则子息有伤。视其何限何所，则刑伤之故、刑伤之时，可以思矣

凡克皆有阴阳不和，彼此争战之象，动静吉凶，于斯可见。故财福吉神，克我亦吉，以其官也，求官者得之最吉。庶人不宜，弗克仰承也。鬼煞凶神，克我最凶，以其鬼也，君子得之，亦非吉象，况庶人乎？

凡害皆有恩未结怨已成之象，式中见之，则主骨肉情疏，六亲无靠，而夫妇不协，子息难为也。

凡冲皆有动象，然而有吉有凶，有宜有不宜，未可例言也。盖年有年冲，命有命冲，以至太岁、月建、日辰、支干，皆有其冲，而惟财福逢冲则凶，吉不可以冲也。吉事逢冲，吉斯破矣，何可冲也？鬼煞逢冲则吉，凶逢其冲，

凶从而破，故宜冲也。

动爻逢冲则散，动爻者，用之谓也。既动而逢冲之，则吉凶皆无成象，故曰"散"。盖冲有相疑之象，阴疑于阳，则有必战之道。龙战于野，其血玄黄，冲之谓也。

凡妻财、子孙，皆为吉神。盖财王可以生官，宁维致富；子王可以生财，岂独亢宗？若果贵吉为乘，见于式中，得地得时，来生日上，而其所占亦果。应贵则有恩宠之频加，应富则有利禄之交美。若月建生扶互见，则其为吉也匪细。即逢蛇虎，亦不为凶。或于富贵，未免盘错为咎；然于大体，终无害也。惟逢冲破，方为无用。视其立处，则其限、其年、其时、其处，不难了然者也。此盖指其获福之时言也。故凡临于初传而为得地，则初运便当发福，其人当为少年富贵；临中得地，则中运当发，壮年荣华；临末得地，则末运亨嘉，晚年进德。而其吉凶情状，皆以天官言之可也。见于式中，而或为凶于人者，亦当作如是观。

凡兄弟、官鬼，有吉有凶，不可概论。盖身命之占，名利最紧。求名者，宜官宜财，官其分内事也；财亦所以生官，子孙之爻，乃所忌耳。问利者，宜财宜子，财其分内事也，子固所以生财，兄弟之爻，乃所忌耳。然惟子带刑害，方为伤官，与官德合，官无伤也，而反有官上加官之喜。同类乘凶，妻财有损，王合带财，财无损也，而反有兄弟化财之能。何可概以为凶也？

凡见兄弟为用，而为贫困破败者，兄弟之阴，暗来相克，暗鬼气强，而日上之气反弱也。若气均力敌，式中又见辰卯之害，则必有争讼分割之嫌，而其财之被夺破耗所不免矣。

凡有见鬼爻为用，又带凶煞，虽在君子，犹或忧之，况常人乎？祸患灾疾，所由来矣。

视其所乘所带，则可知其忧患之端。盖鬼乘朱雀官符，则为口舌官讼。鬼乘玄武天贼，则为逃失脱。鬼乘白虎丧门，则为死丧孝服。然而无气不动，为祸犹轻，王相发动，灾乃重耳。若鬼受冲制及落空亡，虽凶可解。

凡鬼爻见于限上者灾轻，见于日上者灾重。盖安身立脚，全在干支；鬼煞相乘，岂能发福？故初传见者初悔，中传见者中衰，末传见者终无结果。若单见鬼爻而无刑煞，则亦不过险难而已。

凡妻财见于日上，或为发用，而式中又见父母，当忧父母。若父母之爻更落空，则必难为父母。其身若不过房，便当离祖居。欲察其存先后，则视干支二德。盖日干之德，其象为父，日支之德，其象为母也。德临空绝死墓之地，便当见于其处，而近远先后，从可知矣。

凡兄弟之神，见于日上，或为发用，而式中又见妻财，当忧妻妾。若妻妾之爻更落空亡，则必难为妻妾。若妻妾立于克害之方，则妻妾必有损伤。

凡官鬼之神，见于日上，或为发用，而式中又见兄弟，当忧兄弟。即有兄弟而落空亡，则必难为兄弟。若兄弟立于克害之地，则兄弟必有损伤。若兄弟之阴反来克日，则兄弟必无情义而有所伤也。

凡子孙之神见于日上，或为发用，而财爻有气，则生平衣食丰足，利官近贵。以子孙能生其财，而财王可以生官也。若子孙空绝，财复衰休，则不惟衣食艰难，而且有伤官之咎。盖子孙之力不能生财，而且无财可以生官也。此求名之所以深忌也。

盖凡六亲之类，虽临日干而不发动者，吉凶皆轻，不可便言伤克。

凡咸池凶煞，加临日上，而三传之中又无贵德相辅，禄马相扶，则出身必当微贱村俗可知。见于父母妻子之上者，则父母妻子当之。

凡四课之中，见有六冲，最为不吉。人事少成，求谋蹭蹬，中多更变，有始无终。若初传被冲，则初限生涯冷淡；中传被冲，则中年渐觉萧条；末传被冲，则晚景定多寂寞。前后皆逢其冲，则一世无成，干支之上，纵有吉神，亦难为吉，惟空更甚。

逢六合者，其人善与人交，春风和气，谋事有成，行藏无阻。初传遇合，知少壮之无乖；合见末中，定遭逢于老大。前后皆逢六合，一生动用皆主和谐。用见财福青龙，必主聪明俊秀诚实。

女人之占，不宜带合。见合而逢吉神贵德者，亦主端雅聪明；见合而遇玄合咸池者，必主轻浮淫佚。

凡以三传分三限，大约以二十年为一限，而其变通之妙，在乘除衰王间，未可拘求也。凡限逢凶恶，而式中无救，更见禄绝马倒，根消源断者，尽于此矣。

凡所占人身既为仕，而欲知其前程何若者，虽为功名，实即身命，故亦以日干为身而俯仰视之。至于文星、官星、贵、德、禄、马，皆其身所必须，而共为轻重者也。故曰："凡占前程，看爵禄之有无，须审日干上下之虚实。"

凡日干之上，既见禄马官贵之吉，乘时得势，而游行之身，又临长生、临官、帝王之地；或临得气王相、相生德合之乡，又传生王，则必前路远大，官爵荣显。

若日干所临之地，既见下克，又传死囚，谓之"埋身"。即所乘王相，亦但有声无实，终多艰窘无益也。纵令得官也不显，寿亦不永。若坐空克刑囚、死墓败绝之地，式中无求，运复不佳，则皓首穷经而已。盖凡吉神吉煞，临身生王，而式中复有刑冲克破之神后面伤之，则局破气泄，吉事成虚，文虽冠绝一时，志更卓越千古，而远大勋名未可望。

若长生落空，则文星失陷，亦非其利。虽自作空，而加临有气，尚可望其发达。若文星既空，又临休废，则文无可凭，望斯绝矣。

凡官星有气，下临生王，自当不愧科名。若官星见于日上，而式中又有生官之神坐而起之，则不惟官可达得于当时，而异日之迁擢，可预卜其盛矣。

若官星无气，荣显必迟，须王相官星之月日，方可得官。凡传年月日辰之上，有克制官星者，谓之"剥官"，最为不利。

凡官星坐空脱墓盗之上者，虽不害事，却不能无阻，必得官星当王之时，年月无制，方可行也。

若日干上下虽合时王相，而官星不王者，亦主有官无禄，亦得官星王时，方能得宝。

若日干上下休囚，而官星带王合局，则心虽灰冷却反得官。若传更无刑，年亦无刑，则得官反得大权。又须禄现，若禄神得气，官乃得宝。若有官星而无禄神，虽官不王。若或无禄，及禄临空亡死绝之乡，纵能食禄，亦主不王。若传中有神制禄，而式中绝无救制，即赴任亦不禄也。

命

盖凡命上所乘之神，既得王相气，又与日干上神相生德合，则诸事俱吉；休囚刑克，诸事俱凶。诀具于左：

贵人临命喜非常，王相相生百事昌。刑克休囚辰与日。凡占皆主大无良。

螣蛇王相主文华，临命生干最可夸。克日休囚惊怪梦，迟疑犹豫比无差。

朱雀王相命中临，象主文书及信音。德合生干诸事吉，休囚克害是非侵。

六合生干王相时，营求媒妁子孙宜。休囚临命来伤日，门户阴私咎可知。

勾陈临命最无情，有屈无伸未可亲。王相生干田土事，休囚克日讼争因。

青龙临命喜为财，王相生干事可谐。棺椁休囚因作鬼，讼为枷棒命中该。

天空临命象为空，私约公文及奏封。王相生干仍作喜，休囚刑克大无功。

白虎临将命上来，休囚克日有凶灾。道途利涉因乘王，带德威权动九垓。

太常王相来临命，印绶兼为酒食庆。德合相生婚喜来，休囚克日丧灾应。

玄武王相命临生，机巧聪明必过人。克日休囚更带下，逃亡失脱横非侵。

太阴王相命须乘，生日阴私财喜新。克日休囚欺蔽象，凡谋阻滞病缠萦。

后临命上如乘王，生日阴私恩赦来。德合婚财胎产事，休囚带煞女人灾。

寿夭

凡占寿夭，专视命上。若命受上神之生者寿，带生气者更的；而长生更带生气者，必得上寿。

大抵命上见长生者主寿，见冠带、临官、帝王者，皆健王可以望寿；见沐浴者，好色多病；见衰病者，主血气不足而病；见死、墓、绝、胎、养者，皆夭。若命受上克，又带二死作虎，或上见空亡者，皆主夭也。

凡日上神，下生其日者，亦主寿。若辰上生辰者，但主身健体王而已，无关于寿夭者也。

凡三传四孟而长生递生日干及本命者，上寿。若四孟之神从日干递生而去者，谓之"源消根断"，当主虚痨病死。三传四仲虽不主夭，亦难言寿。三传四季者者主夭，而惟水日水命者方确，以其鬼也。若传见王官，而日上命上见长生，则贵而多寿矣，未可概言也。

身命占诀

占身身即是天干，寄与游行两处看。俯察仰观俱要吉，无伤方可说平安。

三传也要不相伤，有一相伤便不详。若是有伤仍有救，两边须较是谁强。

救强于鬼救多功，制鬼生干尽可通。总是别人家不睦，便难伤得主人翁。

三传皆看属他人，兄弟知交与外亲。为鬼为生寻类看，但凭神将察根因。

支属他人又属家，生干比日最堪夸。休囚刑害皆非吉，内外情形逐类查。
干头日下两无伤，行止兼逢王相乡。战斗又无神又吉，自然求遂得安康。
人人有命有行年，地上须教仰问天。过去未来从此决，日时月分细推研。
年命灾祥各有因，命凶出外可安身。年知凶恶毋轻出，趋避须从此问津。
第一先须看禄神，德财生化逐搜寻。数中未必能全备，惟有无伤处可亲。
有一无伤便不愁，生平事业此堪求。只须逐类推详去，自有灵机到口头。
文人须是重长生，禄马财官亦不轻。年命日辰传并见，无刑无战自成名。
官煞无情只用财，无端金紫莫轻猜。九流亦要寻天禄，德禄无伤福自来。
传见三刑便有伤，若逢空脱为人忙。空临类上空归类，类贵惟应类自当。
德若遇伤莫漫看，阴阳男女各分端。阴阳官爵兼夫子，阳则身常不自安。
财王财强身要强，财强身弱不相当。财伤印绶身为主，身更休囚命不长。
占身诀窍政多端，类家如同天地宽。聊举一斑为引线，好将补充亦非难。

身命诀解

凡占身命，以日干为身，所谓"我"也。地上者，即我所寄之处，以安身者也。干寄于支，故曰"寄"，即"生寄"之谓也。身非匏瓜，焉能寄而无动，故当兼视游行天上者，即我游行之身也。日之所临，即我游行之地也。先责日上者，即仰以占其所天也；次责日下者，俯察以观其所地也。若日上神将既不内上克战，而又乘时得气，则此身仰得所天，而凡君亲师友之属，无不左右生成，即祖宗神鬼，亦必阴呵而默护之矣，安何如之？若凶神无气，临干作鬼，又乘凶将，又带恶煞，则此身业为上天所厌，奚能自安于下，冀其有成也哉？所谓"仰观以占其所天"也。若日干所临之方，王相得气，又乘吉将，上生日干，则此身俯得所地；而凡大人君子，宦游中外，无不相安，即九流百工，亦皆无往不利也，安何如之？日若立于休囚死绝空墓之地，而地上所乘之将，复见凶恶，日又自带凶恶刑战之将，则此身业为地弃，焉往而不见诎哉？所谓"俯察以占其所地"也。若俯仰俱吉，身斯安矣，然不能无求于世，而居然自足，故当遍视用传，以占休咎，所谓"人事"也。盖一身之外，俱属他人；万变之来，权非在我，故凡内而父母伯叔昆季妻帑，外而亲戚朋友知交遇合，皆用传之所为也。若用传王相与日生比，而始终神将不相战克，或又上下相生德合，则无论君子、小人，凡谋必遂，所图必成。若有一处作鬼，便为不佳，便须寻救。若已见鬼，而传中即制鬼之神，则为有救；或有生干之神，亦为有救。然须救强于鬼，救始得力；救若空陷无气，则虽有救我之名而无其实，救终不可恃也。是故鬼墓刑害之神，喜其陷空无气；救我之神，贵在乘时坐实。若鬼爻所乘神将内外战克，则鬼自不睦；即令传中不见救神，亦必无暇伤我，为足虑也。

若夫支上之神，虽属他人，实为自己空宅坟墓。最宜王相生比，禄财德合，不宜刑战克害墓休囚。盖以身宅言之则为内，以人我言之则为外，固不可刻而求，胶而鼓。要之，所关于身命之休咎则一也。

至于本命行年所关甚切，命主一生，年关一岁。故当详其过去未来，定其吉凶悔吝。凡皆以地盘为主，仰视天盘所得神将言之。相生则吉，相克则凶。

所谓"过去未来"者，不拘年命，如在卯上，上见申酉乘虎，则是凶将作鬼，有伤年命，当以凶言。若八月占得之，应主二月间已有死丧、疾病、官讼之事。盖卯为年命，又为二月月建也。若未曾见过，则九月间当防灾发。盖春木王时，年命亦王，囚金之鬼，未能伤木；至秋金王，金虎尚贪其王，亦无暇伤木；至九月则卯与戌合起虎鬼，虎鬼便要伤人；木既无气，金亦告休，凶祸之事所以发也。

若年吉而命凶，则宜出外，以避灾咎。年凶而命吉，则宜静守，以保天和。是则趋避之大端也。

至于大岁、月建所主岁月，欲知岁月中休咎，则第以上神与日辰年命上神及发用之神相较言之，未有不验者也。

约而言之，则首视课传，以发其纲领；分视年命，以适其变通；合视岁月日时，以参其功用；细详吉凶神煞、王相休囚，以言其克应，而身命之占，无余蕴矣。故曰"观始终在乎三传，详往复存乎四课；取得失在乎德合刑害，辨吉凶在乎本命行年；事类神将现乎加临，日辰阴阳别乎所处，岁月日时定乎期应"也。

大运行年尤为吃紧，若年运立于岁合、月合、生气、王相之乡，而体得无首、奇仪、三阳、三光之象，又得朱、青、常、贵之天官，城吏、二马、德、禄之吉煞，又无内外刑战以伤之，则虽白衣寒士，必将弃雪案萤窗而享富贵声华者也。若年运立于岁破、天马、大煞、生气王相之乡，课得斫轮、富贵之象，而吉神吉将上下相生，则虽匹夫走卒，亦能策奇建功，朝困尘寰而暮乘华轩者也。若运立衰败之乡，更得三刑、九丑、网狱、寇祸之象，将逢勾虎玄空，煞罹刑墓劫耗，则虽富贵荣华，难免破产败家；若逢飞祸游煞，则有幽囚窜逐之患者也。

谋望

五湖萍道人介于石释

干贵求财

谋望之占，种种不一，占情物类，各有其宜，循类以察情，无烦说矣。然惟势利二字，则诚世道之所独先，谋望之所最急者也，故于干贵求财首出而致详焉。苟能握其键关，悉其紧要，则一纲举而万目张，诸占自无棘手处矣。引伸触类，其在人乎！

夫以干言，干必有人，非徒干也；以求言，求亦有人，非漫求也。人我错陈，则对待成象，吉凶可否，当从成象间首求之矣。成象之端，莫先于日辰，而用传年命则又扶救始终之通象也。

以贵言，贵有其类；以财言，财亦有类，而五气百煞，则又克应之所必须者欤！

成象第一

日动为我，辰动为人，辰上神以之观人，日上神以之观我。（我往干人，动象也，故属干。）生合则吉，而将吉气吉者更吉；战克则凶，而将气休囚者更凶。相刑则不投，相冲则难合；害则有阻，破则难成。乘临固所当详，阴互亦须兼视。（王休以五气言，战克即神将言。）

盖辰伤则彼身正当偃蹇，安能舍己从人。若更囚死空亡，而或脱伤互见，往无益也。日伤则我方切乖张，何暇洁身他往。若更凶，若空无气，而或刑害交陈，徒自惫也。

若辰上神生合日干而阴制之，则其人虽有相为之心，辄多畏忌而不果，未可恃也。辰阴所乘之天官，即其所畏之人、所忌之事；而阴乘太常，则有父母尊长之畏。乘天后，则有妇女之畏；乘太阴，则有兄弟之畏；乘勾陈，忌斗争之事；乘朱雀，忌口舌之事之类是也。若辰阴生比辰阳，而与日干作合，则彼心中必有相为之人，暗中撮合，反足恃也。撮合之人，亦即视其所乘之天官。

此诚对待之大体，理所当然而势所必至也，故为成象。凡事关人我而有对待之象者，皆当从此求之，宁惟谋望然哉？盖大体之吉凶既定，然后可求通象，以言扶救，以决始终。故用传年命，继夫成象而遂及之也。

通象第二

休咎之机，开于发用；转移之妙，乃属中传。末为底止之乡，成终所系；传有出入之异，去就攸分。扶救虽在用传，紧关则由年命。凡占皆所当详，所以谓之"通象"。

盖发用之神，乘吉气王，而又别无损伤，则以吉应。其所应者，当以速言，气王故也。囚死乘凶，而乃遂遭战克，则以凶应。其所应者，当以迟言，气休故也。凶则从之，凶则违之，空则阁象，吉凶无成，非所论矣。

气之王衰，亦是五气，用之战克，亦是神将，

生合日支而刑伤日干，则利在彼害在我。生合日干而刑伤日支，则利在我而害在彼。害在彼者，不利有攸往。害在我者，不往何灾也？所谓"休咎之机，关于发用"也。

用虽为吉于日，而阴遂伤用，则用神之力较微，用虽吉，未可恃也。惟用凶于日者，则反利其阴之制用，却能返吉而弥凶。用虽为吉于日，而阴遂伤干，则反被吉神引归凶地，须惧求荣而反辱。

用虽为吉于日，而阴遂墓空，则有中杜难行之象，事宜速图，不可缓也。所谓"转移之妙属中传"也。

自墓传生而末逢吉王，到底能成。自生传墓而末遇凶休,，终当止息。吉于辰者彼当其利，吉于日者我获其功。

凡初递克末，而末克日干者，用虽生干，不可恃也。然其为患于日亦颇迟，图之宜速，以就用神之所生。

末递克初，而初克日干者，生虽末见，不可恃也，然其为患于日亦必速，见之宜早，以避用神之克。

凡日生初传，而初递生末者，终非所利，盖不惟源消根断，而且鬼在末也。

凡末递生初，而初生日干者，凡事有成，盖不惟众力相扶，而且财在末也。

凡自支上发用，传出干上，而能生合日干者，人有就我之心，干之可也。

自干上发用，传入支上，而又与之生合者，我有就彼之象，进无咎也。所谓"出入之异，去就攸分"也。

命主生平，年关气运，虽云久暂不同，实乃占人所独。盖本课传而分视各有专司，合年命而较求方为切己。是故日用不可伤残，年命最宜和好。年命交制，自启乖违；命被辰伤，亦非我利。惟命年制类，亦可言财；类制命年，当同鬼论，所谓"扶救虽在三传，紧关则由年命"也。

推类第三

事涉干求，可否虽操于象内；情关得失，吉凶更出于类中。象吉类凶，象难全恃；类吉象凶，类亦难凭。相需并用，占法斯全；有吉无凶，方堪进取。吉凶可否，岂易言哉？

所干者既为贵人，则所类者天乙也。上乘吉王，则为乘时；下履吉王，则为得地。既乘天时，又得地利，而与日干生合，则贵德当权，势诚在我。其心实能相为，其力足以从心。若贵阴两建，复见生扶，则更全吉，反此则不宜妄干。

所求者既为财帛，则所类者青龙也，日克之神也。财神财将既不深藏，又不内外刑战、上下空休，而财阴两建，又与干生合，所望即奢，求之可得，无他患也。反此则不宜妄求。

引伸第四

类阴得吉，宜往干矣。干之必有所求，求必有所类。凡向贵人而有文书之求者，虽既视贵，又当分视朱雀；有情份之求者，分视太阴；有衣帛谷粟之求者，分视太常；有恩泽妇女之求者，分视天后，此所类将也。

有珠玉之求者视从魁，有弓矢剑戟之求者视传送，有图书伞盖之求者视登明，有书籍之求者视功曹，有羔羊酒食之求者视小吉，有墓田之求者视大吉，有鱼盐之求者视天罡，有犬马之求者视天魁、胜光，所谓"类神"也。

视类将者吉凶在所乘神，若神克其将，将则无权，力斯灭矣。神伤日干，将亦从而伤之，类神凶矣，非徒无益而且有损，求之何为？

视类神者，精神虽在天官，力量却由气地。天官即非凶恶，而气与地却值凶休者，类神虽现，无足取也。

凡干君王者，当视太岁之上下；干省府州邑者，当视月建之上下；干尊长者，当视日德之上下。若既乘时得地，而又生合日干，则信任必专，而恩施自厚，往干可也。反此则有求荣得辱之患，干之何为？

至夫吉凶诸煞，虽为克应之所必须，实因象类而各有相能之用，未可胶视者也。煞历俱在，无烦赘及矣。

归约第五

约而言之，则不过四课定人我之情，三传决始终之要，类神类将指事而专求，本命行年相参而较论。神煞关乎克应，精诚自可通灵，吁！尽之矣！

至于明吉而遁凶，是必防其暗损；明凶而遁吉，尚可冀其默扶。阴神休咎所系非轻，气地兴衰相关最切。生克制化之妙，易地而殊形；重轻虚实之微，骑墙而幻影。此皆占之所易忽，而凡事之所当详者，故于归约之末，表而出之。

壬占易简例约

吴东园萍道人介于石徐玠可传

理气象类说

壬，数学也。易以理，盖先天地而有，后天地而彰；数则理之所彰，而万象寓焉。万象者，天地之化体也。天地虽大，咸囿于理，况化体乎？起于一，终于十者，干之数，天象也；起于一，终于十二者，支之数，地象也。扩而充之，象则弥纶于天地间，而无一物之遗，谓"非象生于数不可"。天尊地卑，天动地静，而尊者为君、为父，卑者为臣、为子。动者为客，静者为主。动而客者，为身、为人；静而主者，为宅、为物。种种非一皆类也，谓"非类生于象不可"。是故舍数而言象，象无其本；舍象而言数，数有终穷。舍理而言数，数不几隘乎？壬以数名，而可仅以数言乎？象与类无物不赅，而理则简且易，此壬之所以大也。然而定理之中，犹有气焉，气盖权衡于理之圆机也。所以然者，事固有当然之理，无必然之气。气苟弗应，理亦冥然，象类空悬已耳。谓"非理权于气不可"。盖气在两间，则身与万物咸位乎其中，故无适而非三才之用，无往而无覆载之机也。盖凡气之见乎天上者，随四时而递迁，曰"五气"，王、相、死、休、囚是也。见乎地者，随吾身与应责之类，而始定曰"十二气"，"长生、沐浴、冠带、临官、帝王、衰、病、死、墓、绝、胎、养"是也。二者之气，取用虽殊，于理则一，而吾身之与万类，得气则吉，不得气则凶，两言决耳。于戏！类本象分，象因类著；理以气应，占以理求，壬占之法尽之矣。事不易简乎哉？是敢谬列占例，以昭易简之端。引伸触类，神而明之，在乎人矣。

占例有序

求财

利亦伙矣，而首以财言者，何也？盖财在庶人，则为养身亲上之源；在国家，则诚富强生聚之本，谁曰细务而遂后之？求而有占，务适宜当理，而无后灾也，岂喻利云乎哉？

求财之占，先以青龙为主，而俯仰视之，得气无伤则吉，否则凶。盖龙为玉帛钱财之类将，求类于将者，法视乘神与将较计。若不内外战，则神与将和，将有喜而无忧，皆为得气。得气者，将得气也，得气则吉。吉云者何？类能为吉于人也，吉则可求。凡内外战，皆为不和，将则有忧而无喜，皆为无气。无气则凶，凶则不可妄求。然而内战其将者，忧重；外战其神者，忧轻。轻犹可图，重则难望，忧虽在将，人亦不能无忧矣。

类神之气，则又在地。类神者，类将所助之神也。故凡类神所临之地，曰"十二气"，而神与其地较王衰。盖凡下临有气之地，则财强。长生、冠带、临官、帝王是也，谓之"四吉"。下临无气之地，则财弱。沐浴、衰、病、死、墓、绝、胎、养是也，谓之"八凶"。

凡神将既和，而又下临吉地，方成财象。有其象，始可言求。神将不和，而又下临凶地，财则无象。财象既无，求之何益？

神凡内战其将者，即下临生王，亦非吉象。盖生王气神自当之，将无与也。夫以得气之神，内战其将，则类将之气益弱，其忧更重，何吉之有？

神凡下临空地，而所空即为四吉，亦非吉象。盖既落空亡，有财尚当防损，况本无财而欲往求乎？惟神生其将，而神自作空者，尚有出旬之可望耳。盖出旬则空者填实，故犹可望也。

地之十二气，吉凶于类神者，虽各有象可按，然只吉凶两象而已耳。分而玩之，各有其情，未可漫忽。

盖凡长生则有生生不匮之义，凡财皆吉；而将本求息之财，更相宜也。沐浴则有涣荡消除之义，气当其败，无攸利也。冠带则有庄严整饬之义，冠冕峥嵘之财，皆可图也。临官则有显荣利达之义，官贵公府之财，咸所宜也。帝王则有当时乘势之义，财关邦国，靡不从心也。惟是日中则昃，月盈则亏，知者虑焉。若复悠泄从事，则恐坐失机宜，时不可再，悔何及矣？衰有日消月耗之义，凡财早图，或有成机也。病则奄奄困顿，弱何如也？死则有去无来，哪有生理？望宜止也。墓则财神归库，遇有刑冲，库藏秘器之财，犹可图也。惟绝则有复生之理，自绝而复生，尚需时日，自非一蹴之可就；而凡割绝之财，或相宜也。至夫胎养之气，则诚微而又微，虽有几望，诚不可过赊也。十二气之所攸关类神者，如彼其琐，而可漫言乎哉？是则所谓"俯察以占地理"之何若也。

类地之气，虽有其征，而天心在上，正未可知。类苟得气，而天不从，其如天何？故须仰观而细察之。盖类神之上，各有天神，神各有所乘之将，将主其事，而神司吉凶。或吉或凶，天之心也；天心不可测，而惟类上神将是以测之。故须仰观。盖在天神将，既与类神紧关休戚，而于吾身之吉凶可否复有攸关。所以然者，财之有无多寡，虽在类气之得失，而求之可否吉凶，身实主之。从违缓急，在我不在龙也。法曰"阳见其象，而情归于阴"，故凡类上之神，谓之"阴神"，而曰"类阴"。阴者事之主，天之心也。

盖凡阴乘吉将，气王扶龙，则知天心佑类，而有默扶阴益之雅。阴乘凶将，气囚制类，则知天意吝财，而有耗分攘夺之虞。阴生日干，及能生合日上神者，取之无咎。阴克日干，及并刑害日上神者，妄取必有他殃。

欲知殃于何事，即视类阴所乘之天官。如虎主疾病死丧，蛇主惊忧怪异，玄主逃亡盗失，勾主争讼，朱主口舌，天空欺诈之类，所谓"将主其事，神司吉凶"也。

类阴之气，迟远攸关；王相休囚，四时递转。惟气在天，而天实司之，故在天神将，得以代天而司化，应则化之所见端也。故凡阴乘四时王气者，吉凶之应必速；相主方来而尚未来，休为已过，囚死必迟。至空亡之气，迟速两端，俱无足道，是皆仰观以测天心之何若也；财与吾身，又须较论。

盖财王，必须身强；身弱财强，财虽满前，无力可取。须待生王吾身之时，方才可必；财弱身强，我志虽雄，财犹恍惚。亦须待生王财神之候，始可言求。

对代之象，不可不知。

盖寄干为求者之心，上实有天，而天心未可料也，是故亦须仰观以察之。

盖凡寄干之上，乘吉气王则身强，谓之"无伤"。伤则身弱，日阴所主者，我之怀思心腹也。与日神交相生王，或能生合日干，则心腹可凭，怀思无疚，反身而诚，无施不可，否则切己之忧，殊可虑也。

欲知强弱于吾身者为何事，即视日上神所乘之天官。

欲知所忧于吾身者为何事，即视日阴所乘之天官。

至夫神煞，亦须搜计，煞历俱在，不可诬也。神煞者，天神所乘之煞也。吉凶可否之实，惟煞主之，故曰"将无神不灵，神非煞不显"。"煞"云者，确实无疑之辞也。顾名思义，象自昭然。

日干所临，乃吾身游行之地。凡占有动，便须视之。求财，动占也，故又当俯察以视所动之宜否。

凡所临之地，不刑不克，非败非空，而且或相生王，则为得气。游身得气，无往不利，否则未宜轻举，妄动招尤，徒自苦耳。

日支之象，与财所乘之天官，乃其职事。寻类求求，洞如观火。如太常之类为尊长，为眷属，为武弁，类推可知也。以其所乘而求五气，则伊人之贫富、贵贱、老少、晦明，无不可知；而其状貌衣饰，亦无不可知也。例详《中黄》。

辰阴所主，亦即伊人之怀思心腹，而喜忌系焉。盖凡阴神生王阳神者，伊人之喜，不难于从事；刑害破冲者，伊人之忌，勿克尚裁。欲知喜忌之为何人，即视其阴所乘之天官。

凡支干为上神所制，或支干上神为其阴神所制者，皆为有伤。伤则不能无所畏忌，故曰"干伤则有所畏而不能取，支伤则有所忌而不敢与"。取与之义，全决于斯也。

迟速之应，决于三传；传不逢财，惟用是责。

凡财神得气无伤，而且见于三传中者，法以传之次第求应，是之谓"应期"。应期者，克应之期也。

盖初为发端，类见必速，而乘四时王气者，更速。相则稍缓，死囚休气，亦以迟言。中为移易，类见而王，其应亦缓。末为归计，类见而王，其应必迟。然若传归日干之上，而或入宅临门者，反当以速期之。是故迟中有速，速中有迟，不可不察也。

凡财不入传，而第责龙神于闲处者，则当专视发用，用实事机之先兆也。凡用为岁建，则从岁取期；用为月建，则从月取期；日时亦然。气旬候首，无不皆然。所谓"起岁年华问，逢蟾月里询"云云者也。

然以岁期者，尚当有所应之月；以月气旬候期者，尚当有所应之日；以日期者，尚当有所应之时，而可不知乎？其所克应者，其惟生王财神及生王吾身之月日时乎？然而又有说焉，财弱者宜从财言，身弱者当以身论，分而求之，应斯确耳。

数目之端，先天是责；新旧之故，孟仲季言。

凡此四者，法以类神与所临之地较求。盖数目者，财之数目也；新旧者，财之新旧也；故不必他求，而惟类神是责。地即财之着落处，故须与地相较。

甲己子午九，乙庚丑未八，丙辛寅申七，丁壬卯酉六，戊癸辰戌五，巳亥无干四，先天之数目也，相因而言，乘除之定理也。财王则相因而倍进，财相则计其所因以为数，休则计其应得之成数而不因，囚死则不惟不因而且减其成数之半，是又先天之活法也。因法云何？如财神之数为九，财地之数为八，八九相因，为七十二之类。类推可也。

至于财神财地各有应建之干，计其成数而与财神财地应得之数，合而计之，数可知也。

建干惟日，不须复建。盖日者吾身也，财则吾之所求也，多寡有无，皆吾身气类使然。建实吾身之气数，自无而有，故当计及。至夫复建，第求鬼之党救于时中，非为求财设也。所以财之数目，不在复建，年财暗财，皆所当知。

年财者，行年上所见之财。凡年上神为年所克，谓之"年财"。盖即年中应得之财也。然惟乘龙得气，王相不空，方有是象，故曰"求财视龙，王相相逢，日年传用，此外难同"。又曰："日克青龙为财，年克青龙为尤利"。盖日与行年互相表里，故兵占每言日年而不言命。

凡龙神所建之干，恰为日年所克者，谓之"暗财"；而《中黄》则反以真财目之，所谓"自然而有，紧关吾身之气数"者也，何不可求之有？故《神书》云："明无财神，而暗建为财，则亦可以求财。"

至以生王墓，皆为暗藏之财，则谬矣。何也？明莫明于王，王既为财，彰明较著，而可暗言藏财乎？惟生墓两神，暗藏之象始确。然其间又有生克制化之不齐，步移形换，而可概言暗藏乎？

如甲日求财，以土为财神，青龙为类将，丑土为贵人。丑贵顺，龙乘胜光，逆则龙乘传送；未贵顺，龙乘神后，逆则龙乘功曹。终无土龙之时。龙非明财，而责暗藏之财于生墓中法也。责真财于初建之干，亦法也。

以财之生处言，则土生在申，而传送乘龙。既战青龙，又日干反遭类神所刑克破冲，穷凶极恶，患莫大焉，财生之乡，其可恃乎？

以财之王处言，则神后乘龙，有生无战，类将有喜而无忧；类神神后，遥生甲木日干，无凶而有吉。且神后建甲，比王助日，公而不私，尚可目为暗财乎？惟是财神带败，未免小疵。盖神后子水也，甲与青龙咸败于子，因防而致防焉，则得之矣。或曰："神后在天，随四时而观五气，哪可言败？"呜呼，气虽两端，其利则一。《金绳》云："苟得其同，虽远必合；苟失其同，虽近不亲。"如甲日求财，龙居水火，而见用中，虽近不亲也。盖水即神后，火即胜光也；木败于子，死于午。虽见用而不亲，气化圆通，妙理自出，岂可胶视乎？

以财之墓处言，则土墓在辰，甲日无乘罡之龙，有是理，无是象。法曰"万物不离生王墓"，盖生王墓，五行之三合也。五行不能离三合而收化育之功，万物化育于五行者也，能不从三合而责类乎？气二而理一，可胶视乎？

财虽类龙，占情非一；情类阴阳，兼求阃失。

盖青龙，财帛之通类也。其余天官，辨物之分类也。通类为主，分类为宾；阳见其象，情归于阴，故当兼求。按《金绳》书云："求财专视青龙则失之拘，遍推寻而无所主则失之荡。合阴阳之感，通宾主情，庶几得之。"呜呼，占财之法，尽乎此矣。

盖其所求者为贵人之财，则当兼视天乙，炉冶之财视螣蛇，文书之财视朱雀，交易之财视六合，争讼之财视勾陈，欺给之财视天空，疾病死丧之财视白虎，尊长之财视太常，不正之财视玄武，阴私嘱托之财视太阴，妇女之财视天后，至于将本求息之财，惟视青龙可耳。

此以青龙为主，诸将为宾，主既得气，而宾亦无伤，所乘之财方能类应。

如以文书之财而言，青龙不拘藏现，得气无伤；而朱雀恰为发用，即非发用而居有气之乡，不伤日年，是朱雀能为吉于人也。朱雀之阴，不伤朱雀，是阴阳和合，文书有气也。阴神不伤日年，是身与类和，文书之财可取，终无他患也。若三传递生朱神，而朱神恰为日年之财，则众力相扶，财必丰厚。

若朱神虽能生旺日年，虽能为日年财神，而其阴神反伤日年者，其财必不可轻取，取之必有他殃。欲知殃于何事，视其天官；欲知取予，分视日辰。辰伤则其人必有所忌，而不敢与；日伤则吾身必有所畏，而不敢取。凡类皆当作如是观，不独文书之财为然也。畏忌见前，兹不重出。

约而言之，首责青龙为财将，次责明暗财神，又次责所求物类。若财将所乘之神恰作日年明暗之财，而气旺无伤，自强无患者，求之必得，取之无患。取予之机，观夫四课；克应之妙，决于三传。气旺则财大而速，囚死则财少而迟。财现则易，财藏则难。财落空亡，不惟难求，且防失耗。孟仲季关新旧，数目当问先天。易简之道，尽乎此矣。理气象类，宁有他哉？至于财神乘马带丁，最利远动之类，皆以煞言矣。煞历俱在，无庸赘及矣。

出行门

东园萍道人介于石释

十三占例约

出行何以有占也？盖行藏显晦，一身之休咎所关；水陆舟车，千里之吉凶攸系。前知之则易为趋避，易视之则难以提防，孰谓出行也，而可无占乎？况动静迟速，各有机宜；投宿启行，皆须预料。即所谓阴晴、伴侣、见闻、期会者，皆旅人之所必须，而时刻关心者也，可无占乎？至夫望云之叹，谁则能无；所以家内吉凶，咸须归附，必如是也。而后促装就道，跋履山川，其庶几可以无悔乎。

总象第一

凡以日干为行者之身，而视其上神，以言休咎；以日支为所往之地，而视其上神，以言吉凶。

凡日上无伤，乘吉不战，而气又当时；日之阴神，又不伤凶于日，则此身之迪吉可知。反此则有凶灾，不宜妄动。

凡日上空亡，而无气无冲，则欲行未必。日上官鬼而兼刑带害，则阻滞难行。其所以阻滞者，视其所乘之天官可知也。如鬼乘天乙，气更休囚，必因贵人神鬼而有阻滞。鬼乘蛇雀，又带官符，必因口舌公讼、缠绕忧疑而有阻滞。鬼乘勾陈，又带刑煞，必因田土争斗勾挽牵连而有阻滞。鬼乘白虎，又带丧门、吊客、死符、病符，必因死丧疾病而有阻滞。鬼乘玄武，又带盗耗，必因盗失而有阻滞。鬼乘天空，又带亡劫，必因逃亡、走失、欺绐、脱骗而有阻滞之类是也。类而推之，空亡之故，可以思矣。若用见子孙乘王，既不为下所伤，而又上乘吉将，则是发用之神，力能制鬼而生财，日上虽有官鬼阻滞之嫌，仍可行矣。

凡日上之鬼，休则难动，鬼缠身也。王则难当，鬼禁日也。若鬼在日上发用，而又上乘凶将者，是更不宜轻动。见在日上，已自难当，况又发用乎？若鬼乘吉，而又用自日发，则仕宦之行，反为吉占，未可概以凶言也。

凡日上神乘吉王相，能制支上之神，而支上亦复王相乘吉，则是我之财神，见于彼地，往则必吉。若夫乘凶作鬼，带煞披刑，气又囚死，则是我之鬼贼，见于彼地，往则必凶。其所以凶于我者，则亦视之所乘所带可知也。

凡日干游行之方，亦宜兼视。盖天上日干，身所动也；所临之地，身所止也。吉凶休咎，咸有攸关，安得无问？故当兼视。

凡日干病死墓绝之地，亦不可前往，往则多凶。惟地既生王不空，而神将又吉者，方可往也。又须兼以日上神与方神较论，假令日干之上，四土为神，木临之地，不可往也。惟火所临方，则为大利，火生土也；水临亦利，土克水也。金临之方，则无攸利，为所脱也。若所利之方，将吉气王，又能生合日干年命者，则更利也。他方仿此。

然凡出行有占，须首辨欲行者，果为何等人，其人所司何事，而后即其内外喜忌言之，方可无失。漫以求之，占无应也。即如日上空亡，所主者何，未可必耳。若为九流技艺之人，空手求财之事，空非所忌，亦须将得吉气王，乃往利耳。若为携本经商，则不惟不能行，行且有损。盖行商之占法，以日为外类，外空而占，则奔走徒劳；外空而凶，则资财可虑。视其天官，则所以空者，可缕指矣。又如日上鬼，所主者鬼缠身，鬼禁日耳。若为求官问禄之人、功名科举之事，反所喜也。盖功名之占法，以官鬼为主，官临其身，王相乘吉，既不内外战刑，而用传年命又不相伤，太岁月建又得生扶，而上神又不往来相克，则无官者，当有得官之庆；有官者，定膺推迁之利，荣何如之？若无气空克，即令求官，亦不可往，而常人得之，在所必忌，何可漫言而无分辨。

动静占法第二

凡欲出行，而欲占其能行与否，则又有动静之义，故以动静占之. 盖动则能行，静则未能也。

盖凡关墓临干，身则难动。关有阻格之义，墓有敛藏之义，皆静象也，所以难动。若年上神，力能冲关破墓，则可仍以动言；否则须待冲关破墓月日，方能动也。

凡日上空亡，亦主难动，若用传年命，见有冲神，亦当以动言之。盖空逢其冲，空者反实，故可动也。然惟王空逢冲，方有其象，若空带休囚，冲无益也。

凡日干天官入庙者，虽非空亡关墓，亦难以动言。盖神将同体，变化无端，故难言动。惟二马乘王发用，又无缚足恋厩之弊，动斯确矣。

凡魁罡临日，则有万不获已之动。乘吉带王，则以吉言而为速。乘凶囚死，则以凶论而为迟。披刑带煞而有气，则当亦以速言。故曰："王如乘车得马，可以掣电而追风。"

迟速占法第三

凡占出行，而欲以迟速言，则惟较视日用。日为行者之身，用乃征行之始也。

盖凡课传皆阳，事必显而多功，其动必速。课传俱阴，事必阴私而多晦，其动必迟。故曰："日阳而用阴，则当有速中之迟；日阴而用阳，则当有迟中之速。"若日上阳王而用阴休墓，则虽动复止；日上阴休，而用神阳王，则虽迟必行。

凡用阳而传阴，当防中道之阻。用阴而传阳，则必履坦无虞。中为发用之阴神，所关于行色者，非浅鲜也。

凡用为子孙，而刑克日上，则当有伴侣相催之应。用为父母，而刑克日上，则当有尊长相促之征。用为兄弟，宜切朋友；用见妻财，情关妻妾。方以类聚，物以群分。惟用带丁马，王相不空，不受下克者，动尤速也。

吉凶占法第四

凡占出行，而欲知其吉凶何若者，则首视日上，日上为行者之身也。次视辰上，辰上为所往之地也。又次视用传，初中末，有道路阅历之象也。又次视年命，命为固有，年主流行，而为行者之身所独有也。凡见有日鬼而乘凶带杀，则各有所主之事，各有所应之时，各有所见之处，处处可按也。其所吉于行者，惟禄马、生气、日德、天喜之类，附吉乘王，而无损伤，则其行也，即非因喜而动，将来必有喜庆之事，随所遇而自见者也。

其所凶于行者则为鬼，以所乘带及五气言之。

盖凡鬼乘天乙，则主官司神鬼之凶。日王为官，夜休为鬼，分以乘之，方无失也。鬼乘蛇则主惊疑怪异，盗贼火光。鬼乘朱则主鼠雀纷争，是非口舌。鬼乘合则牙侩媒保，欺隐奸私。乘勾主勾惹牵连，争斗讼狱。乘龙主子孙财帛，亏折损伤。乘空则主小人仆隶，诞妄欺凌。乘虎则道路凶恶，疾病兵丧。乘常主饮食筵会，参商嫌隙。乘玄主盗贼匪类，劫耗遗亡。乘阴主阴私妇女，奸谋蔽匿。乘后妇人女子，秽污贪淫。

以煞而言，则凡直符为鬼者，必有口舌公讼。往亡为鬼者，必将身不生还。车坑为鬼者，有车马舟楫之忧。飞廉为鬼者，防破败损失之患。空亡为鬼者，脱诳可虑；劫煞为鬼，劫夺堪虞。鬼墓则昏蒙多阻，鬼关则隔碍难通。鬼为天地转煞，则君子有趋朝之庆，小人则往反多凶。鬼为四废天刑，则小人有忧败之嫌，君子亦剥官夺禄。鬼带咸池，奸淫沉溺；鬼披刑害，破祖伤残。引而伸之，触类而长之，则庶几乎百煞之用，其有当乎？

水陆占法第五

凡占出行，而欲知其出行水陆之所宜者，则以日辰为主而分言之。吉则从之，凶则违之。

凡以日干为陆，视其上神，以言休咎。日干之象，为天为阳，陆之位也。日支为水，视其上神，以言吉凶。日支之象，为地为阴，水之位也。

故凡干上之神，乘吉生干，气又王相，则陆路自可从行，乘凶克日，气又囚死，则陆行匪吉。

支上之神，乘吉生支，气又复王相，则水路允宜从往。若乘凶克支，或更克日，气又囚死，则水行必凶，若水陆俱吉，则惟择其最王而无损伤者从之。

凡陆行则不能不需车马，水行则不能不需舟楫。太冲者，车马舟楫之类神也，然须分视，不可胶求。

盖太冲临水象则舟楫，临土象则车马。王相则完固而宽雄，休囚则破毁而疲陋。惟乘龙合而出于支干之端，更无刑战，则水陆皆堪遄往。若戴虎蛇而见于日辰之上，则水陆皆不堪从。卯乘神后则象为灭木，沉溺堪虞。卯带车坑则象为折轮，倾危可虑。上见魁罡则舟车定多阻隔，更乘月厌则道路时有忧惊。卯作隔神，宁无阻滞？卯逢夹克，必有损伤。卯上空亡，水则无忧，陆防倾陷。

凡舟行之时，万一有损，而欲占其损于何所。亟为衣枷计者，则当专视天罡，而以所加孟仲季言之。罡加孟则所损在头，仲中季尾。盖孟仲季有首尾之象，而与太冲相害者，天罡也。即以相害者占其所以害，故无失也。

阴晴风雨占法第六

凡占出行，而欲知其途次之阴晴风雨何若者，则以三传之阴阳为主，以言时地之克应。盖阴阳亦晴雨之机，三传开道路之象，而初中末即其时与地也。

故凡传得纯阳，则主晴朗，而木王乘阳者多风。传得纯阴，则主阴晦，而金王乘阴者多雨。水神王则虽阳亦雨，火神王则虽阴亦晴。阳胜于阴，而乘朱蛇，又带晴杀，其晴必久。阴胜于阳，而乘后玄，又带雨煞者，其雨必长。是则阴晴风雨之大象也。

若分视其时与地，则初传见者，应在始发；中传见者，应在中途；末传见者，应在末路。扩而充之，则辰上见者，应在彼地；日上见者，应在欲行未行之时。而时序之标准，即以三传之十二辰次之，是则所谓"时与地"也。

伴侣占法第七

凡占出行，而欲知其将来有无伴侣，及伴侣何若者，则以子孙为主，而亦以三传言其时地。责三传者，以道路言也。责子孙者，制鬼生财，缓急可恃也。兄弟之爻，乃居然伴侣，而不责及者，兄弟有共本之责，分财之象，职为合伙经营，而非萍水之交矣。

故凡子孙吉王见于传中，而与日上德合生比，则不惟伴侣有人，而且富厚忠诚，自当竭蹶而相为。子孙休凶，见于传内，而与日上破害刑伤，则途中虽逢伴侣，而疏狂污贱，非徒无益而有损。传无子孙，则视三、五、六合言之。

若更视其所乘所带，则性情容貌，皆可前知。察其天地两间，则时序地方，曷难预定？至于辰见为地头，日见为濒行，非虚语也。

赀本行李占法第八

凡占出行，而欲知其赀本何若，则以财爻为主，而以休王言之。日干所克者为财神，青龙六合为财星，二者兼视。

故凡财神见而财星称之，则为有本之行、经营之类是也。王相而带丁马则必充盈，无往不利。休囚而无丁马则必微薄，蹇涩难通。若财神既藏，而财星又复空窜，则为无本之动，九流之类是也。王相则得来可望，休囚则到底无功。财虽不现，而遁财有气无伤，则居然良贾，深藏莫窥，吉可知矣。若兄弟化财，或财化兄弟者，即非借贷，定为合伙。

凡欲知其行李若何者，则以父母为主，亦以休王言之。盖行李者，覆庇之资也，而覆被吾身者，莫如父母，故以类之。

故凡父母见王而无损伤，则行李自当富盛；休囚而有刑破，则行李必见凋残。空亡则无，类藏则少。若父母化兄弟，或兄弟化父母，则与人共，己不自由。

投宿占法第九

凡征行在道，而欲占其止宿处吉凶何若者，则以日辰为主，而较视其上神焉。盖日为本身，辰为旅次也。

故凡日辰上神，彼此生王德合，乘吉带吉，则宾主相安，绝无疑忌。若彼此刑冲破害，乘凶带凶，则宾主不投，易生嫌隙。日伤其辰，则客怀不仁，咎由于我；辰伤其日，则主怀不义，咎起于人。

支干逢墓，必不安宁；鬼带三刑，定多凶祸。凶于我者，视其所乘天官。蛇主惊疑，朱为口舌，勾陈争斗，白虎兵戈，玄武盗贼，天空欺绐，太阴奸谋，天后淫秽之类是也。

然天官之所凭依者，神也；十二神之所用者，五行也；五行之所变幻者，五气也。引而伸之，则形貌情性、老幼强弱之类，一览而无余蕴矣，于投宿也何有？

启行占法第十

凡旅次虽安，而欲占其明发之情形者，则以日干为主，日支为佐，兼以用传相较言之。盖日为己身，支为奴仆行李，用为祸福端倪，而三传者则有时与地之象也。

故凡日上吉王，不伤于日，则为上天显佑，身必无虞；日下吉生，不逢空败，则为丁地默扶，任行无害。

玄不伤干而财爻稳固，则无耗脱之忧。勾不制日而乘性平和，则无口舌争斗之患。例而求之，十二天官，咸有责也。支不受伤，则仆从、行李当无患也。

以竟日而言，则初为卯辰，中为巳午，末为申酉，时可定也。然式中时位，咸自井如。察其上神吉凶休咎，必以时应。兼而求之，可无失也。

盖三传者，时行之大象也；十二辰者，时位之分司也。先其大象，次其分司，占之法也。

以地分而言，则十二辰之见于三传者，自可按也。岗岭墓田、湖池场圃之类，各以类见，不可漫责也。

凡以年命为扶救之本，而与日辰用传相较而言之。盖年命者，吾身之所独有，转移休咎之权舆也。

故凡日吉而传凶，支辰年命之上皆可救也。日辰俱凶，而年命休衰不能效力者，三传之神皆可救也。日辰年命俱凶，而三传复凶者，勿行可也。是则所谓"趋避"也。

凡以太岁月建为君为长，而与日、辰、年、命、用、传相较言之。盖太岁者，人君之象；月建者，官长之象。身居君长临照之下，虽不敢妄异跋扈，毕竟难逃主宰。而其上神，亦即岁月吉凶之所攸系者也。

凡吉凶由神，克应由煞，诸煞之紧关休咎者，不可遗也。如太岁月建，气力最大；入课临传，皆须细视。生扶则吉来不小，刑害则凶至匪轻。即居闲地，而其上神皆有关系，不可忽也。盖凡岁月上神，遥来相伤者，固为不利，而我去遥伤岁月上神者，尤非所宜也。故曰"岁月上神，不可与类神往来相克"。盖岁上神所主岁中事，月上神所主月中事，故与日辰用传年命上神以及类神皆不可相伤也。

见闻有疑占法第十一

凡征行在道，遥见人来，心有所疑，而欲占其为何等人者，则以神后为主，而视其所加孟仲季言之。

凡神后加孟则为善良，孟为四长生，所以善良。仲为商贾，仲乃四王，所以商贾。加季则为凶恶，季乃暗金四煞，所以凶恶。责神后者，后为十二神之长，一阳始生，首窃天气，可以为善，可以为恶，神变无端，故曰"神后"，而以责之。

凡占乘舟而来者，则以天罡为主，而亦视其所加孟仲季言之。

凡天罡加孟，则为吏人，吏为人之所长。孟，长象也。故凡吏人，称为长吏。加仲则为常人，仲有中象，平等之象，故主常人。加季亦为奸恶，季居下流，而有藏垢纳污之象，故主奸恶。责天罡者，见因舟楫而生疑，罡立舟之前者也。

盖凡有类主者，皆当以类加孟仲季言之，无类主者，则以天罡视之。罡为善恶之总主也，故兵占决几之占，每每视此。

以上两占，皆不言日辰用传年命，而只视神后天罡者，呼吸安危，刻难姑缓，多视乱指，适以增疑也。虽然，万一来象果为凶恶，则又何以处之？即就其所加定体，而以日上辰上决其趋避。

故凡辰上神克日上神则吉，辰上王相而日上休囚者更吉，前行无忌。日上神克辰上神则凶，而辰上休囚者更凶，避之可也。惟王相比合，而气俱王相，又乘吉将者，彼虽凶恶，我无忌也。

凡有所闻，而欲占其虚实何如者，亦以天罡为主，而亦视其所加孟仲季言之。

凡罡加孟上，则为虚诞，孟为始生，事未实也。加仲而虚实参半，仲中而有骑墙之象，疑信相参而未决。加季则实，季为四土，信而实也。然日上辰上，又当参论。

故凡日上刑克支上，所言必虚。而罡、魁、蛇、虎、阴、空，漫语。见于日上者，尤多诡诈。带空亡者，更出无根。若天罡加孟仲，而日又加彼，其虚可知矣。

已上诸占，皆以辰属我日属人者。来与言，皆有动相，动则为客；见与闻，皆有静象，静则为主。所以日属来言，辰属见闻也。主客动静之间，辨之审矣。

期会占法第十二

凡有相期会，而欲占其得会与否，及已去未去者，若占他人，则视天罡；罡临日辰，定然得会。罡在日前则为已去，罡在日后则尚未来。然又当以所加孟仲季参而定之。

凡罡加孟则尚未至，加季则为已去，惟加仲则可会也。

若占同伴，则视胜光。

凡胜光见于贵前，则为在前；见于贵后，则犹在后；若恰临日辰，便可相会。视胜光者，午于卦为媾遇也，故视之。

家内吉凶占法第十三

凡身处客中，而欲占其家内吉凶何若者，则以日支为主，而视其所乘天官言之，支为我之家也。

故凡支上之神下生其支，而气王将吉，则必无事而安常。若支上神下脱其支，而上气休因，则多耗费。上神下克其支，而气休将凶，则必多悔而驳杂。若支克其上，而上神王相，则可庶几。

盖吉凶所主，虽在上神，而事类所关，在于天将。即如鬼乘天乙，虽云鬼祟神祇，而昼夜阴阳，岂无分辨？鬼作螣蛇，虽主惊忧火盗，而王衰虚实，能不周详？大抵贵合龙常，吉事居多，而为凶亦浅。玄勾朱虎，凶灾常大，而为吉偏轻。天官各有所司，占者贵于类推。苟能达变，自可通穷。妻子父兄，式内岂无其象？刑冲德合，类端各有其神。周览旁搜，情表自见；仰观俯察，象类分明。

农桑例约

五湖萍道人于石纂

日用常行，所需于占者，盖亦伙矣，何遂以农桑冠之？盖民为邦本，而其所以安民者，衣与食也。是故天子有籍田之耕，夫人有蚕丝之役；黎民不饥不寒，而后可以言教。是则琐占之所以首农桑也。

农圃定象

凡农圃之占，以日为农人。农人者，身具小大，刚健不息，故以干类之。以辰为田圃者，承天载物，柔顺无疆，故以支类之。而其所以吉凶于农人田圃者，天也。故即视其上神休王生死、刑害空破，以言吉凶也。

盖日干不受上神伤，则农人清吉；日支不受上神伤，则田圃茂盛。日辰之上，互相生合而不破害刑空，则收获丰盈，惠施实受。

若发用之神更相生王其类，则所望之类必有收成。而太岁行年上神复见生扶类，收必倍。类贵入传，气宜生王。又须得地，不可空伤。类阴伤类，树艺徒劳。阴伤日年，反多殃咎。凡用生其类，而阴遂伤干者，亦非农圃之所攸利也。

至夫早晚之占，则在三传。凡发用乘吉，而生王其类，或类见于用，而与辰上无伤，则利于早。中则利中，末则利晚也。

水陆之占，则在日辰，日吉宜陆，从阳也；辰吉宜水，从阴也。是皆农占圃占之大略也。

类神定象

凡以登明神后为稻者，稻，水谷也。稻非水无以生成，故以水类之。故凡水神乘吉王相，与辰上神生合，不与日年太岁上神往来相伤者，宜稻也。登明宜粳，神后宜糯者，糯大而阳，粳阴而小，各从其类也。俗呼糯为大米，粳为小米者，义盖本此。

寅卯者，草木之类神也。草其本而木其性者，五谷之属也，故以功曹太冲类之。故凡用见木神，乘吉王相，与辰上神生合，不与日年太岁上神往来相伤者，五谷之属皆所宜也。盖惟草而似木者，功曹主之。草而终草者，太冲主之。木阳而草阴，性使然也。

巳午者，火之类神也。其性上炎，其象为陆。黍与豆宜于高原，而不宜于淤下者，故以太乙胜光类之。故凡用见火神，乘吉王相，与辰上神生合，不与日年太岁上神往来相伤者，黍豆之属，皆所宜也。然而颜色高下，各有其宜，恶可无辨？盖黍之高出者曰"粱"，其色多赤，胜光纯火而赤，应以主之。黍之低者曰"粟"，其色多黄，太乙火土而黄，应以主之。惟豆亦有黄赤之不同，其所应主者，可以思矣。触类而长，宁惟黍云乎哉？

申酉者，金之类神也。其性从革，故序为秋。二麦者，生于秋而成于夏者也。秋收也，收四时之金气，利金石之磋磨，故以传送、从魁类之。故凡用见金神，乘吉王相，与辰上神生合，不与日年上神往来相伤者，二麦之所宜也。大麦小麦者，阳大而阴小也。

辰戌丑未，土之神类也。万物资生，而承天柔顺，故曰"稼穑"。稼穑之所赖者，不一而足。故百谷之属，咸以土神类之。故凡用见土神，乘吉王相，与辰上神生合，不与日年太岁上神往来相伤者，百谷皆所宜也。然四土之中，惟大吉更吉，故又名之曰"田郎"。以大吉为田郎者，丑有田象，从其类也。是皆农占圃占之种类也。

虽然，理有经常，占须通变；执而求之，反滋舛谬。是故凡欲占其岁宜何类为植者，以发用所见之类为言，吉则从之，凶则违之。不为旱潦不耕者，良农也。若果为凶将，废耕乎？故凡用凶于类而不伤辰，或即伤辰，而中末有救，及日年太岁上神，或有救制，而能生扶辰上者，但当逐类求之，见与不见，非所论也。

若农圃之念，业有所主，而欲占其所主之类，宜与不宜者，亦第即类而俯仰视之可也。

凡类既得地，王相不空，类上神将又不与类刑战，而与辰上神生合，不与日年太岁上神往来相伤者，用之可也，奚必入传？若仍以类藏为嫌，则反谬矣。

类上神将，即是类之阴神。

象类约略

约而言之，日为农人，辰为田亩。辰上神将，为所树艺之物。日上神将，为所仰望之天。发用者，求类之端也；行年者，斡旋之柄也；太岁者，万物之主宰也。故皆视其上神而较言之。惟用既以所乘为类，而亦视其上神者，用之阴神与有责焉。

故凡日上乘吉生干，则农人清吉，而王相吉生者更吉。乘凶克干则农人灾否，而休囚凶克者更凶。辰上吉王生支则田园茂盛，休囚相克则地土荒芜。日生辰则费繁而工倍，辰生日则费少而功多。日上凶死而克辰上，则栽培灌溉，未必及时。辰上吉生而克日上，则时届成收，终归虚花。

类贵入传，莫教休死。又宜得地，不可落空。若为即类之占，则不必拘其藏现，而惟王相不空者必佳。若果原无所主，则方以用神为类，而惟用生支神者可冀。

水陆决于干支，早晚视夫初末。三传乘吉递生，而生日辰及生日辰上神者，农牧而无他患。三传乘凶递克，而克日辰及克日辰上神者，歉获而有后殃。

类与用神虽逢生王，而阴神虽逢生王凶克干支者，即收获无虞，当防灾眚。用神与类虽觉平常，而阴神吉生干支者，即栽培劳费，实利堪收。式观大象，年属占人。所以日年用类，最忌刑伤。吉凶由神，克应由煞。所以神煞天官，利于和好。

农桑虽微，毕竟有关民命；象占非易，必须持用周详。扩而充之，无不皆然。倘有三反，不为无益者也

蚕桑象类

凡以午为蚕命，午为木之子孙，夏之王神也。午于神为胜光，故其字从先，两其先者，岁必两收。虫其象也，其又以天蚕取义者，午于卦为离，为先天乾位，从天从先，象虽不同，义则一也。

是故时维清明，蚕即露种而有生焉。至于谷雨，则普天之下皆其初眠时也。时维夏至，则皆眠竟而恣食焉。至于小满，则普天之下，皆其结茧时也。是则午之所谓"蚕命"，而为夏之王神，木之子孙也。

凡以未为桑者，午与未合，木之库也。惟库则子孙取之为寄，惟合则子孙食之无伤。未王于夏，而木火之功，相与告成，是则未之所以类桑也。

凡以寅为茧者，午生于寅，归根复命，生生不匮，造化之妙用也。盖蚕为茧也，虽曰成功而告老，实即脱化而营胎，是则寅之所以类茧也。

凡以卯为丝者，卯木本于午为沐浴。沐浴者，丝之象也。浴茧于汤，而后丝乃出焉，是则卯之所以类丝也。

凡以辰为簿者，辰于午为冠带。冠带者，成人之具也。辰于春为季中本墓，墓，闭藏之所也，蚕必藏焉，而后登之于簿。登簿而茧，藏之象也。辰于象类，则又为山，故俗呼为簿为山，是辰之所以类簿也。

凡以巳为筐者，巳之于午，为临官而比王。比，辅也，下顺从也。下比其类而藏王于中，匡之象也。匡，筐也。巳之象，又为炉冶。炉之为具也，以藏火为能；蚕之为性也，以恶寒为急，故巳火可以匡蚕。是则巳之所以类筐也。

凡以申为绵者，申于午为病，于寅为破。盖茧之为利于人也，丝与绵耳。缫而得丝，破之则仅可成绵。蚕所病也，茧所破也。病于蚕而破于茧，是则申之所以类绵也。

凡以酉为僵者，午死于酉，而金有刚强之义，故曰"其生也柔弱，其死也刚强"。

戌为黄者，午墓于戌，黄其色也。

亥为厄绝者，午火绝于亥也，人亦绝然无所望于午也。

子为鼠耗者，既冲且克，午火受伤，鼠其象也。

丑为眠化者，丑午脱，火受害，脱所以当眠而身有变动之嫌也。化也者，变之谓也。

加临定象

凡蚕桑之占，首以午为蚕之类位，而仰观焉。仰观者，观夫午上之神，以言吉凶。盖功曹加午则乘带俱吉，则茧收必倍多。太冲加午而乘带俱吉，则丝获必多。天罡加午而乘带俱吉，则登簿者成。太乙加午而乘带俱吉，则上筐无恙。小吉加午而乘带俱吉，则桑与蚕宜，自无他患。传送加午而乘带俱吉，则金为火制，收必多绵。惟胜光加午而乘带俱吉，则二火有比王之能，蚕之顺利，不待言矣。盖仰观之神，即为类之所天，所以当责。

至于从魁之僵，天魁之黄，登明之死绝，神后之鼠耗，大吉之眠化，则皆不利于蚕，而非蚕命上之可或见者也。若既见于蚕命之上，而乘带复凶，则为灾更甚。

然而诸凡吉类，虽在午上之所加临；而类上所得之神，又须逐类分责。盖凡王相乘吉，而无内外刑战，则此类当以吉言；上下克制，而休囚空亡，则此类当从凶论。

吉凶琐象

凡宅主年命之上，得见财神财星，相生王相，蚕收必倍。而惟蚕临年上，与蚕命更相关切。必须彼此生合，王相有气，方为全吉。大抵蚕伤姑年，则蚕不利人，而蚕上更乘凶神凶将凶煞，蚕必无收，不可为也。姑伤其蚕，则人不利蚕，而蚕上果乘吉神吉将吉煞者，蚕收可望，但当择其吉于蚕者而用之可也。

至夫蚕室，岁各有方，法以姑年加岁，而惟寅申午未之下，始为吉方。四者之中，择其最便而无冲犯者，居之可也。

迟早之占，则视三传。盖凡初传吉王而生合蚕命上者宜早，中吉宜中，末吉宜晚也。

眠起吉凶，亦从传中次第求之。盖惟初传吉王，则头眠之眠起必齐；中主二眠，末主三眠。惟吴中独有四眠之蚕，谓之"大眠"。大眠之候，亦即视夫末传可也。

诸书不以四课为言者，指事而占，但须责类，不必他求，以乱指视耳。岂有置大象于不问，而竟抹煞干支对待之体哉？日为人，辰为物，无不在然，何可弃也？但观农人之于田亩种类，可类推矣。

婚姻门

五湖萍道人介于石纂释

例约

欲卜婚姻，须分男女；既详四课，亦视三传。以天官察其类神，从五气辨夫休王。明神暗煞，皆所当求；破害刑冲，尽非吉体。品貌之分详，根源有自；命年之互用，关系非轻。成与不成，两言可决；得与不得，中有微机。孟仲罡加，亦关可否；始终迟速，尤贵审详。而古今占验，则有前贤已试之成法，皆心法也。

干支正象第一

日干之象，为阳为天，夫星是主；日支之象，为阴为地，妇位攸关。喜其互合交生，恶其明刑暗克。

若其王相生合，而所乘者又为贵合龙常，则姻缘之吉庆可知，投求亦易。

若果休囚刑克，而所乘者又见空玄蛇虎，则彼此之乖违可虑，勉强非宜。

且阴阳之气，不宜偏胜；而阳胜其阴者，尚有可为。

至上下之乘，不可刑战，而内战其外者，尤无可取。

中多阻挠，必阴神之制伤。有口无心，必明生而暗鬼。

若夫男家气运，总属干头；女宅根基，亦归支上。视其天官神煞，纤毫自可毕陈。审其上下乘临，凶吉何难立辨。

盖惟王相吉生而带吉煞者，必富贵慈祥，时臻吉庆。休囚凶克而带凶煞者，必衰微鄙吝，日见乖张。

用传变象第二

以三传之变象而言，则初男末女，亦喜相生。而媒妁居中，最宜乘吉。

天空玄武，带漫戏而不情；勾虎战刑，必因媒而启竞。

初见凶神，末乘吉将，则必女王而男衰；末见凶休，初逢吉王，定属男强而女弱。

初传克末，必男欲计图其女，亦知男性之过刚。末克初传，则女氏乐有其男，亦主妇怀之匪淑。

夫男欠佳，初见虎勾；妇女不良，末乘玄合。

因亲缔眷，三合王相以为传；以故联新，六合初终而生日。

连茹而乘合虎媵蛇，必带子以成亲，否则定为怀胎之妇。

三交而见空阴太乙，必以贱而配偶，否则必系婢仆之姻缘。

末见空玄，何难改日移时，斯系年庚之非实，而命头见者同占。

终逢蛇虎，是必阴残颓废，定多灾疾之可虞，而年上见者同断。

后合初终，有后娶先奸之象；天孤地寡，有男鳏女寡之灾，未可言成。

故曰："空亡若值支干上，婚娶多为孤寡人。男占女卜皆非吉，纵到成时也不成。"

不备八专，或经已聘；反吟别责，或属重婚；

凡日上发用，青龙发支，则男家有欲娶之心，反阳缓而阴急；

辰上发用，天后克干，则女家动欲嫁之念，虽欲晦而尽彰。

类神定象第三

以类神之定象而言，则龙亦为男，后亦为女。惟其所履之分，原俱无合而有冲；则其所乘之神，未可论刑而较克。

但当即类而观其形体，则精神气概，绰有成规。

若以对待而责其乘临，则可否从违，反无定见。

盖惟龙所乘临，既当王相生扶，且不内外刑战，则伊男允为才子，而乘龙庆叶，抑又何疑？

至于后得乘临，亦不休囚空墓，且逢上下生合，则其女定属佳人，而跨凤缘深，岂庸两卜？

若龙克其辰，而在女家当之，自难必其首肯。然而以顺为正，固妾妇之道也，何伤乎？惟为招赘之占，则第防辰本之遭龙制，恐终给累乎丘山。

若后克其日，而在男家得之，已难轻信人言。抑且阳制于阴，岂丈夫之利哉？无益矣。倘属于归之筮，是更忌日本之被后伤，恐致祸延于姑舅。

六合为媒，长男成象。老成练达，撮合通神。

王相则年轻家富而多能，休囚则年迈身贫而鲜力。

乘阴为女，阳则为男，

合日扶龙，则为男氏之念偏殷，亦即是伊瓜葛。

生支党后，则向女家之心较甚；亦即是彼宗亲。

阴见谩语天空，必多虚而少实。

下临空亡败绝，自贫薄而寒微。

若问妆奁，惟财是类。丰因实王，歉则空衰。最喜遁合遁生，不宜化官化鬼。

三传天后，毋刑克休囚。天喜一神，亦忌空亡绝墓。天空玄武，总属虚花。生气生神，定臻实惠。

官爻亦类夫星，六合原为子息。天后不宜制合，制则子息维艰。乘神不可伤官，伤则夫星欠利。

日本长生，乃翁姑之定类。丈人岳母，当取象于生辰。天后青龙，于斯较论。休囚克害，皆所不宜。

干躔女宿，丑度牵女。天后妻星，贵人夫象。二神相会，为牛女之交欢。两相恰逢，正夫妻之好合。

惟甲戊庚日，神后作天后，大吉作贵人，而格为连茹，不拘进退，皆其象也。得之者吉无不利，必成勿疑。

品貌根源第四

欲知女貌之妍媸，须视后乘为禀受；欲识迩来之色相，须凭年上为转移。

故凡后乘无战，气正当时，而又下履生王之地，上乘生王之天者，则其本来面目，当秀丽端庄，无烦辞说矣。

惟是天命靡常，韶光易逝。年神既逐气化而不齐，色相自随年运而迁变。故年上将神，堪占颜色；而天官神煞，可验吉凶。若果年神王相不空，而无内外战刑，则水清金白，绰有可凭；土重火红，皆堪指责。木主清癯而柔善，魁罡急燥而粗顽。月厌咸池，难言贵重；天空玄武，淫贱无疑。蛇虎争战而带病符，伤残是虑；勾朱刑害而兼谩语，唇舌滋多。此其定象也。

若以五行相配言之，则年命上下，未可或遗，而生克王休，亦当兼视。盖水木有相生之雅，火金有克战之嫌。木土见而脾胃欠安，金火逢而肺肠兼患。木金肤损，土水经愆。吉凶须视天官，克应详夫神煞。害逢丑午，眸子应灾。若逢卯辰，患归手足。朱乘亥子，定麻其面。雀生寅申，须知发稀。乘四土为雀斑，临巳午主能文。斯为大概，利用类推。

命年关系第五

男年女命，虽各视其乘临，以言休咎；而彼此相求，具可详其成败，以决从违。

若为用度交加而无战刑，则赤绳之系，业经前定，虽遇必成。即见异方遥合而当王相，则青鸟之传，自必易孚，既成且速。

若女年克其男命，而后且克日、克官，龙则反居鬼空无气之乡者，女必伤夫。若男命克其女年，而龙更克辰、克财，后则复陷废休伤害之地者，行将损妇。

成后迟速始终琐象第六

成不成，莫相刑，以二后之与日上较言也。

凡日上神与后所乘神相刑则不成，否则宜成。两言决之耳。盖不惟日辰之上下，彼此不宜相刑，即后之所乘亦不宜与日上相刑。刑其日上之神，犹之乎刑日也。刑日则已不利于男，何可成也？

得不得，制其物。以干上神能制支上神否，及异方三合之神得加支上，能制支辰否也。

凡日上神能制支上神，或异方三合之神加支，而制其支，则易得，否则难得。亦两言决之耳。物云者，支为物也，如甲子日戌加子之类。按此二法，只因支干上下无交生互合之象，特变通而次第求之，以占成与得之可否耳。然成得两字者，则有所指不可漫然忽过。盖成则坦怀而无虑，故但视刑；得则着意而有为，故须求制。

至于天罡之加，则又不得已而视之，以决疑耳。非真有关于男女之休咎也。

盖孟为事始，虚则未实，故难言成。仲介事中，骑墙莫决，故亦难必。季则实为事之终，故可得而成也。

迟速之机，则观休王。王相则宜速就，休囚惟利迟成。

始终之义，则视三传。初吉末凶，则有始无终；初凶末吉，则先难后易。中凶多变，中吉无亏。

三传俱吉而递生日辰者，百年可与其齐眉。龙后休囚而传递克之者，二姓恐难于偕老。

古今占验第七

婚姻为人伦之首，既关风化，更切宗祧，而百年休咎，全在于此，诚非细务也。乃古今占验，独不多存，岂故为秘惜，而不轻示人耶？抑理数玄微，成法未可尽拘，正不必多存也？然而引伸触类，取用方可不穷；而刻舟求剑，识见反多窒隘，虽多亦奚以为？

己酉年三月己卯日戌将辰时，男戊辰生四十二岁，女己丑年生二十一岁。

```
玄 六 青 后
卯 酉 未 丑
酉 卯 丑 己

官 己卯 玄 ⊙
子    酉 六 ◎
官 己卯 玄 ⊙

    蛇 贵 后 阴
    亥 子 丑 寅
朱 戌        卯 玄
六 酉        辰 常
    申 未 午 巳
    勾 青 空 白
```

占云，此课求亲不必用媒，私情业已相通矣，事在必成。但非真女耳。

盖凡占婚，以日为夫宫，辰为女位，龙则象夫，后则象女。年命相加为必成，神煞无良则淫贱。

按此占，丑作天后，加于日上，而大吉即为女命，是则妇临夫位，男则先有其女矣。未作青龙，加于女命之上，而小吉即是男身，女之命中，则亦素有其男矣。又何必媒妁之言、父母之命而后可也？故主必成。

玄合悉为不正，而乃妇位全逢，女年之上复见本命咸池，是以知其非真女也。况门户相加，而传又见之，私通往复，宁止一次哉？婚虽必成，亦可耻矣。

己丑年，四月，癸酉日，酉将，戌时占。

```
阴 玄 空 青
未 申 亥 子
申 酉 子 癸

官 辛 未 阴
财 庚 午 后
财 己 巳 贵

蛇 贵 后 阴
辰 巳 午 未
朱卯       申玄
六寅       酉常
丑 子 亥 戌
勾 青 空 白
```

占云：婚必成，后必有讼。助夫益子，自可齐眉；财官王相，夫妻安享者也。媒亦得力，当为女家之亲。女必清白修长，出身微贱。

盖干支上下，金水相生，故主必成。天网之局，末助初鬼，故主有讼。干为夫，支为妇，干乘仪禄，支乘长生，故主齐眉安享。初为男，末为女，末生初，故主助夫。日上遁甲为子，而辰上遁壬生甲，故主益子。法以六合为媒，而藏则视中传，中见胜光，与妻财同类，故为女家之亲。火生初传男未之上，故主得力。即以纳音为媒而责之，则癸酉纳音金，而与支辰同类，当为女家亲也。金生水，亦主得力。女必清白修长者，亦以支上言之也。盖凡女命得实，则从年上言其色相。后之所乘，视其本来面目，否则第从辰上观之可耳。出身微贱，以后乘咸池，辰上得玄阴也。官鬼两见而相刑，斯其再醮者乎？讼端之所起，亦当在是矣。果为前夫之弟所讼。验甚，确甚。

　　凡以纳音为媒位者，当分阴阳。癸酉为阴金，法当责酉为媒位，而视其上神何如？故此占取申也。

　　五月，未将，卯时。妇人三十五岁。


```
        白 后 六 白
        午 寅 戌 午
        寅 戌 午 甲


        兄 戌 寅 后
        子 壬 午 白
        财 甲 戌 六


        勾 六 朱 蛇
        酉 戌 亥 子
     青 申       丑 贵
     空 未       寅 后
        午 巳 辰 卯
        白 常 玄 阴
```


　　占云：汝有二夫，正夫不告而去，偏夫已入群贼中，音信不通。今求改适，邻仆作媒，必有新喜，请成之。

　　盖阴不备者，必是二阳而一阴，故主不贞而有二夫。法以青龙为夫，乘申遥克其日而空，龙又乘马见于天关之上，象为逃亡，故主不告而去。青龙之阴为偏夫，乃蛇乘子则有阴私蔽匿，盗贼缠绕之象，再传而子上得辰，辰上乘玄武贼盗之将，自王投墓，故曰"入党"。课变炎上，在夏当王为新，三传合欢则为喜，故曰"新喜"。法以六合为媒，乘戌，故主奴仆。即以纳音为媒言之，甲戌纳音属火，当取午为媒位，午上河魁亦恰为奴仆。支干同出在传，为邻近，故云邻仆。其妇三十五岁，行年戌上，见功曹为天后，以休气而转王气，故当再嫁。天后在支发用，则再嫁之念，出诸本身，非他人求之而然也。后生日上，故曰"必成"。

七月，癸巳日，巳将，寅时，男五十二岁，

```
常 青 勾 蛇
亥 申 未 辰
申 巳 辰 癸
```

```
父 甲申 青
兄 丁亥 常
子 庚寅 后
```

```
      青 空 白 常
      申 酉 戌 亥
勾 未          子 玄
六 午          丑 阴
      巳 辰 卯 寅
      朱 蛇 贵 后
```

占云：五十二岁又作新郎，今日方出墓寻生，姻事必就。所议者年尚富，清白修雅，力能助夫，又能生子，女中丈夫也。独是过门不久，尊堂服动，必有内艰之丁矣。其女必善书算，持家有方，可享遐福，二子送终。成亲之后，便当坐喜。

盖日上逢墓，从前自必昏滞；长生发用，故言出墓寻生。婚姻之占法，以支辰为妻位，上见长生当王，又是仪神，故年富貌美而有丈夫之气概也。生干，故助夫。递生生子，故有子。必成者，亦以相生乘王也。长生又为父母，而中传亥水，乘丁暗害，见于辰阴，故丁内艰。长生又为学堂之神，故善书算。申金又临长生之上，故持家有方，可享遐福也。子爻两现，故主二子。末见，故能送终。子在丁上，故成亲之后便当坐喜。

占婚姻。月将时。

```
六 后 勾 贵
卯 未 寅 午
未 亥 午 辛
```

```
父 丁 未 后
财    卯 六 ◎
子 辛 亥 白 ⊙
```

```
青 勾 六 朱
丑 寅 卯 辰
空 子       巳 蛇
白 亥       午 贵
戌 酉 申 未
常 玄 阴 后
```

占云：姻事必成，但嫌不王夫家，偏王母家。八年之后，定必改嫁，非吉象也。

盖干支之上，午未作合，故主必成。凡天后发用，而三传自合成局者，谓之"三阴自王"。得天后临支，支系母家，故主偏王母家。后之所乘，明生暗鬼，而三传木局，又生起干上之鬼以克干，故不王夫家。未数八，八年之后，丁动而中空桥断，卯即辛之妻星，其象若此，尚可成乎？婚姻之占，关系甚大，其可忽乎？

大六壬总归卷五

三才易简例约

五湖萍道人介于石纂释

壬，象学也。运式以占，象亦伙矣。一日十二时，课亦十二而止。十二课内，象则万千。若但以课体求之，则万千之象，无从出现，而五行之用，反为所拘矣。是故三才易简之法，不可不急讲也。

盖日辰之象为两仪，贵贱尊卑由此而定。四课之体为四象，刚柔内外从此而分。三传之象为三才，初中末从兹而备。然两仪之成四象也，实乃三才之具体；三传之立三才也，实即两仪之化身，是则所谓"课体"也。方以类聚，物以群分，则吉凶悔吝，不必全拘课体，而万类各有三才之用矣。

如占妇女则责天后为类，天后妇女之象也。即令式中无天后，亦当视天后之所乘临。乘即天后所乘之神也，临即乘神所临之宫也。后所乘神，即为初传。初之阴神，即为中传。中再传之，即是末传。是即所谓"类神之三传"。始终情形，皆在于此。按此而求，尽堪取象，所以不必全拘课体而断吉凶也。

盖凡未有所主，而概占大象，则吉凶情形，专在课体。若既有所主而占，则事各有类，类各有象。即类以定三传，即三传以言休咎，情形自露，不必徒求课体，是则所谓"易简"也。

是故凡占贵人，则视天乙之三传；而谒贵干求者，亦同责焉。占梦寐、怪异、忧疑、惊恐，则视螣蛇之三传，而炉灶之具，亦有责矣。占文字、口舌，则视朱雀之三传，而飞禽、书信、词讼之属，亦有责焉。占子孙、交易、婚姻、媒保，则视六合之三传，而竹木、器具、舟车、门户、床榻之属，亦有责焉。占勾连、斗讼，则视勾陈之三传，而军旅、墓田之属，亦有责焉。占贤良、财帛，则视青龙之三传，而择婿、求功名者，亦有责焉。占小人、奴仆，则视天空之三传，而上书通启、虚诞诈伪之属，亦有责焉。占疾病、道路，则视白虎之三传，而出师、征讨、死丧之事，亦有责焉。占尊长、财帛，则视太常之三传，而米麦、布帛、武途功名，亦有责焉。占盗贼、遗亡，则视玄武之三传，而行兵、行人，亦有责焉。占外戚、私隐，则视太阴之三传，而阴私、嘱托、金钱、石类，亦有责焉。占妇女，则视天后之三传，而择妇、望恩者，亦有责焉。

盖类所乘神，虽各有三传可责，然惟与日辰行年相生王合者，方可言吉。若反为所克，则以凶言。而惟日年制类者，尚可从吉言也。若日年落空，百事无成。惟类自作空，不以空论。

然神与将，又有变通之法。将即神，神即将。如占贵人尊长本当专责天乙，若或课传无天乙而大吉出现，则视大吉之三传以言吉凶，不必更求天乙矣。如占财帛本应专责青龙，如或无青龙而功曹出现，则视功曹之乘临以及三传，不必更求青龙矣。或式中无青龙而太常出现，则视太常之三传以定休咎，不必更求青龙功曹矣。是即所谓"变通"也。

类神三传变通法引证

八月，丁巳日，辰将，酉时。

```
    常 蛇 阴 六
    未 子 酉 寅
    子 巳 寅 丁
```

```
    财 辛 酉 阴
    子 丙 辰 青
    官 癸 亥 贵
```

```
    蛇 朱 六 勾
    子 丑 寅 卯
  贵亥        辰青
  后戌        巳空
    酉 申 未 午
    阴 玄 常 白
```

断曰：以占妇女，则视天后之三传。三传戌巳子，将得后、空、螣，以初传云之，后乘天魁，加卯临门，内战不安，其居则虚，则其所主者，不得自安之事也。戌与卯合，是有求和之意也。八月占，卯为月破，甲寅旬卯为盗神，天魁之将为下贱。后乘下贱之神，下临无气之地，其为下贱妇女可知。下为盗神月破，合而克之，其所不安者必忧失盗亡财之事矣。

以中传言之，太乙为天空，空为欺诈不实之象。八月巳为天鼠煞，情必涉鼠，阳现其象，情归于阴。中即后之阴也。

以末传言之，神后为螣蛇，子又为鼠地，蛇为怪异，家有鼠为怪。天鼠即是小耗，正月起子逆行十二支，所主欺诈耗财。鼠耗之名，盖本于此，其所忧盗失亡财也。

以占贵人，则视天乙之三传，三传亥午丑，为贵、白、朱。

以初传云之，贵人临辰为履狱，处非其地，必有忧患，若非病厄，则有过失。盖阴得胜光，为白虎，虎为疾病之神，内战忧重，故主病厄。末见大吉乘朱，下临六害，八月天刑在午，死气在丑，当因死刑文字而有责罚黜退之忧。

以占父母，则视太常之所乘临，而以三传言之，三传未寅酉，将得常、合、阴。

以乘临言之，常乘小吉临子，子未六害，而又空亡，则所主者孤寒也。占父则必无母，占母则必无父，否则定当远出。凡类临空亡，病死十有九死，在外者不得还家，是则所谓"类神之初传"，主其事者也。

以中传言之，功曹乘六合，重木克未为鬼，八月占，寅为死符，又为枯骨，合乘死木为棺椁，皆非吉象。

以末传言之，从魁乘太阴，重金乘王，递克类阴，所谓"鬼来催鬼，鬼催人死"者是也。寅为死门，而太阴夜神之酉，临夜位之鬼门，是为冥道也。末为归计，而入冥道，岂父母之利哉？从魁见于日阴，业已在外，而又传出他处，则有异乡之象，是则死于他乡之兆也。

盖式中内外之分，惟以前后为主。视类者便从类前类后言之，类后为内，类前为外耳。六合之中，前后凡七。七在对冲，而前后均得其六。凡在二三则为近，在五六则为远。按：此占小吉为类临子，恰当前六，故言远；下临空害，故言死亡；类阴凶克，而末酉传出他处，为冥道，故言死在他乡。

以占子孙事，则视六合乘临，今合乘功曹，下临丁火，在外耗脱，而功曹于八月为死木，又煞为死符枯骨，皆非吉象。以丁言之，则死木不能生囚火，子孙徒自脱耗，而无益于父母者也。以未言之，则未为木墓，子孙投墓亦非吉象，是则类神之乘临所主，亦即所谓"初传为主事之神"也。

以中传之类阴而言，则从魁为月建，月建为官长，从而克之，则当有官长仇难之灾。以死木逢旺金，凶何如之？仰见其仇，俯临其丘，非子孙之利也。

以末传归计而言，则天罡虽乘青龙，为子孙之财，奈财反助鬼生官，丙辛辰酉合助莫解，而所带之煞又为白衣，死别之凶可知矣。盖凡占问子孙，所不宜见者有六，一不宜落空，二不宜投墓，三不宜传见官鬼，四不宜煞带二死，五不宜蛇虎魁罡加临年命，六不宜气乘囚死。若全见者必有死亡之忧，惟加临旺相而传得其吉者，则有喜庆。若既见游煞、斩关、丁马，而传又逢凶，年上又见玄空者，则亦有有窜亡劫耗之患。此其大略也。若神而明之，则又存乎其人，难以言传矣。

凡辰为宅舍，而子孙之占亦当责及，辰为子孙之类位也。若辰戌丑未乘蛇虎临辰克辰，而辰为亥子，则是子孙为土所制，法忧少小。盖亥子皆是少小之象，支神乃是卑幼之位，故当责也。

青钱摘奇

主客

凡我干他人，以日为我，辰为彼；若他人干我，则以日为彼，辰为我。干主动，支主静也。故久动思静，得干传支，由动而入静也；久静轴动，得支传干，由静而趋动也。

类神

申为僧、寅为道。

斗禽视酉，鹌鹑、青菜、黄头、斗鸡之属皆视之。以酉中有卯日鸡，鸡有斗性也。如禽有彩色及能言者，则视朱雀。走兽猫狸视白虎，赛遏云社者视太乙，主歌唱之神也。占相扑胜负者视大吉，以大吉主抵角之神也。凡内虚之物，天空主之。

凡应举取类，则以亥为《周易》，首乾也。寅为《诗》，多识于鸟兽草木之名也。巳为《礼》，巳主礼文，又为音乐也。申为《书》，刑政之所出也。酉为《春秋》，举秋以赅春也。子为志略，午为文章，卯为语录，酉为《左传》，四土为诗策赋论。

凡占武试，则以酉为《武经》，巳为弓，申为矢，午为马。

财墓

如甲用小吉为日辰，却为日干之墓神，故曰"财墓"。凡得此者，其财必系旧远之财，须年命上见有刑冲破墓之神，则方可得。亦即以所刑所冲之神，为所委所托之人，否则财藏墓中，未易得也。

鬼墓

如甲用大吉为日财，却为日鬼之墓神，故曰"鬼墓"。凡得此者，财中必有依草附木，假名托姓之人暗为鬼扰。须六处见有冲墓之神，及子孙能制鬼者，方不成凶。若加临日上而无救制，则病讼两占尤为深忌。

凡占求财，最忌财神传入财鬼之墓。如丁巳日，丁上申为发用，三传申酉戌，初、中虽皆日财，末传却为财鬼之墓，亦即日干之墓神。盖凡同类见则能夺财，况墓中之同类乎？其为暗昧分夺更可知矣！得之者不惟求财难得，即现在之财且恐散失，故最忌见。

按前言鬼墓，乃日鬼之墓乘财，故喜见冲鬼，冲而去，财犹在也。此言鬼墓乃财鬼之墓，为末终见分夺，尽归人手，有损而已。名虽同而实则异，可不辨矣。

凡占求财，最喜财神传归财库，如戊辰日，辰上子为发用，三传申子辰水局全财，本恐财多生鬼，乃初中生王，传归本库财，水有所归，聚而不散，故虽辰戌比肩，有递生之能，无分夺之患，斯可喜也。然天罡亦即戊土之墓，苟非日干生王有气得财，则归库之财恐未易言也。盖春夏得之，则身王财弱，求之必易；秋冬得之，则财王身弱，取之必难。故《无惑钤》云："上和下睦，传财盛极。春夏可取，秋冬难得。"

干支相加

凡干加支，占人必归，访人必见。利静为利动，利入不利出。宜占内事，不宜占外事。

凡支加干，占人不归，访人不见。利动不利静，利出不利入。宜占外事，不宜占内事。

访人成事

凡占访人成事，须支上神有气，与日干及日上神相生三六合者，往则必见，求则必成。若支上神空刑破害，则不惟不和，访亦不在。

欲知其人在家食与未食，则视遁干。凡日上神见旬遁食神者，其人在家方食，若酉为太常临辰，其家必有酒食之事。

干支相加凡五等

一曰干往加支，就支之生，格为俯就。盖我不能自生，俯就他人以求生计，亦可耻矣。如甲子日，寅加子之类是也。以尊就卑，折节之象，须视日上所乘何神，以言折节之由。夫功曹加子，则甲上必见天罡，罡有斩关之象，则其势必迫于不得已而为之也。他皆仿此。

又如支来加干，下生其干，格为自在。盖以卑下承奉尊长，顺象也。坐享其生，何等自在！亦视支上所乘何神，以言顺事之由，如甲子日，子来加甲之类是也。

二曰干往加支，下生其支，格为历虚。盖屈己下人而悉力生之，则己日益虚耗，故曰"历虚"。如甲午日，寅加午之类是也。

又如午加甲上，下脱其甲，格为蹇偃。盖支神之象为家宅，为子孙，亦为他人，倘临日上脱耗于我，则其费用之百出可知，而劳力劳心殆无已时矣，故曰"蹇偃"，最不利占身及占尊长，不偿男女债则偿家务债，不因本身虚弱，便是修理耗财，故曰："我生上神为脱气，劳力劳心"。

三曰支干同体，格为培本，又为壮基。如乙卯日，辰加卯，辰实为乙而非土也，故辰卯同体而能培本。盖禄，人之本也，乙禄到卯，而乙往临卯，则相比而气盛，故曰"培本"。

又如乙卯日，而卯来加乙，则为壮基。盖禄，身之基也，乙禄到卯，而禄来就乙，则亦相比而气隆，故曰"壮基"。《神书》首取禄，次取财，又次取比者，本此。

四曰干加支克支，格为求受。盖干往加支，则有求象；下就其财，则有受象，故曰"求受"。夫枉己求托于他人，而委曲腼腆以受其财，能不先难而后易乎？占得之者，可以思其故矣。然必支不空陷，方可有成，如甲戌日，寅加戌之类是也。视其日上所乘，则枉己求受之故，亦可思矣。

又如甲戌日，戌来加甲，为甲所克，格为自来，亦为赘婿。盖财来就身，他来就我，不求而至，不思而得，故曰"自来"。我所利，彼非所利也。曰"赘婿"者，以象言也。以卑就尊，为尊所制，出赘之身，大约尔尔。尊所利，卑非所利也。

五曰干往加支，被支所克，格为自取乱首。盖日干之象，为天、为尊、为君、为父，乃不自尊大，轻身犯难，为下所侮，莫可谁何，犯上作乱，我实招之，非他人之罪也，故曰"自取乱首"。如甲申日，寅加申之类是也。卑所利，尊非所利；彼所利，我非所利。凡占讼得之，不宜先起，先起者必遭屈辱。兴师者不宜深入，深入者必遭挫败。访谒干求者，不宜轻往，轻往者不但无功，而且有害。无妄之行，何之矣！天命不宥，行矣哉？

又如甲申日，申来加甲，下克其干，格为上门乱首，盖君父不能有为，而权渐下移，逆奸遂敢妄作，而僭凌其上，天下之祸，莫大于此。《易》曰："臣弑其君，子弑其父，非一朝一夕之故，其所由来者渐矣，由辨之不早辨也。"是谁之过欤？得之者可以思矣。

日辰夹传

凡三传恰居日辰之间者，谓之"日辰夹传"，占得之者，凶不可逃，吉不可破，惟顺逆连茹则有之，宜占成合之事，不宜占解散事。盖传以变通为事，而日辰夹之，则吉凶有象定而不移，所以凶不可逃，吉不可破也。凡占忧疑及病讼、行人、生产，皆不宜见。然须视其所夹何如，若夹财则利求财，夹官则利求官，夹脱则利占忧病，夹兄弟则百事不利，夹空亡多虚声无实效。

若日辰虽夹三传，而日辰上乘空亡者，则为遇夹不夹，人必始勤终怠，事必有名无实；失于机密，反成退失；有凶不至死亡，有吉不成大喜。盖辰上空，则有人事不齐之咎；日上空，则己身退懒之愆，所以遇夹而仍不能夹也。

若三传虽在日辰之间，而前途尚缺一辰者，则为虚一之格。占得之者，其间必有小节不周，不能成事。须视所虚者果系何神，若所虚为日干之财，必因财上不周不能成事；虚为官星，则因官事而生不足。如丁卯日，丁上申，三传辰巳午，支辰之卯与丁上之申虽是夹传，而传前尚缺一未，未乃丁之子孙，夜将朱雀，则此占当有卑下、文字、口舌不周之应。若占人年命有未字填实，则非虚一之象矣，仍当从夹传论之可也。

若日辰虽夹传之象，而实透出干支外者，则为透关之格。盖三传所主，有象有类，日辰夹而关之，事则实而紧。一经透出，则又有去留之分，吉凶好恶之别矣。故曰："夹住不住，留中有去。"故凡透出之神为日鬼，则凶反成吉，鬼去故也。透出之神为日财，则反破财成凶，财去故也。若退茹透出者，必因退懒驰慢有所不及。进茹透出者，必因进用太过反成不吉。若自干透出支者，不利外事，事主回环，先动后静。自支透出干者，不利内事，事主往出，先静后动，宜出外动可也。

支朝干　干朝支

凡日辰既非夹传，又非虚一，又非透关，而自支上两课发用，传入干上两课者，谓之"支朝干"，如癸卯日，癸上子，三传丑子亥之类是也。

自干上两课发用，传入支上两课者，谓之"干朝支"。如庚午日，庚上未，三传午巳辰之类是也。凡得此二格者，吉凶最紧，盖虽非夹传，传实不能透出干支外也。

盘珠

凡三传不离四课之上者，格为盘珠。盖珠走于盘，虽若圆而不滞，乃盘走其珠，则珠之邪正贵贱不出于盘，而品价自定矣。故凡占得斯格，吉凶皆成，而病讼忧产更不宜见也。如辛亥日，辛上酉，三传戌酉申之类是也。

亦有传藏课上，而更阴阳间隔者，亦有盘珠之象。凡得之者，事即有成，尚当虑其破阻，如戊子日，戊上子，三传子未寅之类是也，故曰："阴阳间隔，传藏课内，外萦心，成虑败。"盖自干传支而末递克初，则有内破之虑，所破者虽属家人，亦属他人也。自支传干而末递克初，则有外破之虑，所破者虽属外人，亦属自己也。按：戊子日占，日上财神发用，传入支上两课，外既不备，而末传寅木递克克初，则其间隔而破我之财者，必为家中人可知。支之象又为他人，故亦当虑他人之破耳。内外两字所关非细，不可忽也。

四库存目三式汇刊［四］

大六壬总归卷五

211

空亡

凡日干虽值旬空，不得妄言其空。如壬申日占，亥虽空，亥在地上者，壬水填实，不可作空论也。然所占者为解散事，则不能便脱；占成合事，则又不能便成者。凡占最难进退。

宅舍

人宅之说，未可一例而言。宅固有新旧之分占，支干有互用之变象也。

盖久居旧宅，则以日为人，辰为宅；未居新宅，则以辰为人，日为新宅。须先分人宅定象，而后视其生克以言之，吉凶方应。人克宅则吉，宅克人则凶。如甲午日占，甲上见子水，午上见辰土，乃辰上神克日上神也。久居旧宅之占，则是宅克人。未居新宅之占，则是人克宅。更以神将加临，休王吉凶详之，则宅中喜忌情形见矣。

产育

支为母，干为儿。凡见干加支上，而上下相生，则子恋母腹，产期尚远。若下克其支，则必难产而母凶。支加干上，则母见其子，期必非遥，产亦必易。若下生其干，则更易生而子吉。即如戊午日，午加戊之类是也。盖支加干作生气，所以易生而子吉。发用虽见官鬼，却能生其午火，母亦健王无灾者也。若见空亡者更速。

男女

欲辨男女，时下可观，时为子女之命根也。故凡所占之时，加于阳辰上者为男儿，阴辰上者为女子。惟此最验，不必他求。

如癸丑日戊将巳时占，巳加子为阳辰，产必生男。

产候

欲知所产之候，子午之下堪期。盖子为阳生之始，午乃阴生之初。故其所临下辰，皆可以视为期也，此法最验。

曾于乙未占产，丑将，午时。午加亥为辰阴，法当生女，应在子午下取期。午加亥，子加巳，乃亥临干上，与支上寅合，合宜见冲方动，惟子下之巳可以冲亥，其在巳日乎？果于乙巳日生女。

乙未占产，丑将，午时例。

```
六 阴 空 蛇
酉 寅 午 亥
寅 未 亥 乙

  子 甲 午 空
  财 辛 丑 后
  官 丙 申 勾

  贵 后 阴   玄
  子 丑 寅   卯
蛇亥           辰常
朱戌           巳白
  酉 申 未 午
  六 勾 青 空
```

行人

凡占行人，来象未确，而又不知其来与未来，只须视用。凡发用在天乙前则来，在天乙后则尚未来。若用在贵前，则视天马加处为到日。然若去人年命加临生方，则脚踪未定，尚难定期。加临墓地，则所事未完，亦非动象。若子午卯酉日占，而关格加临其上者，门户道路之间必有阻隔，皆非来象也。

盖子午之象为道路，卯酉之象为门户。魁罡加午为天关，加卯为天格，加子为地关，加酉为地格。天为关格，必因天时而有阻隔。地为关格，必因地利而有阻隔。夫既阻隔有象，则归期焉能遥定。凡得此者，既年命不加生方，不临墓地，及用神虽在贵前，归来之期未可妄定也。

按：行人来象，首视干支之相加，凡干加支则回，支加干则亦未来。次视生克，凡干加支相生则回，干克支亦回，支反克干则犹未回。凡支加干相生则来，支克干亦来，干反克支则犹未来。又次视三传之顺逆，凡传逆则回，顺则犹未，传顺则来，逆则犹未。末传传归支上则回，传出干上则犹未回。末传传出干上则来，传归支上则犹未来。

凡末传近支则归期取近，远支则归期从远。末传近干则来期取近，远干则来期从远。末盖有行人之足象也。

又次视发用，凡用克支上两课为飞，行人必回，反此则伏，伏则未回。用克日上两课则亦为飞，望人则来，反此则伏，伏则未来。凡占远行之人，首视游年。游年临门，入宅则回。以游神二马临处为期，否则当视限至。若类神方神游年既以度限，则视子午下为期，支干并取。

来情约

神将加临口诀

天罡年用时乘后，妻产怀妊情匪谬。

罡即辰，后象女，合而言之，妊象也，惟壬、癸日有之。盖罡为水墓，既墓日，又墓后，后类妻，又类水，墓象闭藏，妻水闭藏，胎结其中矣。故其象为妊，即非发用，而凡占时年命日辰上见之者，亦有其象，不必拘定发用。凡十二神将，皆当作如是观。

太乙登明见后阴，两人争宠涉奸淫。

登明有贯鱼宫宠之象，太乙有长女巽顺之形，阴后乘之，皆阴私妇女奸淫争宠，势所必至，惟乙、己日有之。盖乙日之于亥也为母，于巳也为女，己日之于亥也为妻，于巳也为母，小弁之怨，固非得已；洗儿点筹，谓之何哉?

胜光时用并天马，远信行人事非假。

午为道路神，亦即天马煞，故主行人。六阳天马，气本于星日，信神朱雀，体本于胜光，故涉干远信。时为先锋，用为发端，故来情非假。

小吉之上见六合，婚姻礼聘沾瓜葛。

小吉之类为眷属，六合之象为和合，和合亲眷，必先礼聘，故来情必为婚姻。其所礼聘者，必属瓜葛旧亲也。

小吉之上乘天后，妇女荒淫防出丑。

天后妇女，小吉奸邪，神克其将，又从而害之，故主淫佚。况小吉为酒食之神，隐形之煞，阴变莫测，故宜防也。未中有丁，后乃壬子，丁壬淫合，而且相害，故主淫佚。

传送之上见青龙，子伤财损必重重。

龙为财神，又类子孙，临申受克，又且遭刑，内战忧重，此之谓也。

从魁之后见天空，奴勾婢走不通风。

从魁类婢，天空类奴，金土相生，实则相害，故又名曰"窥户"。以奴窥户，故主奸淫，势必逃窜，关防不密，伊谁咎哉?

从魁太冲合与玄，私通门户事喧天。

卯为离门，酉为坎户，六合阴私，玄武奸盗。惟乙己日子贵，顺逆皆有之；六辛日午贵，顺逆亦有之。妇女奸盗，既借此以私门通舆户，又安得而不动摇也。盖玄武六合原相对待，玄临酉，合必临卯；玄临卯，合必临酉，故从魁太冲交互言之。

天魁发用乘玄武，奴逃财耗两难躲。

魁类下贱，其性不常，玄类小人，其性阴狡，发端得此，故主奴逃。甲戌庚日魁罡乘玄武，惟甲庚之日始为发用，财耗者以甲日言之。盖甲以戌为财，财乘玄武，见于发用，故有财耗之虞。

魁罡上乘虎与勾，争坟夺地几曾休。

魁罡为凶动之神，勾虎乃斗伤之将。凶动于土，故主争坟夺地。魁乘勾发用者，惟六辛日有之。罡乘勾发用者，惟六乙日有之。魁乘虎发用者，惟六壬日有之。罡乘虎发用者，惟六丙日有之。

登明之上见太常，朋友相逢酒食场。

常类酒食，加亥作合，故主朋友酒食。惟壬日方见于用，甲戊庚日虽有太常临亥之时，却无发用之课。占时年命日辰上见者，亦有其象者也。

神后乘贵或乘龙，女受皇恩赠与封。

神后之类为女子，乘贵则贵乃夫星。贵本丑土，与子作合，自必因夫而贵，乙己日有之。乘龙则龙乃子孙，龙本寅木，子水生之，必因子孙为荣，壬癸日有之。

大吉乘勾或乘虎，墓田损坏何时补。

大吉之类为墓为田，勾陈之象为争为斗，白虎之象为杀为伤，所以有墓田损坏之象。

大吉上见常与陈，生干必主进田坟。

土神土将用生支干，故有进田进坟之象。墓田破损，其为克支可知矣。

功曹上乘龙与合，儿孙必定多欢悦。

青龙六合体属艮震，皆有男子之象，故主儿孙。乘寅比王而泰交于寅，故主欢悦，惟丙丁日有之。

太冲之上见白虎，占者多因病所苦。

白虎病神临门作鬼，所以为病，惟乙己日申贵顺则有之，余皆无也。

太岁若作龙与常，改职迁官入帝乡。

太岁之象为帝为王，龙主文，常主武，以文武而见太岁，则居然股肱辅弼也，故曰"入帝乡"。

月建乘主生日年，秀才赴试名必前。

月建之象为宗师，朱类文章，贵类官长。三者既皆有生成之恩，所以试必利，名必前也。

大六壬总归卷六

六壬捷集

十二贵神

天乙

天乙黄帝之精，家在己丑，王于四季，主官禄、珍宝、上官、进表，王公大人之事。

占宅主有香火口愿，克宅主有鬼祟伏尸。

占讼为官贵尊长，占病主寒热惊恐。

在子解息，宜嘱事于僮仆。在丑升堂，则利见于公堂。在寅临几案，可谒见于家。在卯为登车，宜诉辨于路。在巳则趋朝受贡，在午则君悦臣欢。在辰遭囚怀怒，在戌上妒下忧。在未列席，主酒食之欢。在申登途，有干进之美。还绛宫坦然安居在亥也，入私室不遑宁处在酉也。

凡以下在字俱当作乘字看，盖内外生克刑战皆从出，未可忽也。

天乙卯酉乘财鬼，家不安宁人灾悔。若是天乙落空亡，万事无成皆虚诡。

天乙贵人临二八之门，如作日之官鬼，或作日之财爻，主家宅多灾滞不安。如乘神落空地，主凡事虚诈不实。

贵乘死气，亦主凶诈不实。

如凶神与日干德合，不妨。如甲日，未为贵人，与日干德合，虽有凶神恶将，终不至凶。又如丙日，酉作夜贵，与日相合，亦主反凶为吉。

乘神加墓或加刑，百事无成莫举意。若与年命作合神，加于禄上求望遂。

不但出行交易财，应有贵人相际遇。

天乙乘神加刑害墓之地，凡事不吉，不宜进为。与年命相生合者，大吉之课，凡百谋事，无不顺遂，自有贵人扶助。假如子命得丑、寅命得亥癸之类是也。

日辰之上主征召，如逢空亡多虚会。空亡若是不成空，因便相邀非诚意。

若贵加日辰，主有召请饮食之事。若乘空亡，即主虚邀空会，非实意也。如游行空亡，有气来相生者，主因他人酒食相邀，非正意也。

凶神发用庶官灾，君子亦忧公府事。用逢王气或官鬼，所占恐致贵人议。

若乘太岁月建神，事主远大非小利。

天乙乘凶神发用，庶人主官灾，君子忧己身，有公府中之事。天乙乘王气克日，主尊长灾，或有官事。若乘岁月建克，必主远大事干朝廷。

乘神有气二八门，家有佛像当门里。大吉小吉乘天乙，除定危开小儿事。

卯酉动摇家不宁，迁移出入宜禳避。

贵人乘神有气，加卯酉之门者，主宅门内有神佛像，

乘丑未加地下月内除定危开者，主问小儿之事。临地下卯酉之门，主家宅迁移改动不安。

螣蛇

螣蛇荧惑之精，家在丁巳，主惊恐梦寐不安之象。

占宅主火烛惊恐怪异，占讼主忧疑牵连，占病主虚邪客热、梦寐惊恐。

在子坠水，主从心无患，在丑盘灶，主福善祸淫。在寅生角，主进用而事吉，在酉露齿，主官事而口舌，在午腾雾，则征休遂竟。在巳飞空，则进为吉祥。在未入林，举步当防。在亥掩目，无灾有庆。在卯当门，在申衔剑，总是官灾烦恼。在戌入冢，在辰化龙，并主凶怪可释。

螣蛇神若在干头，囚死虚惊怪梦忧。鬼并月建主惊恐，破器煞并物裂休。

蛇加日乘囚死气，主惊怪梦寐不安，乘鬼加月建主惊恐，与破碎煞并，主物摇破碎之事也。

破碎煞：正月起午逆行十二辰。

月厌刑克人，逢鬼狱墓相，干讼狱忧。

若逢蛇鬼天火行年，宅出入须防火烛烧。

蛇乘月厌煞，刑克日辰及年命，主见鬼神之事。

月厌：正月起戌逆行十二辰。

蛇乘五墓天狱来克者，主囚狱事。

凡占狱见辰戌者，必主移动，未禁者防禁，已禁者当出。

五墓者，卯、辰、戌、丑、未也。

天狱：正月起戌逆行四季。

蛇若乘天火山鬼加支及年命，或克宅上神及年命者，当防鬼祟火灾，亦名"火烧山林煞"。

朱雀

朱雀南方太阳之精，家在丙午，主文书、口舌、远信，为车骑将军。

占宅为争竞、口舌、咀咒。克日辰，主宅向不吉。

占讼主是非拆辨，文书往来、刑狱之事。

占病主心惊、潮热，狂言诞语。

在子损羽，主自伤难逃。在丑破头，宜静处得昌。在寅伏巢，在卯入阶，主文书迟留沉匿。在辰投网，在戌遭罗，亦主文字失错遗亡。在申砺嘴，在午衔符，主怪异惊恐、狱讼官司。在未临坟，在亥入水，皆主悲哀，宜守旧鸡窗，忌上章投诘。在酉为夜噪，官灾事起。在巳为昼翔，信音当至。

车骑加辰临日命，死囚狱讼忌非争。乘旺合神天诏喜，文书逢喜更迁升。

巳火德神飞鸟庆，临门克日斗喧争。

朱乘生气，加日作合，主文书迁进之喜，乘囚死气克日辰年命者，主争斗讼狱之事。

天诏煞：正月起亥顺行十二辰。乘巳酉带德合神，主有飞鸟之喜，临卯酉冲克日干者，主有口舌临门也。

六合

六合为天乙光禄之乡，家在乙卯，主婚姻和合，丈夫隐逸之士，交易财帛，媒妁牙保等事。

占宅为私门，主淫乱。

占讼主和合，临日相刑克日，主棒杖枷锁，

占病主闷。

《经》云："六合之神，婚姻嘉会。"

在子反目，主无礼之事端。在酉私窜，主不明之田地。在亥为和合，而百事吉昌。在巳为不谐，而惊悸不美。在寅乘轩，在申结发，从媒妁而成欢。在辰违礼，在戌无羞，因妄冒而加罪。主婚姻妄言，讼争官事。在午升堂，在卯入室，并为已就之占。在未纳彩，在丑艳妆，总是欲成之例。

六合相乘亥卯未，若非交易婚姻至。乘亥子来入宅命，生气相随儿女喜。

或居卯酉逢天信，动移门户求迁徙。

六合加亥卯未作木局乘生煞，亥子入传生年命者，主婚姻交易，或子孙在外归家，或添人进口之喜。乘卯酉值信神者，主求望信息，迁动变换。

勾陈

勾陈太乙将军之位，家在戌辰，主兵器斗争、论讼之事，勾连缠绕，牵引不决。

占宅主动土、牵连、斗争、口舌。

占讼，勾克日，理难申。日克勾，主得理。

日生勾，主难决。勾生日，事易决。

占病主特气缠绵。

在子沉械。在丑受钺被辱，暗遭毒害。在寅遭囚，在卯临门，又为入狱，主上书而家不宁。在辰升堂，主狱讼牵连。在巳铸印，必进迁改转。在午反目，因他人而牵累。在申被刃，主时遭其决责。在申入狱，主往来讼狱稽留。在酉趋户，在亥寒裳，主反遭勾连改革。

勾陈若作从革卦，铜铁器具多古怪。但须仔细求中传，便是掘得之方界。

功曹太冲互加临，公讼纷纷未和会。

凡勾入从革巳酉丑卦者，必有铜铁之器为怪，即以中传为器物所藏之地，若加寅卯主官司，勾换不和所致。

青龙

青龙青帝之精，丞相之位，家在甲寅。主官禄、钱财、喜庆之事。

占宅，乘申入宅，主有异姓同居，王相者主富贵。

占讼主棒责，刑克者尤甚。

占病，凶则为煞，吉则为药铒也。

在子入海，主非常之喜庆，在午焚身，有不测之惊忧。在丑盘泥，在未伏陆，诸谋未遂。在巳腾空，在亥游江，求财进用。在寅驱云，在卯掣电，利以经营。在申伤鳞，在酉摧角，宜乎安静。在戌登魁，君子欲动。在辰掩目，损失争财。

青龙上下并空亡，求望无成不可行。岁月建乘有恩赦，驿马鬼并公喜扬。

龙所乘神空亡，并地下辰空亡者，一切谋望皆无成。乘太岁月建者，主有恩赦至。乘驿马克日者，主因公事有喜也。

干合若是初作传，讼因女子是非常。太冲乘之为果类，六合入传亦同祥。

龙作干合发用者，主讼，因女子上起也。若用凶克日，主非常之事。

天空

天空土神之精，凶将之位，家在戊戌。主奴仆、欺诈、奸诡、奏书、孤寡、好善等事。

占宅主秽污，土壤、奴仆、小人、窖窟，加卯酉主人家土地无位。

占讼主虚诈不实，平地起推讼狱等事。

占病主吐泻虚弱。

在子入室，主患生于妇女，在戌居家，必事因于奴仆。在丑转侧，主诈尊长之言，在未趋进，主欺货财之利。在巳受辱，在寅被制，能自别其是非，在午侧目。在申鼓舌，实分其情伪。在辰凶恶，在卯乘庚，主暴客以欺侵。在酉巧说，在亥诬词，值奸人之谋计。

天空凶神加姓宅，下贼若见迁改空。僧道元从卯酉推，阳是男兮阴女质。

天空乘凶神，主改姓宅之事，若下贼上主迁居。乘神加卯酉，阴神者为道姑，阳神者为道士。或主男女二僧。

登明神后乘魁罡，应主人染泻痢疾。乘巳亦主肚腹痛，加支临姓屡分拆。

天空乘亥子克日辰，主家有患泻痢之人，乘巳主肚痛之疾。加日支，主居人迁徙或分拆之不安也。

白虎

白虎为太白金星，凶将，家在庚申，主病患死亡、出入道路、金铁孝服、兵戈之状、官灾等事。

占宅主死丧、官灾。生日则不为凶。

占讼主迅束、道路、官灾。

占病主四肢骨节疼痛，克日主病昏沉不醒。

在子亥望音行未至，在巳午则灾祸反常，反凶为吉。在卯酉为临门，主伤残人口。在丑未为在野，必损失牛羊。在寅登山，掌杀伐之柄。在戌落井，脱桎梏之灾。在申为衔牒，无凶立可待其信。在辰跨噬人，有害终不见其祯祥。

白虎乘神是伏连，更加姓宅祸连绵。家门虚耗多殃疾，鬼气侵入未泰然。

传送从魁加午上，必主咳嗽血新鲜。

午属心，虎乘申酉加于午火之上，主咳嗽之疾。

伏连煞，正月起亥顺行十二辰。若乘虎加姓音及支辰者，主家门消乏，祸患相仍不绝，人多灾病，鬼祟伤人也。

虎乘巳午申酉害，斗打血伤途之间。驿马行人远信动，鬼爻临子腰患难。

虎鬼大煞加姓宅，无端鸟飞入闩阑。

虎主道路之事，如加巳午申酉亥上者，主在路斗争打伤血伤也。乘驿马，主行人远信至。乘子作鬼克日，主腰疼疮病，乘大煞作鬼姓音及支辰，主飞禽怪。

辰戌丑未归门户，家中大小多伤残。从魁乘神作刑害，或临丑戌子卯同，占人必主带刀剑，不然身亦有伤痕。

虎乘四季在卯酉，主长幼俱有灾疾。乘酉又值刑害，加于卯戌丑子之上，占人必带刀剑，或身有伤痕。

太常

太常为太常之卿，家在己未，主官禄、印绶、衣服、筵席、丝绵、布帛等事。

占病主脾胃不和、饮食不节而得。

占宅王相生日，主利财帛之利。休囚克日，主孝服。

占讼主武贵用事，或干连孝服之人。

在子遭枷，则值决罚。在寅侧目，须逢谗佞。在卯遗冠，主财物损伤。在戌逆命，主尊卑词讼。在申衔杯，在丑受爵，不转职则迁官。在巳铸印，在未捧觞，非征召必喜庆。在午乘轩，主改拜之荣。在辰佩印，主再迁之命。在亥为征召受刑，虽上喜而亦虑下憎。在酉为上书合欢，始虽顺而亦防后事。

太常发用加命禄，礼主筵会合亲属。更同凶神并死气，孝服临身主哀哭。

初逢二马主恩泽，胜光神后主新奇。

太常乘神加辰命禄上发用者，主亲戚宴会之事。乘凶神死气临日辰，主孝服，如末传归干者，主外丧。乘二马发用，主恩泽印信；加子午，物主新奇。

大吉僧衣辰戌丧，功曹定主道儒服。胜光太乙彩斑衣，酉上功曹四方行，

常为衣服，若加丑上，必是僧人之衣。若加辰戌，为皮裘之服。加寅为道士儒人之服。如乘巳午，为彩帛之衣。若乘寅，加酉属四方竹器。

玄武

玄武北方水神，凶将，家癸亥，为盗财、奸私、遗失等事。

占宅主暗晦不明，克日盗贼、走失。克支主宅水不吉。

占讼主有人教唆。

在子散发，主有捕盗之心。在丑升堂，则有干求之意。在寅入林，盗贼藏匿。在辰失路，盗贼自散。在卯窥户，家宜防盗。在巳反顾，虑获惊忧。在亥伏藏，则隐于深邃之乡，主盗贼难获。在未不诚，主散于酒席之地，主盗因酒色被擒。在酉为截路拔剑，盗贼获恶，攻而反伤。在申折足，在戌遭囚，失势擒之而可得。

玄武天门上下逢，神庙佛像须推通。

天门者，戌亥也，玄主鬼神、图画，乘魁罡主家神不安。若玄所乘神克日，主有神愿未还，主盗事。

魁罡占病须忧死，凶煞刑克发狂风。若是乘神加卯酉，家有神佛当门中。

玄乘魁罡，占病必死。若更恶煞凶神克年命或于其上者，主有狂颠之疾，必见鬼神也。乘神加卯酉之上，主宅有神佛当在门首。

太阴

太阴，金神之位，吉将，家在辛酉，主欺蔽、隐匿、阴私、妇人、奴婢等事。

酉为禄位，故主不明。占宅主门户闭塞，婢姨淫乱。

占讼宜出首，生日主免罪。

占病主阴沉痼冷。

《经》云："太阴所为藏匿昧，祸福不宁。"

在子垂帘，主妇妄欺诈而相侮。在丑入堂，则尊贵蔽匿而相蒙。在戌被察，当忧谮妒。在辰屯宜备构争，在寅跣足，主有财物暗助。在午脱巾，则有文书暗忧。在亥裸形，阴盗宜防。在巳伏枕，暗有口舌。在酉闭口，在未观书，雅称吉人之宜。在卯微行，在申执政，偏宜君子之贫。

太阴若加日与辰，亥卯未主妻再婚。登明太乙加卯酉，家中定有患眼人。亦主婚姻有破损，金银财物须云云。

太阴乘亥卯未日辰上，主再婚之妻也。乘巳亥临卯酉二八上，其家主有目疾之人，亦主婚姻不成，或有破镜。

乘财爻发用，主金银财物动。

天后

天后为嫔妃彩女之位，吉神，家在壬子，主妇女、奸私、赏赐。

占宅见六合，主淫乱。

占讼有嘱托关节，虽凶不凶。

占病主阴私成病，男主夜梦鬼交，乘禄神为伤食。

在子守闺，在亥治事，动止多宜。在卯酉倚户临门，奸淫未足。褰帷在戌，伏枕在午，非叹息即主呻吟。在辰毁妆，在巳裸体，不悲哀亦主羞辱。在寅理发，则优游闲暇。在申修容，则悚惧惊惶。在丑偷窥，在未沐浴。

天后若乘辰巳来，见鱼欲买意疑猜。若更加临卯酉上，其鱼必至入门台。

乘后天罡太乙，主有见鱼欲买之意。若加卯酉，鱼可得也。

乘神若是子孙位，家中妇女定怀胎。若更加临太岁上，赦书恩泽自天来。

后乘神若为今日支辰，又是子孙爻，主家有孕妇。后神居太岁之上，主有赦书恩泽事至。

以上十二贵神虽各有专属，须取乘神决之。如贵人是土，若乘水神，则为水矣，吉凶皆作水论。余仿此。

天乙顺治，逢凶少降灾殃。贵人逆行，值吉聊施恩惠。逢灾遇恼，上下皆凶。神将合生，忻欢未已。凶神俱作恩亲，逢灾不至深危。吉将并作仇敌，有庆终非亲切。吉神受制，反吉为凶。恶煞遭伤，变忧为喜。

凡贵人临辰戌者，为喜中有忧；临四仲者，主动摇不宁；逆行者，忧在他人，不关己也。

神将加临

亥

数四，味咸，星室、壁。

登明天柱廪楼台，盗贼伤人幼子哀。狱厕秽猪忧溺死，阴私管纶召征来。

登明神后寅上排，居临高屋及楼台。若得龙常言寺观，勾虎须临神庙街。

凡登明临寅，居近高屋或楼台之处，若遇龙常主近寺观，若值勾虎近神庙街市。

临辰朱六小儿泣，子虎缌麻事亦哀。临辰得龙亦言庙，午酉作玄亡盗乖。

凡登明加子作虎，主有远亲缌麻之服，加辰作朱六，主小儿啼哭事，加辰作龙，居亦近神庙，加酉作武，主有盗贼逃亡。

巳日天空庙畔穴，主有遗亡此处埋。太阴神后阴私见，太常朋友酒筵开。

白虎更加刑克地，定主家中小儿灾。

若登明作天空加于巳日之上，主厕畔有坑，及遗亡之事在此处藏也。若加子位作太阴，主阴私事起。若为太常，主朋友酒食，作虎与凶将并，产小儿病。

亥加太岁行年上，主有病，常占主泄痢，亥加日辰主病人，克者尤甚。

亥加丙丁日，主盗贼害。

亥加子癸上，主不明事。

亥加孟仲日，主幼子。

亥加丑酉巳，主失物。

亥子丑作传，主重叠。

亥加寅午戌，主死亡。

亥加卯酉作天空为孙儿。

亥加日辰上为牢狱。

亥加支辰为楼台柱，

亥加子亦主力。

亥加辰亦为屠宰。

亥加巳为坏头面人，巳加亥亦同。

亥加未酉临日，为麦亦主醉。

亥作党主杀。

亥加戌为厕所。

亥作雀，主遗弃小儿。

朱临亥为盐，引亥作六合为楼阁。

亥乘勾为气病，在亥壬日为杀伤。[①]

亥乘龙亦为楼。

亥乘天空加卯是卯酉日上为孩童。

亥上见雀，主盗至。

子

数九，味咸，星女、虚、危。

神后阴私彩女奸，逃亡盗贼鬼神言。土公悲泣浴盆煞，鼠燕行人一类看。

神后临申申日推，远途望信僧兼医。戌日临戌妇人事，主有引诱私相期。

寅为太阴主有孕，辰作螣蛇泪纷垂。

申日若子加申，占望远行者，必是僧人医士也。戌日子加戌，主妇人私约偷期之事。子加寅作太阴，主妇人有孕，作蛇主妇人哭泣事。

后阴加酉酉当日，门户出入有师尼。天乙临酉家长病，已逢恶将便血疾。

天空克支人泻痢，登明太阴主阴私。

子日子加酉为阴后，主家门有师尼出入。子加酉上作天乙，主家长灾。加巳乘蛇虎凶将，主患遗沥血疾。子为天空克支，亦主泻痢。子亥相加作太阴，主阴私。

武后克日符厌害，螣蛇小吉祟惊疑。鬼并太常衣渠祟，若并白虎鼠侵衣。

子作天后玄武克日辰，主有符咒厌魅之事害。子未相加作蛇，主祟祸惊忧之凶。

---

① 寅午戌日为用。

子为朱常克日，因得衣服引若祸祟，乘虎克日，鼠咬衣服。

子加日乘后为小女，子加辰主女患，亦为小儿，丙丁日辰主河祟。

子加日辰为上房，子乘丑加日辰为公婆。

寅加子为孀妇。

子加卯酉为瘸子，

子加辰戌上为瓮，临日为瓶盖。

子加巳午，冬主大雪。

子加巳，主悲哀。

巳加子临日为嫁妇。

子加未及土神为老妇。

子加申酉为天晴，见太阴，主阴天寒冷，冬主冰冻。

子加亥为儿童，亥加子亦同。

子加辰作虎为军妇。

寅未加子为鬼神，未为鬼，子为神。

子加天空为幼女。

子乘生气加寅为燕子。

子作六合加子为布。

子作勾为驼子。

子日作玄龙主大雨。

子作虎克日主病血。

虎乘子临年主哭人。

子作常加未为姑妹。

子作玄主盗失。

临亥为塘。

空亡为用主遗失。

子乘六合为媒妇。

子作太阴为婢妾。

丑

数八，味甘，星斗、牛。

大吉将军与荐贤，桥梁长者地祇冤。雨师风伯贵人召，车牛犀象兼宅田。

大吉临时语细详，若加日辰主桥梁。占求干事桥梁上，干辰仍须看太常。

若作天空临戌地，家中奴婢不忠良。

丑临干支上，主桥梁事，更日干上见太常，主心占斡桥梁事，丑加戌作天空，主有奴婢不忠。

丑加未上须云起，蛇虎加之主风扬。若作青龙与天后，定知此日雨滂洋。

丑加未日必有云起，如乘蛇虎天空。主有大风，若见龙后乘丑加未，主大雨滂沱。

午日加丑朱雀将，子孙争讼田宅庄。若还更乘勾陈王，却因田宅斗争伤。

午日丑加午为朱雀，主子孙争讼事。若勾陈入用，因田宅争讼尤的。

青龙药饵武食物，朱雀乘辰口舌防。勾陈刑并为年斗，若问田财勾与常。

胜光龙常宅舍事，巳上勾陈灶修装。

丑作青龙为药饵之物，作玄武为饮食之物，加辰作雀主口舌事，丑为勾陈带刑煞，主年相斗。作太常勾陈，主田宅物事。丑午相加作龙常，主占宅。巳作勾，主修灶。

或得贵人逢刑害，占主尊长求医方，若见天后妇妇病，当知遇药始安康。

鬼乘青龙并贵六，必因酒食有损伤。

丑为天乙，值刑害之煞克日，主因尊长病求医药之事也。作天后主妇人病，得医药可愈。丑为临贵六上克日干，主因酒食所伤。

丑加日辰为长者农工，

丑加岁支为宰执。

丑加子为鳖，临日辰为公婆。

丑加丑，戊己日为牛为地。

丑临亥，寅加丑为桥。

庚辛日为墓。

卯日为轿。

丑加卯，值卯日为车。

丑加卯酉日为缺子、为坑。

丑加卯，春夏占雨，主雪。

卯加丑，春占主雨，夏占主雷。

丑加巳为坑，巳加丑、丑加卯酉亦然。

丑加午，主破坏之物。

丑加未，亦主未完物。

丑加申为僧舍，作六合亦同。

丑加戌为土地。

丑加亥为腹泄，亥加丑亦同。

丑临日辰为田野。

丑作天乙，主征召。

丑作朱雀，为举荐。

丑乘常六，或六常加丑，为甜物。

丑乘天空，主矮子。

寅

数七，味酸，星、尾、箕。

功曹道士兼书籍，杂色斑衣火矩红。信诚从事征召吏，虎豹猫狸木森丛。

功曹加巳若为朱，官司口舌与文书。小吉龙合言寺观，未申蛇虎卯神居。

若加申未乘天后，远信文书欲出途。

寅为公吏作雀，主官府中文书之事，加巳乃朱有气，故主口舌文书勾连。如未加寅，寅加未，作龙合主寺观事。若加未申作蛇虎，主凶神庙宇，寅申皆主传送文书之神。如乘天后，主有远信文书欲出途路也。

寅上玄武并亥日，人家屋角挂葫芦。大吉若乘小吉上，妻妾有喜在须臾。

酉上太阴门户事，旧有竹桥今已无。

寅加亥日作玄武，主人家有葫芦挂在上。加未作天后，主妻妾有喜，事来甚速。加酉作太阴，主人家门首必有旧竹桥，寅临绝日，故主无也。酉空亡亦然。

卯酉若得螣蛇将，门上师巫有箓符。若作武朱临卯酉，当门文字事无虚。

寅加卯酉作朱雀玄武者，主人家有文字入门，作蛇主门上贴师巫符箓。

子为白虎猫捕鼠，蛇在日辰虎兽图。白鬼乘神作日鬼，拾得猫儿是祸符。

寅为虎，子为鼠，寅作虎加子位，乃猫捕鼠之象，作蛇加日辰，家有兽图，作虎克日，主外来猫儿，有口舌，送之吉。

寅加仲主宛转，丙丁日主生心，五戊日主旧籍。

寅加子为霜妇。

寅加丑为桥。

寅加寅为公吏、木器。

寅加巳为道士，巳加寅、勾加寅亦同。

戊己日亦为公吏。

寅加卯为林木。

寅加辰戌为林峦。

寅加巳午为患人。

寅加巳主大风，巳加寅亦同。

寅加巳子辰日见之出行。

寅加巳亥，在巳亥迷路。

寅加午为屋柱，午加寅亦同。

寅加未主婿眷。

寅加戌为林垒。

寅作雀主文书。

寅作勾主公吏道士。

寅作龙合为士人。

寅作天空为棒杖。

寅作虎为疯子。

寅作六合为役人。

卯

数六，味酸，星氐、心。

太冲术士沙门类，来往舟车水陆因。江河竹木雷电雨，兄弟私门匿妇人。

太冲卯日船车损，在未得常为善人。若得青龙近神庙，阴人口愿未曾期。

胜光朱合空驴马，文书口舌雀临辰。

卯为船车亦为履，若加申被克，必有破损。卯作常加未，主匿师、匠人、相亲。卯加未为龙，主居近神庙，及阴人口愿未还。卯加午作朱空六，主驴马事，卯加辰作雀主口舌。

见官宜退不宜进，盖缘朱雀位临寅。申得阴武身逃遁，武为车子入门庭。

卯作朱加寅，如见官，主失理，宜退不宜进前也。卯加申作太阴玄武，主有逃遁之事。卯为玄武，主有车子入门也。

卯为玄武加日辰，主有木履损须陈。虎蛇劝君休远出，车破船翻水陆屯。

小吉虎空患脚疾，更详消息日疏亲。

卯辰履乘玄，主破损，亦为船车。卯作蛇虎，加日辰发用，不可出行，必有水陆险阻。卯加未作虎空，主患脚气。以日辰分亲疏，卯亦为足，见凶将临墓，故主疾也。

卯加日辰主门户。

卯加壬癸日为船。

卯加甲乙日为兄弟朋友。

卯加子乘天后为水车，亦主疾疫病人。

春占，卯加丑为桥梁。

卯辰寅卯为山林道路。

卯加午主有目疾人，午加卯亦同。

卯作龙合主竹棒。

卯临日辰上主私约。

卯乘天空或空亡主目疾人。

卯作六合日辰上主罗网。

卯作虎为匠人。

辰

数五，味甘，星角、亢。

天罡医药鱼网龙，欺诈恶人天罗逢。战斗陂地二千石，渔翁目瞽宰屠神。

天罡若临日与辰，不久结绝囚狱人。临戌作虎并戌日，必主其人病缠身。

丑武卯朱同辰日，入传必主囚失囚。

辰加戌或临日，主结绝囚狱之事。临戌作虎又遇戌日，主人家凶病缠绵。加丑作玄武，加卯作朱雀。若值日辰或日传并，主狱囚走失之事。

戌日临戌公讼扰，囚系未结酉因循。申朱书信官吏事，卯日卯时灾滞门。

虎在卯宫人口病，卯朱争讼口舌频。

辰加申为勾，主占望军人远信之事。临戌主官讼扰乱，加酉则主囚系难结。加申作雀主占文书事。乙卯日辰加卯，家有灾病。加卯作虎主病，作雀主是非口舌。

天后忽然乘四季，妇人小儿哭泣陈。小儿夜啼蛇四季，白虎来乘午上存。

若或五行逢墓地，其人必主占冢坟。

辰作后加四季，主妇人小儿相讼泣也。作蛇加四季者，主小儿夜啼。加午作虎与墓神并者，主占坟墓之事。

若加亥子作玄武，前有神堂后水滨。亥子刚日昴星卦，家有伏尸宅上神。

辰加亥子作玄武，其家前有神堂，后面或近水。加亥子作阳日昴星者，主其家有伏尸鬼，家堂五音宅上神作祟，在北方。

天后妇女行年上，更逢空亡必堕身。鬼作蛇虎有神愿，或主曾收佛像真。

辰作天后加妇女行年命宫者，值空亡主胎孕损堕之凶。作蛇虎克日，主有神愿。辰为月建为宰公监司，亦为城门。

辰加日辰并子午为阻隔。

辰临丑作天空为山坡。

辰加子为文绣。

辰加卯亦主有龙，乘玄为强盗。

辰加辰主旱。

辰加日辰上主大惊。

辰加戌足有皱。

辰加亥主食鱼。

辰加壬癸日主公讼。

辰发用克日辰主杀气。

辰乘蛇虎克日主缢死。

鬼辰加亥主哭泣。亥加辰亦同。

辰加初末传主多虑，辰作虎为屠宰凶人。

巳

数四，味苦，星翼、轸。

太乙蝉鸣虫解散，宾姑骂詈弩丧车。灶炉赏赐并关钥，非祸为灾吊客蛇。

太乙临午作朱雀，来意占问必灶异。为阴临酉日辰伤，目病损伤成昏翳

酉日临酉为铜钱，入传亦主财物至。

巳乘朱加午日辰，主宅内有怪异之事，或灶神不安，口舌、火灾。乘阴加酉，主眼目病患。巳加酉日为太阴，主钱物。阴酉入传，主财物至。

未日临未作朱雀，家有妇女频骂詈。加丑得阴为神庙，加申乘阴和合美。

辰加日辰主死丧，朱雀争讼刑狱事。

巳临未作朱雀，主被妇人口舌，或家有妇女好骂人。巳加丑作太阴，主神庙之事。如加申作阴，主和合之喜。巳加日辰克干作凶将，主死丧事，作朱主争讼刑狱之灾。

合后四孟主孕妇，加子作常泄血忌。亥子天空灶破损，传送锅损病口齿。

巳作后四孟者，来意主占孕妇之事。加子作太常主患血泻之病，加亥子作天空主灶损，加申主锅损及口齿有病。

虎勾卯酉从革卦，管纶并之锅亦坏。天乙若亦自乘临，谓求见贵须称遂。

日作勾虎加卯酉，又值从革卦，更见管纶之神，即主其家锅损坏也。乘天乙加巳，宜干求贵人，主大遂意。

巳正克日为蛇伤。

巳加巳为妾。

巳克日，主骂詈。

巳加月厌，主梦蛇。

巳乘太阴，冬至后为雪，亦为鼎镬。

巳加辰戌为牢狱人，亦为窑灶。

巳亥日，戌加巳亥，主灶厕相见。

巳加巳午生王，地上有房舍。

巳加未，未加巳，主灶边有井。

巳加申为釜。

巳加酉，酉加巳，主从配。

巳作蛇加辰，主双胎。

巳作虎加日辰，主孝服。

巳作太阴，主娼妇，克日主口疮。

午

数九，味苦，星柳、星、张。

胜光宫女信诚妃，美士通言惊恐疑。田宅土公天目巫，使君亭长卷兵时。

胜光寅日更临寅，主奶妇人应妊娠。若见太阴主损害，临戌时虎有病人。

加丑主得富贵宅，丑日螣蛇火近邻。

午加寅主妇人有孕，如作太阴主损胎，午乘虎家有病人，丑日午加丑作龙，其宅富贵。若午作蛇加丑，主邻家有火灾。

戌日临戌居巷陌，朱雀天空更酌真。丑位得武主失脱，逆遇顺来看贵人。

远信人马并客至，道路车马在途中。

午加戌作朱空，主宅、主巷陌间。作亥加丑，主失脱之事，以贵定之。如逆行主已过，顺行为未过。午为马，卯为车，午加卯入传或发用，主远信客至。

午常加戌为孝服，亥子白虎马病因。吉将行头作声誉，若见天空主虎名，勾虎血支相并入，血光流溢有伤痕。

午作常加戌主孝服，如作虎加亥子，主马有疾病。午为吉将加日，所占有声名，若见天空即主虚名。子加午作勾虎并二血临辰，主女人血光伤损。

妇人血脉不通顺，后合却与血支亲。鬼贼更并蛇与虎，誓愿病缘咀咒因。

午作天后六合，更与血支临日，主妇人月信不调或血崩。乘蛇虎克日辰，主人因誓愿咀咒牵连成病。

午加日辰行年命上为屋。

午加庚辛日主痨病。

午加丑主牛病，丑加午亦同。

午加寅卯或寅卯日为宅舍。

午加辰戌为半路，亦为冈岭。

午加辰戌或辰戌加午，主信至。

午加辰为老妇。

午加巳为窑灶。

午加午主火光，午加未为豆，加亥卯亦同。

午加申酉上或庚辛日为妾，午加酉、酉加午，主婢妾。

午加卯酉或卯酉加午，主眼目疾。

午加蛇雀丙丁上，冬夏逢之，主烧服之患。

午作六合太常为衣服。

午作蛇，日辰上见之，主儿童惊恐。

午作太常，甲申日主外服。

午作太阴为妾。

午加酉丑，主老人。

未

数八，味甘，星井、鬼。

小吉姑嫂婚礼仪，羊酒祀祷及神祇。白头翁讼并寡妇，井泉风师天耳随。

小吉之神本称未，日辰发用作磁器。午上白虎主吐泻，出行逢此多濡滞。

申酉西南有井泉，寅雀妇人主孕喜。

未加日辰或作初传，主磁器之物。未作虎加午，主吐泻之疾或血症，出行主迟滞亦主疾病。水长生在申，未主西南，又为井泉，故主有井泉也。加寅作雀，主有孕喜。

酉龙加之主酒肆，丑未得常食物事。亥日加亥主婚姻，若得太常尤准的，寅日加寅虎与蛇，妇女狂言或见鬼。

未作龙加辰，主居近酒店，作常加酒，主酒食之事。作常加丑未亦然。加亥又值亥日，主婚姻之事。更作常尤的。加寅作蛇虎，主妇女颠狂之症，见鬼祟。

不是家中见鬼怪，阴后必主经脉事。戌后亦主妇女灾，朱雀远人音信至。

若作天乙加日辰，必有饮食相召事。

未作阴后加寅，主妇人经脉不调。作后加戌，亦主妇人作病，未乘朱加日辰，主远行信音。若未作天乙贵人加日辰，主贵客酒食相召请也。

龙常加日送酒食，寅卯天空缺破碎。鬼并勾陈真武来，田器之属作缺害。

乙日青龙亦酒食，阴武女子有非事。太冲蛇虎空脚气，不然门户当损敝。

未作龙常加日干，主酒食至，加寅卯作天空，家中缺瓮，主破碎也。如乙日主酒食筵会之事。若作太阴玄武，主有妇女是非起。不但乙日为然，作见未作阴亥，即是是非起也。未作蛇虎加卯或带天空，主门户损坏或主脚气之疾。

未作空巳临日辰，主庙基。

未作武子日为酱物。

未加丑为田野掘井。

未加寅，主婚眷、棺椁、柜椅。

未加卯为林。

未加辰主大风。

未加巳为园圃，麻酱，巳加未亦同。

未加未为昆弟朋友，阳比为兄、、阴比为弟。

未加酉为继母，加酉丑为老人。

未加寅为继父。

丙丁日，亥加未为醉人。

未作天乙加日辰，主庙神。

未作龙，为佛亦为僧，未作常六加日辰主宴乐。

未作虎乘生气，主信至，亥日见主井祟。

未作后临日辰为公姑。

未作天空加日辰，主屋基。

申

数七，味辛，星觜、参。

传送刀兵道贼匪，冤仇道路松湖池。大麦守城丧碓磨，攻劫市卖猎从师。

传送乘勾临卯位，家内有人患脚气。阴合真空二八门，必有逃亡潜在外。

日辰上见有缺唇，或是家具主尖嘴。

申作勾加卯，家中必有患脚气之人；作合阴玄加卯酉上，主有逃亡走失。若申加日上，主缺唇之人，或家中有尖嘴器具也。

鬼门应主有怪石，加丑须知水精害。若更螣蛇白虎临，或是鬼爻应作怪。

辰戌巳亥莫加临，出行被劫生产害。

寅为鬼门，申若加之，主有怪石当路。若加丑，主有石在水中作怪害人。作蛇虎虎爻者，方主此石必为妖怪也。

申加辰戌为天盘，加巳亥为地盘，主生产不利。

加巳占人头上疮，或主灶中磁器伤。恶将加之必破碎，定有咽喉患肿防。

龙蛇儿孙主惊恐，见虎负物咀咒详。

巳为头，申加之，主生疮。巳为厨灶，见申主物器有损，亦作咽喉有痹肿妨碍。如乘龙蛇主子孙有惊恐事，乘虎克日辰，主负物之人咀咒也。

申加巳上为上客。申加卯为僧人。申加卯、卯加申，主移门。

申加辰戌为磨、为石。申加戌亥为冤仇人。

申加日辰上主忧。申加亥克日，主水厄。

申作亥加亥子，主失脱。

申作虎，为猎人、军兵。

六癸日主迁移事，亦主刀斧之类。

申临太阴加日辰为银器，乘魁罡、主军人。

申作龙合加日辰，为乐器、亦为药。

酉

数六，味辛，星胃、昴、毕。

从魁金玉麦刀钱，姨婢阴私远水边。小麦九江并赏赐，鸡兵解发前神言。

从魁入课细推测，临巳乘龙居庙侧。丑日临丑主钱物，若得太常更端的。

乘戌加戌奴婢诈，求望必被小人隔。

凡酉加巳作龙，居必近庙宇。

丑日酉加丑，主财帛事，见太阴尤的。

酉加戌作天空，主奴仆欺诈事，亦主求事有小人阻。

未得阴后为妇女，太常妇女望恩泽。由朱刀杖有缺损，有嘴家具辰朱觅。

白虎临处屋宇倾，亦有人患口疮急。

酉加未作后阴，主妇人之事，作常加未，主妇人占求恩泽也。加申作朱，主刀杖损缺。加辰作朱，主有嘴家具之物，作虎临处，主房倒塌，恶疮。

鬼同蛇虎并带煞，破镜为灾宜弃却。

酉日作鬼乘蛇虎，又带煞神，主有破镜作祟为灾凶，宜弃之，可以反凶为吉。

酉加年刑命，主刀伤。

酉加空亡上，主无嗣。

酉加子为江湖水涯，亦主雨露。

酉加丑乘后，为姑舅老婢。

酉加寅卯上乘勾，为小麦。

酉加巳为海。

酉加巳午加雪，巳午加酉亦同。

酉加未巳为麦。

酉加申酉主金银。

酉加卯未乘太常为乐妓。

酉加卯酉乘蛇为鸦鸣。

酉加戌，主霜露。

酉加亥为酒食。

酉作六合为奴婢。

酉作天空为仆婢。

酉作太阴加日辰，为妻，亦主财物钱帛。

酉作虎，甲、乙日主孝服。

酉作蛇雀，主目疾。

酉加丙丁，丙丁加酉，主赤目。

酉作龙合，主邪目。

酉作朱，主喧闹，克甲、乙日，主斗争口舌事。

酉作天后为舅，加子丑上为老婢。

戌

数五，味甘，星奎、娄。

河魁印绶吏都堂，垒土高坟集众攒。德合妹奴兼长者，犬狼豺兽不为欢。

天魁临酉值酉日，小人作祸有遗失。临辰辰日争讼凶，入狱应当未了期。

寅日魁乘虎与雀，斗讼仓悴有勾呼。

凡戌加酉，又在酉日，主有小人、遗失作祸之凶。加辰又是辰日，主争讼事。若加寅作虎雀，主官司勾唤在顷刻间也。

谋望所主官与吏，若见勾陈定军卒。面为须看加临地，乘午为合居巷陌。

河魁加午作六合者，其人必主居巷陌之间，或面望巷陌间之事也。若加寅作勾者，谋望之事，必主官卒军卒也。

课内因言犬吠人，朱雀未得活计生。玄武同朱丑上居，人患小腹不便疾。

亦有兽象如狮子，头畜不损须忧失。

河魁临戌，主有犬吠人，乘朱亦然。又主活计之事。加丑作玄，主小肠气疾，或不便之事，亦主有怪兽之象，若不见损，必主失己也。

卯朱刑日犬吠人，直酉必主盗贼侵。从魁相加奴婢事，更见空阴最的真。

白虎若与魁爻并，犬怪登屋恶事频。

凡戌作朱加卯刑日，主有犬吠伤人之事。

若戌加酉作玄，主盗贼杀害，若酉戌相加，主奴婢事，父作太阴天空者必验。戌作日鬼乘虎，主犬怪。

戌作太阴为都辖。

戌加月建主监司。

戌加年命主足，占病主足病。

戌在四季加日辰为墙壁。

戌加子午作天空为舅公。

戌加寅申日主墙坏。

戌加六合加日为众人。亦主聚众相会。

戌作常勾临支为武官。

戌加申、申加戌，丙壬日主兵士。

戌加亥为厕所。

戌作雀为印绶。

戌加日辰为官长。

戌作虎克日辰为积恶人。

戌作玄为泥块。

戌作虎克日辰主强盗。

戌作玄空，为乞丐。又为奴仆。

戌作虎克辰，戊癸日主见墙倒。

日辰

日辰有彼我之分，日为己，辰为人。神将有尊卑之异，将为尊长，神为卑幼。辰来克日，祸患及于己身。占时刑宅，非灾生于第宅。男逢吉庆，须于日上推求。女遇灾迍，须向支辰寻觅。时作先锋，来情可决。投空则主侵欺诡诈，乘马则主动摇迁移。同日同辰，必然迟疑蹇滞。冲辰冲日，定知居处不遑。时日相生，迭为恩惠。时为日克，潜我财源。如生克于日辰必灾，移其宅舍。遇子遇午，若往若来；值卯值酉，为门为户。

太岁日辰生克

岁建不可加日辰，吉凶亦有两般论。吉则助吉不为害，若克日辰不可撄。

太岁若还作天乙，不论入传不入传。救助诸凶讼尤力，惟遇疾病不宜占。

岁作白虎主重丧，来克日辰必丧己。相亲比和犹亦可，若是生日大吉祥。

太岁克宅宅不吉，不得安宁无虚日。吉将若还生支宅，宅舍兴隆百事吉。

太岁生我贵扶持，理道分明恩遇多。我生太岁宜干贵，或用计嘱亦可托。

我克太岁理何在，犯之不轻小成大。太岁克我最为凶，奈何无事被罪累。

太岁入传事最凶，吉则迟小凶速灾。此是岁临真口诀，入课五等自然分。

自古空亡多散解，传中先后可区分。先空后实终不解，先实后空似无凶。

三传生日讼不讼，死绝方知讼不留。酉加寅上名四绝，结绝旧事有因由。

三传吉凶

食神印绶并财官，占决吉凶人即迁，三传发用如悬镜，并用全凭指掌间。

传见父母，所为半遂。传见妻财，所为皆顺。传见子孙，所为费力。

用起同类，应之兄弟。用起官鬼，病讼并起。传见三吉，凡谋皆顺。

传见三凶，百事迍蒙。终来克始，后须吉利。始去克终，后必见凶。

三传相克，事主鬼贼。用神若王，吉凶速状。相气方来，渐次无灾。

休囚无气，凡为阻滞。

两凶在后，一吉居前。君子退位，小人祸寻。两凶首尾，一吉居中。

官多不利，祸患重逢。一凶在内，两吉始终。囚系免罪，病者复生。

一凶在前，两吉在后。钱财和合，宜官宜守。^① 前有两吉，后值一凶。

初虽吉利，后必遭迍。三传俱生，做事多亨。^② 三传俱财，谓之争财。^③

三传皆鬼，大宜官贵。

日辰上有制鬼之神，名曰"患门有救"，占病则凶，占宅看所乘之神言其灾福，如乘天乙主香火神佛之愿，乘朱亦主诅咒之事。

三传顺，贵人贵，凡事皆顺。三传逆，贵人逆，凡事皆逆。^④

孟神发用，事主尊长。季仲居初，事主卑幼。

先凶后吉，终成吉庆之征。始吉终凶，必作悲忧之兆。

先忧后喜，初衰弱而末位高强。先喜后忧，始生王而末传衰恶。

初刑末位，灾来必是不轻。末克初传，有祸终须亦少。

《经》云：

日克三传是财乡，惟有末传方是良。三传上下俱作财，反主争竞更多殃。

仍主尊长灾来到，可怜财帛又分张。

日生三传财耗损，凡作百事枉劳心。不是婚姻嫌人众，却缘欠债被人嗔。

富贵偏多生虚耗，贫贱千头万绪陈。只可随缘聊度日，纵然盛王亦无恩。

---

① 言官贵得吉，庶常宜守旧也。

② 事主子孙。

③ 被人以势侵财，如有克制其财者吉。

④ 凡传逆者，忧在他人，不干己也。

三传克日主乖张，下支犯上甚无良。不但公孙无伦次，亦主奴婢作祸殃。
仕宦居官防吏欺，在家子孙多争张。凶全却是凶将退，凶吉相干被凶伤。
凶居初兮末是凶，凶在末位亦难当。三传生日百事吉。图为正好任施为。
从施干施皆从愿。动用相逢百事宜。后季来生喜待遇，前季来生福亦奇。
今现之季来生我，眼前无不称心机。

如春月甲子日见亥子为后季，丙丁日见寅卯为见今之季，戊己日见巳午为前季。

又孟神及王相者为未来，仲季及休囚者为已过，若孟神无气者亦主旧事，仲季王相者为旧事又起。

占时吉凶

时下吉凶亦要详，时用俱吉最为良。时凶用凶凶难用，占课临时忌刑伤。

时作先锋，来情可决。投空则主侵欺诡诈，乘马则主摇动迁移。同日同辰，必然迟疑塞滞。冲干冲支，彼我不遑宁处。时日相生，迭为恩惠。时被日克，潜我财源。如生克于支辰，必灾移其宅舍。遇子遇午兮若往若来，值卯值酉兮为门为户。

一字真诀最上方，全凭时上任周张。昼得夜时夜得昼，时下吉凶我自当。

子时者，水也、暗也。子为半夜，暗则未明，主道路暗昧或水利事。

丑时者，田也，主斗争田土，寺庙口愿诅咒之事。与勾雀同传为桥梁、道路、艰难、关阴之事。

寅时主功曹吏人，乘勾陈蛇朱主官吏勾唤，见贵青主见官。

卯时者，卯为门户，主建立门户，或改迁、动移门户船车事。

辰时者，辰为天牢，主官司狱讼，见勾陈劫煞，主恶人牵连事。

巳时者，主祠堂，窑灶，又为天乙之元神，见蛇主火光不测事。

午时者，离明之象，子午为阴阳二路，主分明道路事。

未时者，未为滋味，又为天厨，主婚姻、酒席、宴会之事。

申时者，申为行移之神，主望远人信息、道路、病患事。

酉时者，酉为不乐之神，又为咸池煞，主门户暗昧事，日入酉则昏。

戌时者，戌为天狱，主奴婢、欺诈、虚诳之事。

亥时者，亥征宫，乘天乙，主贵征召，或更改动移事。

他辰克日犹自可，支辰克日急于火。连枝带叶并根芽，一似家人来欺我。

他辰生我始为生，更有支辰为大奇。家和人义外来助，安居乐业不用争。

三宫时断诀

绛宫时，登明临四仲是也，乃天乙退藏于深邃之中，行于私宴之处。当此之时，不可出行，逃亡者得获，行人立至。

三神临仲立三宫，此法玄微捷径踪，绛宫时值登明入，六神相扶有顺从。

天魁为德未生气，辰午酉申宜见逢，功曹生合为华盖，有恐须日下避凶。

斗罡加孟丑为煞，行人不至遇江风，占贼不来逃叛获，病人忧甚讼暴轻。

不情无实行宜止，路遇纷歧左道通，见怪身当殃不出，孕生是男问财空。

明堂时，神后加四仲上是也，乃天乙出游于四野八极之外，当此之时，凡占百事皆利，在内主利，在外客利，惟逃者不获。

明堂神后入仲时，斗罡加季，河魁煞囚系将，出病难医。

望人不见视分合，占贼即来谒见吉。逃者难获行人至，纳财权止债须追。

玉堂时，大吉加四仲之上是也。乃天乙立于门中，将欲出行。当此之时，百事俱吉，逃亡者获。

大吉居仲，是玉堂轸星（巳），生气有天梁（寅）。

申酉卯子为伤从，神后合为华盖方。斗罡加仲煞居亥，贼来中途战必伤。

上书遇合逃叛获，天气无风好渡江。谒人相见胎生女，若问人归中道旁。

山阴道士

天乙为百神之宗，登明为诸将之首。将克神兮神不和，神克将兮将不利。将神若能比和，百事皆能称遂。神将囚死而作凶，吉将生王而作喜。凶神若使得地，身王亦主无妨。吉将若是休囚，身衰反成灾危。卦凶神吉，凶多吉少。卦吉神凶，凶少吉多。日辰前逢蛇虎截，主客道路不通。日辰后有凶神居，身宅必遭灾祸。龙加寅卯，百事欢忻。若犯申酉之宫，反招祸患。日阴虎加于申酉，祸狱病而利问行人。蛇雀若在南方，宜干求而莫占公讼。天乙若居卯酉，恐虑访而不出。

神煞集义

奸门

正月起申，顺行四孟。与天后并，主淫佚之象。阳不备，二女争男，阴不备，二男争女。阴神得地，男凶，阳神得地，女凶。

光怪

戌逆行四季，周而复始。

悬索

正月起卯，逆行四仲。与蛇虎并及乘死神者自缢。

死神

正月起巳，顺行十二辰。

死气

正月起午，顺行十二辰。

井煞

正月起未，顺行十二辰。若乘蛇虎克日，主死亡落井之凶。

狱神

正月起辰，二月戌，周十二月。

吏神

春寅、夏巳、秋申、冬亥。

天牢

正月起丑，逆行十二月。

福星

甲丙相邀入马乡，更逢蛇鼠最高强。戊申己未丁辛巳，庚午壬辰乙癸羊。

天喜

春戌夏丑为天喜，秋辰冬未三三止。男女逢之多欢忻。百事得之皆有理。

月解

正二申兮三四鸡，五六戌上七八猪。九十骑马子丑羊，病讼遇之凶反吉。

日解

甲己居蛇乙庚猴，丙辛逢虎丁壬丑。戊癸寻鸡灾自散，病讼占之不用忧。

天医

正六十一寻兔宫，二七十二猪相从。三八十牛四九羊，占病遇之忧反忻。

皇赦

正戌二牛三虎方，四巳五酉六兔藏。七子八午九月亥，十辰二一二申羊。

赦文

正戌二丑三辰吉，四未五酉六卯期。七子八午九寅上，十巳十一二申猪。

六害

子未丑午不堪亲，寅害巳兮卯害辰。申害亥兮酉害戌，凡事占之喜变嗔。

咸池

寅午戌，兔从茅里出。巳酉丑，跃马南方走。申子辰，鸡叫乱人伦。亥卯未，鼠子当头忌。

墓门

甲乙见金墓门开，丙丁见水哭哀哀。戊己见木须逢厄，庚辛遇火孝服来。壬癸见土难回避，病不死亦损钱财。

丘墓

春丑夏辰秋即未，冬逢戌地是三丘。要知五墓对冲取，病人作福亦难留。

丧车

春酉夏子是，秋卯冬午宗。占病若逢之，棺木连忙置。

天哭

正五九牛号哭神，二六十猴泪沾巾。三七十一鸡鸣处，四八十二犬吠声。

天狱

正月逢亥二月申，三月从蛇四月寅。五月循环又到亥，周如复始定其神。

天贼

正辰二酉三虎乡，四未五子六蛇藏。七戌八卯九申位，十丑子午丑猪忙。

天狗

正卯二申三从丑，四午五亥六辰求。七酉八寅九未是，十子十一二巳戌。

天耳目

春天耳巳目从亥，夏天耳寅目居申。秋天耳亥目从巳，冬天耳申目寅真。

信神

正月十一信在申，二月十二戌送音。三寅四丑五月亥，六辰七九巳为真。八月十月未上是，占从从此知信神。

会神

正未二戌三月寅，四亥五酉六子神。七丑八午九巳上，十卯十二申与辰。

劫煞

正亥二申三巳四寅，周而复始。

天网

正亥二申三巳四寅，周而复始。

天刑

春酉夏子，秋卯冬午，又名"四废"。

丧魄煞

正月起未，逆行四季。

飞魂煞

正月起亥，顺行十二神。

天鬼煞

正酉逆仲，周而复始。

火鬼

春午夏酉、秋子冬卯。

雷火神

正月起寅，逆行四孟。

雨占

占风候雨推龙虎，发用兼看日与辰。有气带刑来必速，空亡休废略沾尘。
子卯相加救枯槁，玄合交逢雨非小。白虎若乘亥子神，连绵雨泽无昏晓。
云从龙兮风从虎，故将龙虎占风雨。重轻刑克贵周知，二将所乘宜默睹。
金为水母巽为风，风雹为殃须要穷。震即为雷兑为泽，雨师为丑未为风。
六合亦能为雷震，玄作雨师真可信。传课之中有类神，便向其间祥体认。
龙王乘天雨骤作，虎王出林风势恶。若乘囚墓死兼休，雨止风停成寂寞。
龙若加临申酉方，莫言死绝气消亡。安知莫类藏申酉，得此当言雨沛滂。
戌亥子丑巳午停，火既下降水上升。主用何须看云雾，忽然雨降骤如倾。
巳午未申子亥居，莫忧旱久有伤亏。片云头上霭然兴，雨泽如倾快满渠。
从革来生此日干，甘霖倾刻沛人间。炎上空亡同润下，长空云净不须看。
阴阳不备雨多悭，古语传来却未然。王相若还生水位，成霖倾刻有何难。
龙如退处江湖了，甘泽难施要分晓。若还临上雨滂沱，倾刻时间济枯槁。
四课阳全阴未备，占雨必晴君可会。若还阴备阳不全，淫雨为灾天暗昧。
人言巳午必天晴，如逢蛇雀倍光明。岂知传用归西北，火既潜藏水上升。

雨期

大吉用加正月逆，卯上之神看若何。便以此神加神后，壬癸之下雨滂沱。[①]
又以大吉加在月，卯上神来子上决。神后之下雨淋淋，太冲暂有还须歇。
月逆轮来加正时，天盘之上看天机。癸子临处阴雨应，非雨则阴不须疑。

凡酉辰上见龙虎，玄合所乘之神有气者，主大风雨。玄居亥子，为入穴，为雨。从革见天后主霰，劫煞入传主迅雷。劫煞，正亥、二申、三巳、四寅是也。凡润下之课，而自辰传入申者，主有雨。

---

① 一云：子卯之下为晴日。

晴 占

青龙退入江湖内，或当入庙正安居。龙既潜藏而勿用，任尔尘寰自无雩。
龙王升天雨骤作，虎王出林风势恶。若乘囚墓死兼休，风止雨停成寂寞。
巳作六丁遇蛇雀，用神凭附卯为刑。加临火上天灾异，电光霹雳乱纵横。
亥子为传虽主雨，一怕空亡二怕土。辰戌丑未四维间，密云漫布终何补。
阳即为晴阴即雨，积阴欲霁观阳主。丙丁有气不伤残，壬癸囚死晴堪许。
水神不起东南路，蛇雀又来头上住。须臾皎日见晴空，纵有阴云无着处。
玄乘亥子雨虽彻，传末宜逢四土列。勾当陈贵更加临，虽未晴期雨当歇。
龙入江湖耽宴安，蛇入穴巢变化难。蛇化龙升为雨泽，蛇升龙降即晴看。
难居天上雨难杜，蛇居天上日昭著。云龙际会雨当施，蛇虫何能作云雾。
龙潜深渊雀唳天，火土成局势欲炎。润下水神空倒转，名为晴兆水枯干。
玄为天河子为水，居上淋淋何日止。忽然飞下入江河，从此无须问霖雨。
久雨阴云远汉盈，天罡加季便晴明。更以月将加月建，丁丙临支自霁晴。

风 占

虎到东方为出林，动啸生风孰可禁。更乘小吉为行止，拔木摧林灾祸深。
曲直克日风必异，霹雳徒闻丙未行。稼穑克干伤旱论，戊己晴明亦有因。

虎乘有气之鬼，主有大风，如乘亥临酉，则为正西风。虎与小吉受克，或落空亡，反上克下，有风亦微。

星殒占

凡见星飞练色长，正时运式落何方。假令值巳逢天乙，必主使臣出外方。吉将使星言非谬，凶神兵起定为殃。中天若是来飞落，便主兴兵看发方。还将月将加正时，日辰之上细推详。要知何将加分野，十二邦郊兵使乡。子齐丑吴寅燕地，卯宋辰郑巳楚邦。午周未秦申晋国，酉赵戌鲁亥卫疆。假令午将加于卯，周使来临宋国详。齐吴燕赵皆依此，使命兵灾逐处商。

凡见星落，月将加正时，看所落之方，见吉将为天使，见凶将为兵起，若在中天飞落者，以日辰上决之，以十二邦国看分野言之。

震雷占

雷声初动忽惊闻，运式加时看将神。六合青龙天乙下，岁中大改灭烟尘。
腾蛇玄武临轰处，此处应知灾祸生。岁歉民饥多疾疫，流移户口更多惊。
欲知灾起何方所，百里之中定落程。登明之下雷初动，亥地生灾必有因。
正西酉地如闻响，八月灾生主有惊。敌砦如闻雷一震，我军大胜彼军惊。

月将加正时，看震起何方，是何神将，以定吉凶。若正时及用神是木，主丰稔多风；火主旱、水主涝，土主力役烦兴，金主兵革，以分野上神定之。

暴雨占

暴雨倾盆必有故，欲知凶吉正时看。贵临日上长吏咎，寇盗须将勾武观。
天空白虎人灾病，常阴定主有私奸。青龙六合贤人聚，须知雨止月堪言。
如寅时雨止，即应在正月也。

虹霓占

虹霓凡见入人家，饮食泉中莫问他。日上相生生贵子，子孙昌盛足荣华。
正时日上阳见神，此宅三年出贵人。吉神良将多欢庆，定主功名定有成。
诸事俱吉生贵子，阳时阳将是男人。阴神阴将来临日，必主将生贵女论。
刚日视日柔视辰，最忌凶神恶煞临。若还囚死兼刑害，人离财散祸相侵。

怪风占

怪风忽来，欲占凶吉，以神将决之。
蛇主惊异，朱主口舌。虎主死丧与病患，贵主贵人。龙常财帛宴会，六合和好婚姻。天空欺诈，玄武寇盗。阴后奸私，勾陈争斗。

地震占

地震民荒多主饥，灾伤分野俗流离。东从巽震来临兑，不顺为殃户口移。
大动有声忧在国，无声小动在民黎。流亡改易当为忌，审在何方察将时。
但乘日与来方上，鬼与金神忌上居。勾虎空玄六合并，兵戈扰乱地荒芜。

婚姻占

欲问求婚成不成，须教二后莫相刑。日辰上见神将克，值此何须说聘情。
天后畏干女不肯，支克青龙男背盟。斗罡加季推花烛，加孟无劳礼数陈。
加仲许期成配偶，媒人向背亦堪评。支伤干兮男不利，干克支兮女有刑。
忽尔男家强欲合，便是初传问亲音。

婚后吉凶占

夫之本命加女命，两家年上看邪正。若值魁罡有损伤，大小吉兮必多病。
更遇凶神不成胎，男女年上相推映。互相生合传神合，若相克害不为奇。

必成占

日辰上下无克贼，天后相生婚必成。不然支被上神克，干又遥能制此神。
传中六合青龙会，相生有气好佳音。

择妇居方

欲娶三方俱有女，辰申与午各宜权。方上有神知善恶，天后相生即可为。
八月卯时甲子日，子乘天后与谁宜。午上土兮辰上火，两处相克莫娶之。
午上是土克天后，辰上是火畏天后。申上从魁金水会，此处为亲是所宜。

女邪正占①

从魁太冲将亥未，发用之时并太阴。玄合悉皆为不正，若非无室即淫邪。
天上传送临子上，功曹加戌两夫心。神后皆居年命上，桑间逢客便携金。

女妍丑占

二后课中加王相，此女轻盈貌似仙。若乘凶神又囚死，媒人说好是虚言。

入门后吉凶占

妇入门来看否藏，天时天后所居详。伤于日本公姑病，若克青龙夫必妨。
六合畏之男女少，丑未遭刑牛马伤。

胎孕占

妇怀胎孕已经时，未辨其中雄与雌。传送加于夫命上，孕妇行年观仔细。
阴神生女须教准，阳将生儿不用疑。更见胜光推产日，所临之下即为期。
奇偶天罡看所临，若还比阳是男身。比阴是女言非谬，不知生产必伤人。
更将日上详其应，阴阳分判不虚陈。用神克下生男子，克上还须是女身。
刚日比男不比女，柔日比女不比男。假令正月甲申日，子时甲上见丑神。
此为不比定生女，是子比和是男儿。阴日乙亥寅时定，乙上见丑为比阴。
乙上见子为不比，应知生男不须论。

　　凡占胎孕，月将加正时，看天罡所临之下为应期，如阳日临阳支为比，
生男；阴支为不比，生女；阴日反是相克则为不和，必害，事非母惊则儿损。
又以用神定之，上克下为男，下贼上为女，阳日比为男，不比为女，阴日比
为女，不比为男。

---

　　① 巳为宽大，未为奸邪，酉为私门，太阴阴私，亥卯阴贼，皆主不正，或云天罡亦主奸邪。

产期迟速占

斗罡加孟胎犹未，纵使生时亦有惊。加仲生期将已逼，若还加季立时生。

产妇坐向之方

孟月功曹仲神后，季月天罡加建看。丙壬临处身虚地，产妇坐居保平安。
又将传送加年上，魁罡之下主伤残。

科第占

干为广文支场屋，日为举子辰为题。卷轴词章以类看，制词立意同人卜。
干克支凶举子畏，命词特地来来制。支若伤干当大忧，动遭凌辱难回避。
干支若是两和谐，上下欢腾喜气多。或值刑害天将凶，纷纷藉藉枉奔波。
吉神吉将两无嫌，上下加临王相兼。主又炯炯双目青，时屏浮华拔俊彦。
天喜加临年命上，生气有恃来相傍。龙雀乘阳顺布传，求名遂意非虚诳。
三传若是同生日，立用当时天将吉。官星与马不乘空，独步文场无可敌。
支若生干文气新，日上居之用阳神。文思滔滔神明助，一举成名拜紫宸。

官禄占

占官当分日与命，两处参详定期应。用起运逢王相神，求即遂意官荣盛。
干乃占人支官品，官品生人福相准。何须着意苦营求，职位升迁自速敏。
干若生支多偃蹇，迁居调选瓜期远。如云此日已升闻，举刺难投徒宛转。
天驿马临年命上，用吉更能乘王相。顺传岁位作归宗，日边促近非虚妄。
干神若见月建生，官任信禄日嘉亨。支益干时仆更美，任从驱抑不纷争。
岁支日辰临年命，上下和协无乖异。政声藉藉四方闻，不久必应做朝贵。
赴部先须看日支，支生干日始相生。吉神临日前为用，升推还同永久期。

占文武赴任得否

文武位殊占亦别，文视青龙武太常。日辰若内生其将，得此迁官定久长。
上克下为忧晕戾，下克上时遭祸殃。日至龙常迁岁限，辰至龙常月可量。
二将相生为赴期，时若克龙不为祥。假如乙亥龙加日，从辰至午上辰当。
此主三年八月得，文要龙生武要常。从申加酉有六辰，六年十一月为良。
此时得官赴亦吉，龙常加处好裁详。

占上官日期吉凶

择日上官何所从，年上神克官遭凶。兵刑二曹金是主，工曹为木水司空。
户曹灰天仓任立，水来克火冬灾迍。将是朱雀有口舌，神逢虎病龙庆臻。
年上又遥能制日，值此之时祸必深。假令甲乙日上任，年上见申位登明。
亥寅相合建正月。月内须知必有凶。阴神若是遭刑克，戌日为合祸亦生。
门神克年归末传，年若伤门差役频。求替支伤干吉允，斗罡加季亦相容。

占身被差使

任事被差供使行，去留犹须决去情。日辰上下无刑克，传送天罡定登程。
干支上下相贼克，用逢天乙去还停。贵人背却支干位，天马传阳必主行。
盖凡支干在天乙后，入阴必不行。
天马乘生王主行，传出天乙前为入行，主行。
行年立马为关钥，托故犹自恋其庭。若值天车来入课，前途必主车马惊。

占病

疾病如何定死生，先看白虎与乘临。假令日干求水上，土神作虎病难醒。
次看六煞乘入墓，仔细推寻始分明。火日用神传见戌，忌见天干加丙丁。
戌居木神居未上，壬癸水神辰上停。申酉二神逢丑位，行年三合梦魂惊。

带煞虎并来入课，值此须知病渐增。白虎乘神更王相，遥克行年命必倾。
凶期鬼日将为虎，甲乙占忧庚及辛。支干作虎忧今日，若在他辰数计程。
虎乘死神克年上之神，皆凶期也，鬼日者死。

占病鬼有许多般，不可一途容易言。鬼在鬼方无所畏，救神制鬼鬼称冤。
且如甲乙为金鬼，金居火上人得安。是名鬼自居鬼乡，此鬼难逃灾烬炎。
忽然鬼居生王地，此鬼算来必有智。恋彼生王得算荣，岂肯便来为不义。
鬼若入墓不须忧，自值空亡百祸休。但恐克干人遇害，尤嫌白虎助冤仇。
白虎之阴不宜应，应生于鬼须伤命。纵然无事亦遭愆，大小啾唧何日定。
虎之阴神还制虎，生者安宁病者瘥。凶患此时不再来，求谋出入皆无阻。
大抵恶人不可扶，恶人扶起便无徒。只宜钳制知加谨，所以安恬百祸无。
鬼为白虎去伤干，遇此身心必不安。更克行年尤可畏，病加沉重鬼为冤。
三传有救不为凶，制鬼之神亦可凭。更得岁来生日子，灭灾消祸自安宁。
命来克日不可当，十个占来九个亡。本命亥神日是丙，亥加丙上自为殃。
贵人临辰作天乙，遇此何愁病瘥迟。昼夜但逢生王地，二竖遁走笑嘻嘻。

凡占病，鬼居受克之方，不能为害。鬼居生王之地，谓"贪其生荣"，亦不为害。虎之阴神，作鬼者害重。

假令亥为虎，则亥之本位乃虎之阴神，若上得辰土，则能制虎矣，疾当自瘥。若课传有克身之鬼，或水或火者，若日辰年命三传有土可以制水，有水可以制火，谓"制伏"，即为救神。

详害气

丑为墓田木棺椁，浴盆加季四时终。魁罡又为锹锄煞，轸巳丧车不可逢。
六合寅卯棺椁煞。

元辰本命加年上，与虎并临主大凶。虎与阴神伤日，使鬼来追更不容。

又云："天上死气入墓，及行年日辰上见者必死。"玄临死气者，谓之"浴盆煞"，占病大凶。

占病形态

初金终木伤流血，用木末土癫肿疾。初水末火寒热瘴，火金赢瘦风癫痴。
土水淋漓为腹病，五行生克逐位推。本命上神依此辨。如逢亥子肾衰微。
支辰有气频吐呕。干同虎类淹缠期。玄武体虚为水疾，天空下痢更无疑。

占请医方所

日辰月建同前二，此是天医冲地医。今日解神用克虎，病即减退定无疑。
医神土木须丸散，水即宜汤火灸之。金为针砭看其类，宜用魁罡下请医。
功曹之下宜服药，传送之下好觅师。男用天罡女河魁，男寅女申去请医。
男用天罡加行年，于功曹下请医。女用河魁加行年，于传送下请医。

病愈日期

治病如何是瘥因，行年之上看临神。天乙所居乘王相，若能克鬼愈期真。
假令白虎克今日，天乙宜临日与辰。虎落空亡或德喜，与日相生不害人。
子日之期为退限，还如戊己瘥庚辛。

占行人

方神过限为已发，未过限时为未发。行人来否欲先知，运式还将方向推。
日月二门观度限，阴阳至上定归期。东与南方酉是亥，临子为期须见面。
若临辰未始束装，卯午不行犹眷恋。西北之方卯限神，午上将临是归辰。
若临戌丑促装起，子酉犹为旅次人。干为行人支为宅，内外推详要明白。
彼此比和归意浓，刑冲破害犹为客。干克支归装促，反此归期犹未卜。
行人年命支宅门，跋涉山川来速速。三合之间六合逢，行人欢喜促归程。
更兼二马三传逆，稚子童仆可欢迎。年命远离支辰间，地角天涯会面难。
日辰更若互相临，不久相逢定团圆。天干若见墓神加，此日行人即到家。

如更往临生王地，归期纵有亦须差。间传同进无别区，尽说行人多阻滞。

绝神入用不须疑，征途促恋归心切。传中天驿马加临，归人途间有异心。

又愿相知问眷恋，倚门徒切望归音。行人占验定来期，四课行年临处推。

辰上阴阳立见至，行人乘马不须催。欲审行人来不为，但将飞伏二神猜。

第三第四当时至，飞即临门伏不来。白虎行年道路神，贵人太岁本家尊。

路衰家王归心切，路王家衰不动身。路在空亡败墓乡，家人克路路人亡。

行年白虎会今支，便是归期不用详。游神加孟尚迟迟，仲季临之不久归。

日上贵人当日至，天罡加季不移时。驿马名为递牒神，盼人望信向门迎。

三传若迎行人至，朱雀之阴是信神。逆布三传日在辰，行人不日便相亲。

若逢天耳音先到，品类临时占验真。观风使者出方巡，来否支辰看贵人。

支上贵人目下到，不然即是隔三辰。所占人物须看类，度限行程为不背。

子午上神为至期，更临四课逡巡会。天乙尊贵雀文书，医筮僧道在申居。

猫木功曹与吏胥，酉婢戌奴玄盗期。钱财朋友看青龙，行木舟车看太冲。

妇女阴私占阴后，童仆工力视天空。子侄媒妁女当合，军民首领看天罡。

太常綵绵严君位，酒食频占小吉良。幼女螣蛇共卯神，皮毛小卒视勾陈。

兵刀丧具四方兽，兄弟原来视太阴。卯酉为隔子午关，天罡加处事艰难。

津梁风雨还须阻，天地氤氲道路间。天罡乘马使须回，虽不乘传即日来。

更得用神乘二马，征途飞骑不须催。近出还家亦有期，出时加在今辰推。

天罡临处日辰定，过去言日未过时。发用前于本日支，更观天上日临期。

若还发用居支后，旅馆盘桓未动移。东与南方酉为速，西与北转卯非迟。

假使行人身在戌，天罡临亥始装衣。何知半路应相会，转在东方立卯基。

午上功曹甲相见，大吉加午己见之。应来必至日前四，前四之辰神是谁。

　　如戌加寅，午上见功曹，主甲日相会。若戌加卯，则午上见丑，宜以己日为至期也，又取立用之神，以三合之支以配子午上为行人至日。

　　以来人占日支前四神，辰上辰为至日也。

　　如是神后，主子日至。

　　不知行人千里外，即看行年度限推。

　　看行人行年上神临处，过限为不也。

占行人物类

　　行人各推其类，五行可以参求。父母为尊长之人，子孙乃所卑幼之类。朋友不离于兄弟，奴仆皆属于妻财。官鬼为夫，又为贼卒；青龙财宝，朱雀文书；六合舟车，天后女子；戌仆酉婢，月朔亦同。凡占行人，不问远近，若遇三合即相见。又看他克我、生我、合我，若克生合我即归，比和亦归。

　　欲知行人来否？先凭白虎为期。初传行人立至，中传在路，末传未归。空亡玄武失约，末遇龙转他方。

　　欲知人支何处？末传便是其乡。蛇阴入传，必然淹滞；勾朱无讼，亦须击聒。连茹必然带众，三六合是亲知。虎不入传，愆期爽信。

在外不知存亡远近

　　行人难问限与期，存亡远近未可知。如人一去无消息，即将行年定至日。若居寅申意不返，巳亥归乡心尚疑。居季巳作他乡鬼，立仲前程抱恙疾。若临南北知所在，相生相克定安危。三千里外将军下，千里须知看岁支。五百里外求月建，百里干支五十时。其下悉皆为限至，日月还须映微隐。更推游神春在丑，夏子秋戌冬亥推。加孟未来仲半路，加季相近不久归。又用戏神看临处，春巳夏午同取之。秋当在酉科在辰，依前临限辨迟速。

推将军法

　　孟加胜光仲加未，季将传送加太岁。常以置下推将军，动土修营无不利。

占行水陆

　　欲占出行吉与凶，须看行年与日辰。太冲传送魁罡立，或在时前定涉尘。日辰年上逢王相，斗罡加子任因循。干吉去时宜陆路，支吉水道往无凶。太冲若遇蛇与虎，车折船倾定损人。

论讼门

论讼传课看日上，尊卑先后可分区。干克支神尊必胜，支克干神卑必伸。
用神克下宜先动，下如贼上对无凶。上下相生和解散，传中休气隶囚真。
日神囚墓皆遭晕，末传死气必害身。若见太阴来入课，与日相生可首陈。
局内凶神何者是，魁与罡兮巳亥神。日辰年年若相见，必主笞捶遭晕刑。

占系狱出否

论讼未吉忧被系，禁狱须看关钥神。关神居季钥神孟，如夏关辰钥在申。
关即囚禁钥即出，发用临之加日辰。传中入墓还遭狱，初墓末生不系身。
斗罡临日须更解，时遭伏吟迟滞神。贵阴天后与德并，官文解散逢赦文。

占晕轻重有无

既系须知晕重轻，勾陈与日辨分明。勾克日兮难分诉，勾被日克讼难伸。
勾陈临日为同类，牢狱多因见久停。勾阴克日若作虎，获晕须知遭戮刑。
勾阴若是为天乙，生其系日必赦情。色乘白虎神不王，日辰有气书献陈。
朱雀带煞伤年命，如克支干晕亦成。事关朝劾神同岁，理涉州司月建并。
日刑被罚月刑杖，岁刑因病莫惶惶。三刑弃市两刑配，一刑只主笞杖凶。
龙并岁月建用用，恩宥来宣赦赦情。

商贾门

意欲求财日中市，三传有类可经营。物与日辰无克害，买卖皆成客主通。
物乘太常为绢帛，鱼盐属水仆天空。金银刀剑珠申酉，木器舟车竹太冲。
类用王相宜商贾，若见休囚免动心。

占买卖宜向何方吉

求财须视青龙处，必须龙加有气神。所临之位无相克，更乘龙生今日辰。
岁上有神年神畏，年神克龙必济贫。行方先看青龙王，所去求财当主通。

占卖物得否

有物欲求售鬻时，支干俱吉利所为。干吉支伤忧小利，支吉干伤不厌迟。
时下无妨犹怀玉，干支无伤带损归。

占求财得否

日即为人辰为财，辰凶日吉必空回。日凶辰吉亦难求，须必日辰俱王吉。
日为求者身，辰为所求者，日制辰神得，辰克日难得。

财得多少，云："大与小，多与少，以辰晓。"如日辰上王相，将神不相
克，所见必大，所得必多，反此者少小。

占请谒

欲出门庭谒访人，看他居处近何辰。方神若与初传合，三六相呼见且忻。
假使他人居戌地，用神喜午卯寅临。天头地足求加日，一见欣然便见亲。
子午立门待少时，从魁路上遇相知。合逢亥未酩酊饮，醉卧情浓不动移。
丑到日辰在酒肆，太冲舍后是会期。魁罡病患家中卧，太乙出门将欲回。
登明吊问难相遇，功曹出使木公役。传送征途行更远，更见丁马动移时。
戌为天头，巳为地足，若加临日辰必相会也。

占请客

天上将加地下时，看其用处合机宜。天罡加午临支上，千里为期定不移。

天罡若在日辰前，远近应须来赴宴。若是天罡加日后，纵然隔壁亦无缘。

以月将加正时，看天罡所临，若在干支上即时便至，在日前即来，在日后不来。

占人请召吉凶

人来呼召审时真，月将加之看日辰。日为来人辰为我，干若伤支是诈情。
辰上之神去克日，来者言辞非妄陈。日上相生逢吉将，欲言好事意相亲。
魁罡必是人谗谤，蛇虎须知彼恐惊。就里消息详事类，吉凶掌上细排论。

占来人善恶

以月将加正时，看神后所临，及日辰上所见何神以决之。
路行遥见有人来，月将加时掌上排。神后所临详凶吉，加孟良人不用猜。
加仲商人季奸恶，不须恐惧亦防灾。天罡加处定来情，加孟须知是吏人。
加仲即知为商贾，加季凶贼不可论。来人何事动惊疑，月将加时四课推。
亥子巳卯为刀杖，日辰前后不可居。玄武加宅贼入屋，辰戌临申是吏徒。
丑未送丧午酉逃，子卯来害是冤仇。勾陈狱讼人争斗，蛇虎凶徒欲害谋。
魁罡逃避潜藏隐，巳酉发用方下圆。

客来寄物可纳否

有客投我来寄物，占看此人意何为。阴神辰上详善恶，遥克干神定凶败。
更观支神所临处，此处辰凶日不宜。假令七月丁巳日，神后之神支上推。
太乙加子水克火，此是支神不伤日。问其事发因何故，天盘贵神以决之。

占见贵请求

欲谒官贵有所祈，青龙小吉宜见之。斗罡加孟求即得，临季空回仲许之。
六合太常并为吉，日辰刑害总非宜。

占主家善恶

征途日暮前程远，欲寄今宵恐主谋。辰是主人日是客，日辰相生吉可投。
登明天空谋诱我，蛇虎魁罡被害图。从魁胜光急宜吉，神后临年速进途。
时值绛宫明堂加，亦须急去莫迟留。

占人谋己

欲知仇人有异谋，日辰神上看有无。辰为人兮日为己，辰若克日有害图。
日神王相能克支，纵有怨恨不敢为。日辰相生发空陷，有人和解自消没。

占人叩门吉凶

叩门欲知凶与吉，便将月将加正时。言语虚实诈与伪，日年神将上下推。
见子奸盗丑贵招，寅为书吏卯傭役。辰为凶徒午邀会，未为觅食巳乞鬼。
申为借宿僧道客，酉为女子戌吏卒。亥为征召官贵事，若见生贵好客挨。

占忧喜成否

忽闻忧喜报音来，须用占法日辰裁。日若用辰端的有，相克虚诳莫疑惑。
若是支克干上神，言之皆实可信裁。甲辰相克为不实，甲午相生总实怀。
忧喜君家要自详，传中有救福昌昌。加孟无忧仲小忧，加季大忧视天罡。
经云："忧不忧，传自救。"如用神囚死，又临囚死之地者，闻忧则实，
反此则虚。再视罡，加季大忧，仲小忧，孟无忧。

占心动目跳

人心忽尔作怔忡，月将加时年上评。若见功曹文书事，太冲阴干不分明。
胜光忧恼胸怀动，太乙喧哗口舌争。酉申远行发备御，魁罡疾病患切身。

丑未人憎多咒咀，亥子悲来哭声频。忽然眼跳致心疑，月将加时年上推。
巳午寅卯生喜庆，申酉子亥动忧危。辰戌丑未愁兼乐，将恶神良喜伴悲。
三传日辰同详究，未来灾福可尽知。

占鸦鸣鹊噪

忽见禽鸣高树枝，便将月将加正时。大吉前逢铜铁至，太乙登明见乞鬼。
天罡河魁有斗讼，小吉妇女酒食衣。寅申并主宾客至，子午酒食会遇奇。
太冲船车盗劫事，从魁妇女索休离。更将天将详喜恶，吉凶祸福可先知。

论盗门

先详游都依限推之，欲知匿处天目堪窥。
天目：春辰、夏未、秋戌、冬丑。

占盗贼

占盗先寻玄武看，老少休王定两般。
王相有气为少年，休囚无气为老人。
阳即为男阴是女，神将比和贼安闲。
玄武所居之神不相克，主贼在家不出。
玄武内战分贼竞，日上勾朱自首官。
玄武乘土神为内战，若居木上主有人告发，日上见勾朱蛇虎主自首。
玄武之阴须识取，名为盗神用察奸。
玄武为盗神，若阳为玄，闭口处为阴神，阴为玄，则玄所主之神为阴神。
年上有神克武盗，发用追捉更不难。盗去本家知伴侣，玄生于木树林间。
如玄亥相去一辰为一人，二辰为二人之类，盗所生神为藏物也，如亥生
木王相，则当在林木中，休囚柴草上。
盗神朱六勾蛇虎，不死即擒便诉官。更视玄武三传地，上下俱伤是败端。
克处不将赃物寄，生处必在方内安。传之顺行贼游走，逆转即知贼伏潜，

黑奴但看玄武立，上下相乘取次看。再视亡神天目位，贼居其下不虚言，亡神旬内居其乙，犹如甲戌在登明。天目春卯夏居午，秋酉冬子下藏奸，若要来伤支上时，莫问阴神何处安。支上阴神来克之，亦寻究追保十全，太阴六合加日上，福神佐之避远看。

玄武所在

三传玄武见螣蛇，便是囚徒丧祸家。十二之神皆有例，以例推之定无差。

如是朱雀主在文贵长吏之家，见六合在媒牙买卖经纪之家。余仿此。

占逃亡

远式占逃须辨人，男女良贱位中分。闭口德刑详此法，仔细推详有如神。假使天罡作玄武，便为逃者之所身。天罡去戌知远近，三里便离三个辰。上下并却因合数，三因三十五在寅。贵人顺治初玄视，天乙逆行武居终。反吟逃走玄冲地，伏即遥飞玄武乡。玄在南方近窑灶，若在北方藏水滨。酉西辗磨卯东木，未是平田丑墓形。武若生日自居舍，若生支辰问支亲。三传玄武贼居处，刚日在身柔在辰。

天罡至玄隔一辰五里，玄七魁五共合之为十二里，而因之五七三十五里。反吟即玄之对冲，伏即玄所主之神。

课逃时

欲卜逃亡初走时，必须月将加时推。男藏室宿胜光捉，女隐轸星神后推，又法今辰三合墓，以墓加时此法奇。魁罡临处藏其下，即往擒之不用疑。

以墓加时者，如亥卯未三合，以未加之。

占六畜吉凶

欲占六畜逐类详，胜光为马未为羊。玄武并时忧走失，白虎加临疾病亡，地下支神为本命，恶神临之不王强。午并朱雀加金上，马必咬人须要防，丑与勾陈并加戌，不主牛斗犬必伤。

占病畜吉凶

假令牛病先视丑，看视何神来加临。魁罡作虎应难活，有木克之亦难生，神后为屠太乙灶，酉为刀斧卯为砧。刀临砧上屠临灶，四神入神定遭烹。

占六畜走失

牛马放逸知所在，胜光大吉立何方。东西南北看临处，神并相生不损伤。下若克上遭拘系，不克何忧彼系缰。玄武天空盗贼生，六合太阴主匿藏，贵人朱雀官贵隐，若见干支归本乡。远近至阴为里数，获在所临日辰详。

天乙逆行以亥为盗，顺行以蛇为盗，寻必易，不克须知是去方。假如失牛，如大吉加申，主落在西南方，阴神是丑，丑去申相隔六辰，为六里或六十里也。

占宅内吉凶

辰为宅舍日为人，宅上神凶必害人。带煞兼刑来克日，以将言之得其因。如支上见凶神克日，若与朱雀并，主口舌官事，与白虎并，主死伤。四课相生吉神立，六合青龙福庆臻。更视三传知善恶，专看年上所临神。支傍有神何所主，欲知此属是近邻。推宅玄妙详支上，若见魁罡定损人。干支支吉老者祸，干吉支伤少者钝。

入宅吉凶

此宅新移来居住，占看几时无忧虑。即将月将加行年，宅上之神详凶吉。寅申子午相加临，便是安居不可移。魁罡老居忧逢祸，卯酉幼居主疾病。巳亥牲畜多死损，丑未遭官有是非。

占分宅

意欲将宅分与人，须于课中推日辰。上生下兮他居利，下克上兮我居凶，
忽然上下相亲睦，此宅共居亦分明。子若加母难容受，母若加子会须精。

占宅内有鬼神否

何知宅内有鬼神，蛇虎临年天恩尊。春辰夏未秋是戌，冬见丑兮定损人。
四时冲破神刑合，切忌来加日与辰。

四时冲破者，春酉、夏子、秋卯、冬午。更与刑煞合，即有鬼，不合
则无。

占藏内修造所忌

行年加岁加其姓，岁煞今朝莫犯之。月煞若临其月忌，灾煞两般却要知。
若是修造门并户，必令诸神嗔怒之。行年太岁上头看，避忌蛇虎及魁罡。
月煞：正月起丑，顺行四季。

占月龙

其法若要推月龙，大吉须加月建中。即看寅上何神立，亥子当头是黑龙，
若使家长逢此课，用之修造主大凶。须知前占无恶将，更以行年加用神，
本命之上看所得，第一利逢申与寅。胜光临之为中吉，若值魁罡不利人。

占人家有酒无

我有嘉宾欲就沽，闻其有酒又疑无。从魁加孟新酿出，临仲馨香季已枯。
更将大吉加时看，子未临之得半壶。

占渔猎有无

渔猎太冲为宰神，若来加午虎狼嗔。临丑中刀有走失，伏昴空回不利人。
支为鱼鸟干罗网，支伤斗季必获擒。占时受克为多得，营室宜加日与辰。
亥为营室。

占博戏

博戏三传神将推，两家俱课就年知。年上神吉虽必胜，遭破凶克亦衰微。
三人以上皆详此，年同又视主客宜。先呼为客应为主，客是干兮主是支。
支干上神详凶吉，克彼之时便可为。对敌从何推胜负，支干年上定输赢。
相克择其王者胜，龙常生王亦为吉。

来意玉田歌

来人举意我先知，隐显旁通不用疑。只在三传并四课，用传一位是天机。

凡占来意，只在发用一神，用乃人心之所向，为事之主。占者籍以得来
人之情意，凡事吉凶亦复系此，故发用为第一吃紧处。

太岁天罗枷锁藏，岁刑白虎见重丧。月刑为用忧家长，岁破须忧有叛亡。

此以下本发用之神，以决吉凶也。太岁即岁建，管十二个月中之事，日
前一神为天罗，支前一神为地网，岁刑即太岁所刑之神，岁破即岁冲之神。

时伤年命入传来，瘴病忽逢惊且骇。但见德神临用处，必招喜庆免凶灾。

日刑作用婢妾殃，时刑阴小见灾殃。死神德上为坟塚，生气官方是宅场。

死神：正月起巳顺十二，生气：正月起子顺十二。

火乘大将多惊恐，罡作朱禽凶讼逞。寅上荧惑音信来，天空虚诈无凭准。

亥子与蛇雀并，主有惊扰事，罡乃凶神，乘朱主斗争口舌，午为荧惑，
寅上见之主音信至，见天空主虚诈。

天罡立用众相干，寅卯之方讼狱难。昼夜贵人传俱见，或同日德动尊官。

凡罡发用，主众人谋害事，临寅卯主讼狱事。日夜贵人俱临三传之上，

更与日德并，主尊人官长，忌怒不利。

日往加辰亲戚来，若遭刑害受凶灾。外财入内主财喜，若是逢空反破财。

日为人，辰为宅，日主外，辰主内。干神加临辰上，为人入宅，故曰"亲戚来"。若辰上神刑克日干者，主凶灾至。辰上财为财入内宅，见空亡凶。

青龙折退财粮，患病多因虎肆狂。武遇盗神贼入屋，后临小吉女为娼。

龙为财帛之将，临申为受伤折足，故曰"退财粮"。用虎克日，主病丧。用玄克日，主贼至。后临未，淫佚事。

若问文章午上宜，上神下降到无疑。辰加午上惊床墓，午戌铸印有鬼魅。

胜光乃朱雀之体，若为发用，主文书动，上生下必至。辰乃斗争之神，加午主房帏之凶。戌亦凶神，属阴地。

午上从魁婢坐堂，匪人作正宠偏房。腾蛇若遇日相并，恶梦惊扰心血伤。

酉为婢妾，午乃中堂，酉加午上以偏作正，以妾为妻之事。蛇主惊扰，加日主有怪梦，或心惊或血疾。

传见太阴主托人，太阴立处见其真。若居四季多诚意，余将徒劳枉费心。

阴为暗昧之官，若发用主有私托之事，更看加临之地，若居四季为真矣，余俱虚诈事必无成。

雀临未上怪异狂，蛇到南方致马伤。龙入天牢来问父，虎乘地网问官殃。

朱雀加未，主怪异。蛇加午，主马有惊忧，龙属寅，为老翁，入天网日干之后，主问父母。地网属他人，白虎多主官病。

白虎原为从者人，末传见此被人论。若在中传交相论，居初我却讼他人。

白虎，至凶神也，属讼病、道路之事，若发用见之，是我讼人，在中主彼此交讼，末则人讼我也。

常后临空被盗攘，或失丝帛衣与裳。贵雀若与空相遇，失却文书纸数张。

常后为财禄之神，主衣服丝绵，若陷空亡，必然被盗。后主暗昧，故云盗攘。贵人主官贵，朱主文书，逢空必然失损。

月厌天罡六甲辰，若临卯上鬼来侵。屋头屋角声叫频，三五年来倍损人。

月厌正月起戌，逆行十二辰。若乘天罡及六甲之神，临卯为门户，主宅有鬼怪侵人，不出二、三年必见。

天空加巳灶口破，争论屯蒙多灾祸。音信之外意不诚，奴仆咒诅兼为过。

巳为灶，天空乃破耗之神，课传见之，主灶口破损，口舌生灾。太乙又主凶灾，天空亦为虚诈、奴仆奸欺之事，故云"咒诅兼为过"也。

课内天罡遇胜光，逃亡只在眼毫边。凶贼匪寇难潜隐，占病缠绵久欠安。

罡主争斗凶恶，胜光主鬼怪颠连，辰午又俱自刑，故有逃亡之事在于目前也。午为太阳，辰为斗柄，故主难逃，若占病，则主阴缠尤凶。

火鬼相逢与月厌，蛇朱刑害为灾变。若还加在支辰上，一夕火光满室院。

火鬼与月厌相逢，更遭朱蛇刑冲临于支，宅须防火灾。

天空乘未并为妖，家宅生灾非一朝。辰卯勾陈频致讼，血支血忌最难饶。

天空奸诈破耗之神，若乘小吉井泉之将，主井发凶怪。勾为斗讼之神，临寅卯辰主讼争，更遇二血，必主血光。

玄乘二马隐形机，越垣踰屋捷如飞。更值长绳尤巧便，天窗悬索盗财归。

玄武乘马，必主逃亡踰屋越墙之事。见长绳悬索煞，主盗从天窗中来取物盗财。

罡作勾陈卯上行，上门寻闹有忧惊。还招病患并词讼，部众争田界不明。

天罡凶神更值勾陈临卯，主斗争、病患。罡勾俱土，故主争田致讼也。

用值芜淫六害随，娼家妇女不须疑。空亡落酉知人品，寡妇原来从此榷。

芜淫卦主渎乱淫佚之事，乘六害主娼妓，若逢空亡居酉必寡妇也。

辰加酉上作青龙，刺骨之人必是傭。亥上天罡作武将，盗贼不日败形踪

辰主贫薄，加酉相合青龙为贵客，主刺骨苦志之士。罡临亥作玄武俱自刑，辰又为天牢，故云败露。

路神求虎物求阴，败墓逢之物易沉。路克其阴当自见，阴来克虎定难寻。

虎为道路之神，凡逃走失物，当于白虎之阴神下求之，若阴神物乘败墓之地，主难获。

墓神覆日运未通，四十九日暗雾濛。占病气塞食不化，夜间清爽昼昏懵。

功曹作虎在门前，当户猫儿惹祸愆。朱雀喧呼争讼起，螣蛇为怪事缠绵。

日鬼加临课在辰，门中官事若相萦。凶神受制谋须遂，吉将遭伤干未成。

月厌六月未加巳，天鬼其时在午地。加宅邻里有邪神，童子师巫为祸祟。

成神发用总皆成，天目宅中有怪精。迷惑始为终不吉，亡形路并事遭惊。

玄武招欢走失详，太阴生气运阴阳。螣蛇遇武须防盗，逢逢金劫陷山冈。

墓逢罗网刑狱忧，生气医巫财用周。金雀乘伤防大患，凶神天狱讼难休。

青龙盗气财用伤，时逢日破虑惊惶。贵科二马官升转，玄入私门人欲亡。

墓加日支真可虑，事犹雾云相遮蔽。百子千孙漫众多，其中并无可人意。
空遇天空事无成，托人虚诈更难凭。忧疑虽有心无惧，灾祸旬中总不寻。
辰戌墙垣丑篱院，天空空亡须倾陷。更值寅申不便观，篱穿壁倒无边畔。
天地二医居支旁，邻居左右药堆房。天空逢戌墙壅粪，肆馆招宾龙与常。
卯将加来入申酉，床凳足损不堪凭。来占定主腰足患，有救须知病自宁。
求财须用贵与龙，龙墓身时定是凶。入水求之丰百倍，出水求之一声空。
龙在未为入墓，在亥为入水，在子为出水。

欲知丹诏发京华，太岁传中月将加。天马更逢相比并，九重恩命信无涯。
月厌丁符与将空，伤干怪动发惊冲。腾蛇朱雀并天鬼，宅舍须忧火灾凶。
支用传干托我情，干传支上我求人。天头地足东西立，申虎加临助远人。
太岁入传应在年，传时只在眼毫前。支旬干日为急速，见气依期总不愆。
斩关游子别比邻，干上支加行色勿。天驿丁乘传内见，参宿白虎动轩轮。
父母临干卑幼煎，妻财尊长主不安。子孙见虎官灾灭，朱雀来伤口舌谗。
子孙阴劫日干临，逆乱凌欺尊长人。同类定主宅内事，相逢合处是家亲。
犬入猪栏尊长当，羊投虎穴不寻常。医巫络绎来相遇，有救干神解此伤。
青龙申酉忌相逢，白虎偏嫌巳午宫。于后未地当避迹，不然眷属尽疲癃。
岁月相伤尊长迍，虎乘丧吊哭声频。三刑有鬼人家破，官马加年职转升。
午火若遇亥子乡，传中丑午害同详。若见加临空亡上，虚耗虽有不为殃。
涉害关隔遇火神，下临亥壬隔江津。土神见木山林阻，木用逢金遇盗兵。
三传俱作日之财，炎上庚辛官长灾。否极泰来占时吉，万里鹏程声誉美。
白虎名为道路神，玄临卯酉盗窥门。河魁奴类从魁婢，逃亡乘遇不可寻。
鬼乡有鬼绉看头，族类逢亲可解忧。月将号为福德主，若居年命总无愁。
传送长弓拟作张，从魁逢水酒芬芳。太冲酉上刘非谬，天后乘神必是汪。
官逢禄马进职秩，远客促装不少留。病上得马魂魄去，出行遇此任遨游。
小吉羊酒太常宴，二土相逢脾胃艰。日上若逢休败气，食伤沉重药难安。
若见魁罡卯酉中，是为关隔道难通。行人不见还乡信，中路犹防橐内空。
太冲生王好船车，刑破休囚定不佳。狭小不堪人运载，卯辰日上有风沙。
魁罡加孟损船仓，仲季加辰头尾伤。干日支辰相遇处，出遭风浪有惊惶。
从来空亡可解凶，传中前后细论评。先空后实主难解，始实终空祸不逢。
占病如何辨死生，先将白虎看所乘。假令今日作壬癸，土神为虎病难醒。

日辰若见墓神加，病者颠连乱若麻。若见刑冲并破害，灾患如风逐败花。
受虎克神乃病墓，救干制鬼是良医。金乘白虎肝经病，治肺须逢巳午期。
亥日逢丑害头疼，脾土还兼腹内癥。卯肝戌足巳齿类，酉腹未胃午心神。
地盘旬首遇玄神，闭目难言病哑暗。旬首若加旬尾上，空同一例盗难寻。
引从前后见天干，仕进升迁定转官。若见支上修营处，迁徙宅舍保吉安。
干支首尾始终宜，四课年来月日时。格名天心成就庆，朝庭远大事多奇。
昼夜交加簾幙贵，加临日命土欢腾。好将锋利吴刚斧，欲取蟾宫桂枝看。
脱上逢脱主虚诈，空上空去事难成。若逢茹进回身可，退步空宜向前行。
三传上下递去来，荐举声名接引裁。递互若或伤日主，恩多成恐事相乖。
初是长生终是墓，有始无终作事误。反此欢忻转吉详，全类吉神来作获。
末助初传日上评，财生二者喜非轻。若是初鬼末相辅，帮虎教唆两患生。
太阳月将焰玄神，一切凶贼俱露形。若是占婚逢后合，不须媒妁定相亲。
魁渡天门须阻隔，罡塞鬼户任谋为。贵人若是临斯地，六神六煞不敢窥。
课传之内遇旬丁，动用游行不自宁。若是庚辛乃凶动，若逢壬癸主财停。
传财化鬼破财防，后鬼乘财取即伤。不妨生支宅内发，最嫌干克外为殃。
初传上下交夹克，受人制服屈未伸。更遇神将相克战，谋为成处被人倾。
贵在干前切勿迫，若居干后要相催。应迟欲速遭公众，应速迟延事转坠。
贵人差迭事参差，昼夜分明须要推。昼贵临夜眼开暗，夜神遇昼事光辉。
文章青龙武太常，官司禄马贵人方。用王逢相加年命，指日升腾沐龙光。
任信难言事伏匿，一逢丁马便迁移。干支年命同为用，谋动尤速更无疑。
支干递互两相刑，得此须防长者嗔。传送更乘丁与马，须知异地不如情。
逃亡刑德限藩篱，盗死生绝决隐疑。玄武还家知避贵，螣蛇落地好寻儿。

射覆

物藏幽隐射为难，发用日辰仔细看。辨别阴阳时得正，须臾决破便腾欢。
阳日先观日上神，阴日支上细排论。更兼发用同推究，颜色形容总是真。
变化精微在五行，王相死囚休上论。王从本色相从子，死从妻兮囚鬼陈。
休从母兮推征应，五行物色自分明。甲青乙碧丁紫色，丙赤戊黄己色红。
庚辛白漂壬为黑，癸绿都来日用呈。十干颜色辨阴阳，专看日辰有定章。

若见阳神阳色用，阴神阴色用上详。发用若逢王相神，物为近贵更图新。
休囚死绝难为用，完缺全凭此处论。火用虚类锐有芒，木形曲直更柔长。
土为圆厚金方硬，水类条长直入苍。欲知生死何分别，全在支辰气上决。
死绝休囚不可言，相生王相即堪说。孟圆有角季尖长，仲是形方口亦方。
孟亦稜层仲平直，季乘圆实更郎当。用神若与日辰并，王相堪食物且良。
更值功曹尤不错，若还反此是虚张。发用占物在何手，左阳右阴临处有。
阳仰阴俯气为言，专看阴阳加奇偶。欲推四季可前知，正用将来已过时。
只把用神推节气，前来后过不差移。金死为铅水作泥，木为材器火灰坚。
土衰坚硬石堪拟，遇脱方知应不欺。相神方软王新圆，死作僵直形象偏。
囚神破碎难致用，休为轻缺不周全。曲直斜长草木材，润下湾环水边来。
从革金铁兼方类，炎上虚尖土厚培。伏吟近物隐溪畔，不备刑伤体残亏。
若遇反吟来路远，往来反复可推详。土木火局陆地寻，从革金石出山岑。
亥临卯未玄居虎，润下同推水象深。日辰若是逢子午，看目分明形伛偻。
卯酉团圆口有伤，寅申毛角寻常数。巳亥分从面貌圆，辰戌丑未硬周全。
若逢午未还尖碎，孔窍身边总不坚。金王金银铜铁宜，休囚砖瓦石瓶磁。
火衰煤炭灰飞散，土败尖砂不用疑。流转曲形是水躬，败为泥土死为空。
木神王相成材用，囚死就为朽腐丛。日辰若入三传者，其物必然有表里。
天空发用又临空，一切全无定虚语。涉害昴星并八专，二三四五总相连。
日辰逢茹相和好，物类形颜内外兼。日神相生来发用，吉将加临日可窬。
课发别责八专课，物非食类别情言。用加孟上味为酸，仲上为咸别有端。
季位类推滋味好，形容香美更香甘。丝绵黑物登明论，印绶铁石戌上言。
金类骨角传送将，刀钱金实酉魁边。未中食味女衣余，午上光明书画图。
炉冶木工详巳将，坚刚磁石论神符。竹木盘盒是太冲，文书木具视寅宫。
土石木物须凭丑，丝绵柔长视子神。天贵奇珍光辉形，太阴磁铁不分明。
螣蛇虚幻弯曲象，朱雀文华烟羽呈。六合盘托竹木类，勾陈装造土金胚。
青龙钱财雕镂物，天后丝绵妇女为。天空空象玉石成，白虎坚刚骨刃锋。
饮食太常兼丝帛，虚神玄武水为形。堪食逢金被刃伤，木不果菜味芳香。
火经火气水经水，土产中黄亦可尝。日辰在前用在后，两处兮来一处究。
王多囚少死尤微，依例推占真不谬。数目定例自分明，只在推究用上寻。
王气相乘倍而进，相气乘进亦倍云。囚临上下乘还止，休气只从本数喜。

死绝空亡须减半，孤虚刑害减三分。射覆全凭看类神，五行定处不由人。

假令卯乘寅，值春时木王，卯六寅七，相乘为六七四十二数，倍之为八十四，进为八百四十。若在冬为相气，为四十二，进为四百二十，若在四季为囚气，只推作四十二数。若在夏季为休气，只从本数七六十三数。若死绝空亡减作六数或七数，若刑害气者减去三分，只作九数或十数也。

子为纯水，数九，在石中或白或生，主音乐及妇人所用之物，色黑。

丑为杂金，数八，为塚墓中物，看临何处言之，色主黄白，方形。

寅为柔木，数七，色青，主五色文章，王相为茂盛花草，结果细长。

卯为纯木，数六，主水陆行动无根之物，盘络丝纶、门户、柔软直物。

辰为杂水，数五，物近水池或坚刚烟火，囚死主燋破之物，色黄，形方圆。

巳中有杂金，数四，为弓弩、锁匙之物，色紫黄，出山野，典型飞鸟物。

午为纯火为，数九，属太阳色赤，主文采光明，或丝蚕文书之气，形尖高。

未中有杂土，数八，色主青黄，主酒器尘土碎物，又为绢帛女子衣服之物，滋润似鱼，形方有滋味物。

申中有刚金，数七，为少阴，主有心而硬空虚，宝器、铁石、金铜，色黄白，形圆。

酉为纯金，数六，为太阴，物有耳目头类甚多，金银、钗钏、刀鞘、尖圆、色白。

戌中有杂火，数五，主五谷、铁石、细碎土物，色赤黄，形方。

亥中有杂水，数四，为重阴无定之物，逐人情意、小儿戏物，或盐味酱醋，鱼类，色黑绿，形曲方。

五形上下之物

水上见水、主四足好动。水上见土，主水土坏物。水上见木，主转轮。

水上见金，主生活之物，水上见火，主土器旧物。

火上见火，主好动之物。火上见水，主破坏旧物。火上见木，主花果物。火上见金，主陶铸之物。火上见土，主砖瓦。

木上见木，主花果木器。木上见火，主焦枯残坏。木上见金，主镌断枪刀。木上见水，主带花生物。木上见土，主棺椁之物。

金上见金，主成器之物。金上见火，主炉冶之物，金上见木，主雕刻之物，金上见水，金石之器。金上见土，石器之物。

土上见土，墙壁垒叠之物，土上见金，瓦石之类，土上见木，坚牢之物。土上见水，柔活之物，土上见火，光明之物。

润下水类，炎上火类，从革金类，曲直木类，稼穑土类之物。

甲乙日：木王青、火相黄、土死黑、金囚红、水休白。

丙丁日：火王红、土相白、金死青、水囚黄、木休黑。

戊己日：土王黄、金相黑、水死红、木囚白、火休青。

庚辛日：金王白、水相生、木死黄、火囚黑、土休红。

壬癸日：水王黑、木相红、火死白、土囚青、金休黄。

五行断诀

甲乙为林木，丙丁为旗帜，戊己为塚墓，庚辛为利刃、壬癸为江河。

甲为木，乙为草竹，丙主炉冶火烛，丁主灶釜，戊主润湿，己主四生之物，庚主枪刀锹剑，辛主珍宝，壬主霖雨，癸主江河。

金王主金玉珍宝，相主铜铁刀剑，死主锅釜，囚主铅锡，休主锹针。

木王主林木，相主竹苇，死主棺椁，囚主栋梁船车，休主朽木柴车。

水王主雨露江湖，相主泉涧，死主池塘，囚主沟渠，休主湿地厕所。

火王主炉冶，相主灯水灼，死主光明，囚主灰炭，休主烟尘。

土王主山岳，相主土厚，死主墙塚，囚主土泥，休主屋基。

凡土、木神加临日辰，主物、主平地。

水发用乘虎玄龙，主物出水中。

巳酉金土发用，主物出山中。

六甲神煞立成①

甲子旬：三奇丑，六仪子，丁神卯，盗神丑，闭口酉，空戌亥，② 五亡神未。

二十八宿度数歌

十七不相室，二五居东壁。③ 十六丰奎庐，十二娄下觅。

胃言十五度，十一昴金算。二八毕初花，一觜河边唤。

参九共一方，三十一并郎。一双精是鬼，④ 二六柳花傍。

七星夜还走，张十六兮翼十九。轸宿十七年，十二角中守。

亢九日光辉，十六氐相宜。房心各五度，十九尾南辉。

箕辉照十方，二十四斗郎。牵牛七夕过，十一半女娘。

虚星有九度，危星十五当。

过宫歌

角亢氐一在辰，氐二过卯。

房心尾二在卯，尾三过寅。

箕斗三在寅，斗四在丑。

牛女一在丑，女二过子。

虚危十二在子，危十三过亥。

室壁奎一在亥，奎二过戌。

娄胃三在戌，胃四过酉。

昴毕六在酉，毕七过申。

---

① 仅以甲子为例，余仿此推。

② 壬日亥不空，戌亥天中。

③ 二五者，十度也。

④ 一双，二度也。

觜参井八在申，井九过未。

鬼柳三在未，柳四过午。

星张十四在午，张十五过巳。

张翼轸九在巳，轸十过辰。

文福馹孤
奸　　双
破　　藝
榷厄贵壽

男顺女逆

季煞

游神：春丑、夏子、秋戌、冬亥。

戏神：春巳、夏子、秋酉、冬辰。

月煞

信煞：酉顺十二。

信神：申戌寅丑亥辰巳未巳未申戌。

成神：巳申亥寅巳申亥寅巳申亥寅。

会神：未戌寅亥酉子丑午巳卯申辰。

死神：巳顺十二。

死气：午顺十二。

血支：丑顺十二。

生气：子顺十二。

月厌：戌逆十二。

血忌：丑未寅申卯酉辰戌巳亥午子。

日煞

	甲	乙	丙	丁	戊	己	庚	辛	壬	癸
天医	卯	亥	丑	未	巳	卯	亥	丑	未	巳
盗神	辰	午	申	亥	寅	辰	午	申	亥	寅
解神	亥	申	未	丑	酉	亥	申	未	丑	酉
游都	丑	子	寅	巳	申	丑	子	寅	巳	申
鲁都	未	午	申	亥	寅	未	午	申	亥	寅

周易书斋精品书目

书　名	作　者	定　价	版别
影印涵芬楼本正统道藏 [典藏宣纸版；全512函1120册]	[明]张宇初编	480000.00	九州
影印涵芬楼本正统道藏 [再造善本；全512函1120册]	[明]张宇初编	280000.00	九州
重刊术藏[全6箱，精装100册]	谢路军郑同主编	68000.00	九州
续修术藏[全6箱，精装100册]	谢路军郑同主编	68000.00	九州
易藏[全6箱，精装60册]	谢路军郑同主编	48000.00	九州
道藏[全6箱，精装60册]	谢路军郑同主编	48000.00	九州
焦循文集[全精装18册]	[清]焦循撰	9800.00	九州
邵子全书[全精装15册]	[宋]邵雍撰	9600.00	九州
子部珍本备要(以下为分函购买价格)		178000.00	九州
001 峋嵝神书	宣纸线装1函1册	280.00	九州
002 地理唻蓷録	宣纸线装1函4册	880.00	九州
003 地理玄珠精选	宣纸线装1函4册	880.00	九州
004 地理琢玉斧峦头歌括	宣纸线装1函4册	880.00	九州
005 金氏地学粹编	宣纸线装3函8册	1840.00	九州
006 风水一书	宣纸线装1函4册	880.00	九州
007 风水二书	宣纸线装1函4册	880.00	九州
008 增注周易神应六亲百章海底眼	宣纸线装1函1册	280.00	九州
009 卜易指南	宣纸线装1函1册	280.00	九州
010 大六壬占验	宣纸线装1函1册	280.00	九州
011 真本六壬神课金口诀	宣纸线装1函3册	680.00	九州
012 太乙指津	宣纸线装1函2册	480.00	九州
013 太乙金钥匙 太乙金钥匙续集	宣纸线装1函1册	280.00	九州
014 奇门遁甲占验天时	宣纸线装1函2册	480.00	九州
015 南阳掌珍遁甲	宣纸线装1函1册	280.00	九州
016 达摩易筋经 易筋经外经图说 八段锦	宣纸线装1函1册	280.00	九州
017 钦天监彩绘真本推背图	宣纸线装1函2册	680.00	九州
018 清抄全本玉函通秘	宣纸线装1函3册	680.00	九州
019 灵棋经	宣纸线装1函1册	280.00	九州
020 道藏灵符秘法	宣纸线装4函9册	2100.00	九州
021 地理青囊玉尺度金针集	宣纸线装1函6册	1280.00	九州
022 奇门秘传九宫纂要	宣纸线装1函1册	280.00	九州

书　　名	作　者	定　价	版别
023 影印清抄耕寸集－真本子平真诠	宣纸线装1函2册	480.00	九州
024 新刊合并官板音义评注渊海子平	宣纸线装1函2册	480.00	九州
025 影抄宋本五行精纪	宣纸线装1函6册	1080.00	九州
026 影印明刻阴阳五要奇书1－郭氏阴阳元经	宣纸线装1函2册	480.00	九州
027 影印明刻阴阳五要奇书2－克择璇玑括要	宣纸线装1函1册	280.00	九州
028 影印明刻阴阳五要奇书3－阳明按索图	宣纸线装1函2册	480.00	九州
029 影印明刻阴阳五要奇书4－佐玄直指	宣纸线装1函2册	480.00	九州
030 影印明刻阴阳五要奇书5－三白宝海钩玄	宣纸线装1函1册	280.00	九州
031 相命图诀许负相法十六篇合刊	宣纸线装1函1册	280.00	九州
032 玉掌神相神相铁关刀合刊	宣纸线装1函1册	280.00	九州
033 古本太乙淘金歌	宣纸线装1函1册	280.00	九州
034 重刊地理葬埋黑通书	宣纸线装1函2册	480.00	九州
035 壬归	宣纸线装1函2册	480.00	九州
036 大六壬苗公鬼撮脚二种合刊	宣纸线装1函1册	280.00	九州
037 大六壬鬼撮脚射覆	宣纸线装1函2册	480.00	九州
038 大六壬金柜经	宣纸线装1函1册	280.00	九州
039 纪氏奇门秘书仕学备余	宣纸线装1函1册	280.00	九州
040 八门九星阴阳二遁全本奇门断	宣纸线装2函18册	3680.00	九州
041 李卫公奇门心法	宣纸线装1函1册	280.00	九州
042 武侯行兵遁甲金函玉镜海底眼	宣纸线装1函1册	280.00	九州
043 诸葛武侯奇门千金诀	宣纸线装1函1册	280.00	九州
044 隔夜神算	宣纸线装1函1册	280.00	九州
045 地理五种秘笈合刊	宣纸线装1函1册	280.00	九州
046 地理雪心赋句解	宣纸线装1函2册	480.00	九州
047 九天玄女青囊经	宣纸线装1函1册	280.00	九州
048 考定撼龙经	宣纸线装1函1册	280.00	九州
049 刘江东家藏善本葬书	宣纸线装1函1册	280.00	九州
050 杨公六段玄机赋杨筠松安门楼玉辇经合刊	宣纸线装1函1册	280.00	九州
051 风水金鉴	宣纸线装1函1册	280.00	九州
052 新镌碎玉剖秘地理不求人	宣纸线装1函2册	480.00	九州
053 阳宅八门金光斗临经	宣纸线装1函1册	280.00	九州
054 新镌徐氏家藏罗经顶门针	宣纸线装1函2册	480.00	九州
055 影印乾隆丙午刻本地理五诀	宣纸线装1函4册	880.00	九州
056 地理诀要雪心赋	宣纸线装1函2册	480.00	九州
057 蒋氏平阶家藏善本插泥剑	宣纸线装1函1册	280.00	九州

书 名	作 者	定 价	版别
058 蒋大鸿家传地理归厚录	宣纸线装1函1册	280.00	九州
059 蒋大鸿家传三元地理秘书	宣纸线装1函1册	280.00	九州
060 蒋大鸿家传天星选择秘旨	宣纸线装1函1册	280.00	九州
061 撼龙经批注校补	宣纸线装1函4册	880.00	九州
062 疑龙经批注校补一全	宣纸线装1函1册	280.00	九州
063 种筠书屋较订山法诸书	宣纸线装1函2册	480.00	九州
064 堪舆倒杖诀 拨砂经遗篇 合刊	宣纸线装1函1册	280.00	九州
065 认龙天宝经	宣纸线装1函1册	280.00	九州
066 天机望龙经刘氏心法 杨公骑龙穴诗合刊	宣纸线装1函1册	280.00	九州
067 风水一夜仙秘传三种合刊	宣纸线装1函1册	280.00	九州
068 新镌地理八窍	宣纸线装1函2册	480.00	九州
069 地理解醒	宣纸线装1函1册	280.00	九州
070 峦头指迷	宣纸线装1函3册	680.00	九州
071 茅山上清灵符	宣纸线装1函2册	480.00	九州
072 茅山上清镇禳摄制秘法	宣纸线装1函1册	280.00	九州
073 天医祝由科秘抄	宣纸线装1函2册	480.00	九州
074 千镇百镇桃花镇	宣纸线装1函2册	480.00	九州
075 轩辕碑记医学祝由十三科治病奇书合刊	宣纸线装1函1册	280.00	九州
076 清抄真本祝由科秘诀全书	宣纸线装1函3册	680.00	九州
077 增补秘传万法归宗	宣纸线装1函2册	480.00	九州
078 祝由科诸符秘卷祝由科诸符秘旨合刊	宣纸线装1函1册	280.00	九州
079 辰州符咒大全	宣纸线装1函4册	880.00	九州
080 万历初刻三命通会	宣纸线装2函12册	2480.00	九州
081 新编三车一览子平渊源注解	宣纸线装1函3册	680.00	九州
082 命理用神精华	宣纸线装1函3册	680.00	九州
083 命学探骊集	宣纸线装1函1册	280.00	九州
084 相诀摘要	宣纸线装1函2册	480.00	九州
085 相法秘传	宣纸线装1函1册	280.00	九州
086 新编相法五总龟	宣纸线装1函1册	280.00	九州
087 相学统宗心易秘传	宣纸线装1函2册	480.00	九州
088 秘本大清相法	宣纸线装1函2册	480.00	九州
089 相法易知	宣纸线装1函1册	280.00	九州
090 星命风水秘传	宣纸线装1函1册	280.00	九州
091 大六壬隔山照	宣纸线装1函2册	480.00	九州
092 大六壬考正	宣纸线装1函1册	280.00	九州

书　　　名	作　　者	定　价	版别
093 大六壬类阐	宣纸线装 1 函 2 册	480.00	九州
094 六壬心镜集注	宣纸线装 1 函 1 册	280.00	九州
095 遁甲吾学编	宣纸线装 1 函 2 册	480.00	九州
096 刘明江家藏善本奇门衍象	宣纸线装 1 函 1 册	280.00	九州
097 遁甲天书秘文	宣纸线装 1 函 2 册	480.00	九州
098 金枢符应秘文	宣纸线装 1 函 2 册	480.00	九州
099 秘传金函奇门隐遁丁甲法书	宣纸线装 1 函 2 册	480.00	九州
100 六壬行军指南	宣纸线装 2 函 10 册	2080.00	九州
101 家藏阴阳二宅秘诀线法	宣纸线装 1 函 2 册	480.00	九州
102 阳宅一书阴宅一书合刊	宣纸线装 1 函 1 册	280.00	九州
103 地理法门全书	宣纸线装 1 函 1 册	280.00	九州
104 四真全书玉钥匙	宣纸线装 1 函 1 册	280.00	九州
105 重刊官板玉髓真经	宣纸线装 1 函 4 册	880.00	九州
106 明刊阳宅真诀	宣纸线装 1 函 2 册	480.00	九州
107 阳宅指南	宣纸线装 1 函 1 册	280.00	九州
108 阳宅秘传三书	宣纸线装 1 函 1 册	280.00	九州
109 阳宅都天滚盘珠	宣纸线装 1 函 1 册	280.00	九州
110 纪氏地理水法要诀	宣纸线装 1 函 1 册	280.00	九州
111 李默斋先生地理辟径集	宣纸线装 1 函 2 册	480.00	九州
112 李默斋先生辟径集续篇 地理秘缺	宣纸线装 1 函 2 册	480.00	九州
113 地理辨正自解	宣纸线装 1 函 1 册	280.00	九州
114 形家五要全编	宣纸线装 1 函 4 册	880.00	九州
115 地理辨正抉要	宣纸线装 1 函 1 册	280.00	九州
116 地理辨正揭隐	宣纸线装 1 函 1 册	280.00	九州
117 地学铁骨秘	宣纸线装 1 函 1 册	280.00	九州
118 地理辨正发秘初稿	宣纸线装 1 函 1 册	280.00	九州
119 三元宅墓图	宣纸线装 1 函 1 册	280.00	九州
120 参赞玄机地理仙婆集	宣纸线装 2 函 8 册	1680.00	九州
121 幕讲禅师玄空秘旨浅注外七种	宣纸线装 1 函 1 册	280.00	九州
122 玄空挨星图诀	宣纸线装 1 函 1 册	280.00	九州
123 影印稿本玄空地理筌蹄	宣纸线装 1 函 1 册	280.00	九州
124 玄空古义四种通释	宣纸线装 1 函 2 册	480.00	九州
125 地理疑义答问	宣纸线装 1 函 1 册	280.00	九州
126 王元极地理辨正冒禁录	宣纸线装 1 函 1 册	280.00	九州
127 王元极校补天元选择辨正	宣纸线装 1 函 3 册	680.00	九州

书　名	作　者	定　价	版别
128 王元极选择辨真全书	宣纸线装 1 函 1 册	280.00	九州
129 王元极增批地理冰海原本地理冰海合刊	宣纸线装 1 函 1 册	280.00	九州
130 王元极三元阳宅萃篇	宣纸线装 1 函 2 册	480.00	九州
131 尹一勺先生地理精语	宣纸线装 1 函 1 册	280.00	九州
132 古本地理元真	宣纸线装 1 函 2 册	480.00	九州
133 杨公秘本搜地灵	宣纸线装 1 函 1 册	280.00	九州
134 秘藏千里眼	宣纸线装 1 函 1 册	280.00	九州
135 道光刊本地理或问	宣纸线装 1 函 1 册	280.00	九州
136 影印稿本地理秘诀	宣纸线装 1 函 2 册	480.00	九州
137 地理秘诀隔山照 地理括要 合刊	宣纸线装 1 函 1 册	280.00	九州
138 地理前后五十段	宣纸线装 1 函 2 册	480.00	九州
139 心耕书屋藏本地经图说	宣纸线装 1 函 1 册	280.00	九州
140 地理古本道法双谭	宣纸线装 1 函 1 册	280.00	九州
141 奇门遁甲元灵经	宣纸线装 1 函 1 册	280.00	九州
142 黄帝遁甲归藏大意 白猿真经 合刊	宣纸线装 1 函 1 册	280.00	九州
143 遁甲符应经	宣纸线装 1 函 2 册	480.00	九州
144 遁甲通明钤	宣纸线装 1 函 1 册	280.00	九州
145 景祐奇门秘纂	宣纸线装 1 函 2 册	480.00	九州
146 奇门先天要论	宣纸线装 1 函 2 册	480.00	九州
147 御定奇门古本	宣纸线装 1 函 2 册	480.00	九州
148 奇门吉凶格解	宣纸线装 1 函 1 册	280.00	九州
149 御定奇门宝鉴	宣纸线装 1 函 3 册	680.00	九州
150 奇门阐易	宣纸线装 1 函 2 册	480.00	九州
151 六壬总论	宣纸线装 1 函 1 册	280.00	九州
152 稿抄本大六壬翠羽歌	宣纸线装 1 函 1 册	280.00	九州
153 都天六壬神课	宣纸线装 1 函 1 册	280.00	九州
154 大六壬易简	宣纸线装 1 函 2 册	480.00	九州
155 太上六壬明鉴符阴经	宣纸线装 1 函 1 册	280.00	九州
156 增补关煞袖里金百中经	宣纸线装 1 函 1 册	280.00	九州
157 演禽三世相法	宣纸线装 1 函 2 册	480.00	九州
158 合婚便览 和合婚姻咒 合刊	宣纸线装 1 函 1 册	280.00	九州
159 神数十种	宣纸线装 1 函 1 册	280.00	九州
160 神机灵数一掌经金钱课合刊	宣纸线装 1 函 1 册	280.00	九州
161 阴阳二宅易知录	宣纸线装 1 函 2 册	480.00	九州
162 阴宅镜	宣纸线装 1 函 2 册	480.00	九州
163 阳宅镜	宣纸线装 1 函 1 册	280.00	九州

书　　　名	作　　者	定　价	版别
164 清精抄本六圃地学	宣纸线装 1 函 1 册	280.00	九州
165 形峦神断书	宣纸线装 1 函 1 册	280.00	九州
166 堪舆三昧	宣纸线装 1 函 1 册	280.00	九州
167 遁甲奇门捷要	宣纸线装 1 函 1 册	280.00	九州
168 奇门遁甲备览	宣纸线装 1 函 1 册	280.00	九州
169 原传真本石室藏本圆光真传秘诀合刊	宣纸线装 1 函 1 册	280.00	九州
170 明抄全本壬归	宣纸线装 1 函 4 册	880.00	九州
171 董德彰水法秘诀水法断诀合刊	宣纸线装 1 函 1 册	280.00	九州
172 董德彰先生水法图说	宣纸线装 1 函 1 册	280.00	九州
173 董德彰先生泄天机纂要	宣纸线装 1 函 2 册	480.00	九州
174 李默斋先生地理秘传	宣纸线装 1 函 2 册	480.00	九州
175 新锓希夷陈先生紫微斗数全书	宣纸线装 1 函 3 册	680.00	九州
176 海源阁藏明刊麻衣相法全编	宣纸线装 1 函 2 册	480.00	九州
177 袁忠彻先生相法秘传	宣纸线装 1 函 3 册	680.00	九州
178 火珠林要旨 筮杙	宣纸线装 1 函 2 册	480.00	九州
179 火珠林占法秘传 续筮杙	宣纸线装 1 函 1 册	280.00	九州
180 六壬类聚	宣纸线装 1 函 4 册	880.00	九州
181 新刻麻衣相神异赋	宣纸线装 1 函 1 册	280.00	九州
182 诸葛武侯奇门遁甲全书	宣纸线装 1 函 2 册	480.00	九州
183 张九仪传地理偶摘	宣纸线装 1 函 1 册	280.00	九州
184 张九仪传地理偶注	宣纸线装 1 函 1 册	280.00	九州
185 阳宅玄珠	宣纸线装 1 函 1 册	280.00	九州
186 阴宅总论	宣纸线装 1 函 1 册	280.00	九州
187 新刻杨救贫秘传阴阳二宅便用统宗	宣纸线装 1 函 1 册	280.00	九州
188 增补理气图说	宣纸线装 1 函 2 册	480.00	九州
189 增补罗经图说	宣纸线装 1 函 1 册	280.00	九州
190 重镌官板阳宅大全	宣纸线装 1 函 4 册	880.00	九州
191 景祐太乙福应经	宣纸线装 1 函 1 册	280.00	九州
192 景祐遁甲符应经	宣纸线装 1 函 1 册	280.00	九州
193 景祐六壬神定经	宣纸线装 1 函 1 册	280.00	九州
194 御制禽遁符应经	宣纸线装 1 函 2 册	480.00	九州
195 秘传匠家鲁班经符法	宣纸线装 1 函 3 册	680.00	九州
196 哈佛藏本太史黄际飞注天玉经	宣纸线装 1 函 1 册	280.00	九州
197 李三素先生红囊经解	宣纸线装 1 函 1 册	280.00	九州
198 杨曾青囊天玉通义	宣纸线装 1 函 1 册	280.00	九州
199 重编大清钦天监焦秉贞彩绘历代推背图解	宣纸线装 1 函 2 册	680.00	九州

书　　名	作　者	定　价	版别
200 道光初刻相理衡真	宣纸线装1函4册	880.00	九州
201 新刻袁柳庄先生秘传相法	宣纸线装1函3册	680.00	九州
202 袁忠彻相法古今识鉴	宣纸线装1函2册	480.00	九州
203 袁天纲五星三命指南	宣纸线装1函2册	480.00	九州
204 新刻五星玉镜	宣纸线装1函3册	680.00	九州
205 游艺录:筮遁壬行年斗数相宅	宣纸线装1函1册	280.00	九州
206 新订王氏罗经透解	宣纸线装1函2册	480.00	九州
207 堪舆真诠	宣纸线装1函3册	680.00	九州
208 青囊天机奥旨二种	宣纸线装1函1册	280.00	九州
209 张九仪传地理偶录	宣纸线装1函1册	280.00	九州
210 地学形势集	宣纸线装1函8册	1680.00	九州
重刻故宫藏百二汉镜斋秘书四种(一):火珠林	宣纸线装1函1册	300.00	华龄
重刻故宫藏百二汉镜斋秘书四种(二):灵棋经	宣纸线装1函1册	300.00	华龄
重刻故宫藏百二汉镜斋秘书四种(三):滴天髓	宣纸线装1函1册	3000.00	华龄
重刻故宫藏百二汉镜斋秘书四种(四):测字秘牒	宣纸线装1函1册	300.00	华龄
中外戏法图说:鹅幻汇编鹅幻余编合刊	宣纸线装1函3册	780.00	华龄
连山[宣纸线装一函一册]	[清]马国翰辑	280.00	华龄
归藏[宣纸线装一函一册]	[清]马国翰辑	280.00	华龄
周易虞氏义笺订[宣纸线装一函六册]	[清]李翊灼订	1180.00	华龄
周易参同契通真义	宣纸线装1函2册	480.00	华龄
御制周易[宣纸线装一函三册]	武英殿影宋本	680.00	华龄
宋刻周易本义[宣纸线装一函四册]	[宋]朱熹撰	980.00	华龄
易学启蒙[宣纸线装一函二册]	[宋]朱熹撰	480.00	华龄
易余[宣纸线装一函二册]	[明]方以智撰	480.00	九州
奇门鸣法[宣纸线装一函二册]	[清]龙伏山人撰	680.00	华龄
奇门衍象[宣纸线装一函二册]	[清]龙伏山人撰	480.00	华龄
奇门枢要[宣纸线装一函二册]	[清]龙伏山人撰	480.00	华龄
奇门仙机[宣纸线装一函三册]	王力军校订	298.00	华龄
奇门心法秘纂[宣纸线装一函三册]	王力军校订	298.00	华龄
御定奇门秘诀[宣纸线装一函三册]	[清]湖海居士辑	680.00	华龄
宫藏奇门大全[线装五函二十五册]	[清]湖海居士辑	6800.00	影印
遁甲奇门秘传要旨大全[线装二函十册]	[清]范阳耐寒子辑	6200.00	影印
增广神相全编[线装一函四册]	[明]袁珙订正	980.00	影印
龙伏山人存世文稿[宣纸线装五函十册]	[清]矫子阳撰	2800.00	九州
奇门遁甲鸣法[宣纸线装一函二册]	[清]矫子阳撰	680.00	九州
奇门遁甲衍象[宣纸线装一函二册]	[清]矫子阳撰	480.00	九州

书　　名	作　　者	定　价	版别
奇门遁甲枢要[宣纸线装一函二册]	[清]矫子阳撰	480.00	九州
遯甲括囊集[宣纸线装一函三册]	[清]矫子阳撰	980.00	九州
增注蒋公古镜歌[宣纸线装一函一册]	[清]矫子阳撰	180.00	九州
明抄真本梅花易数[宣纸线装一函三册]	[宋]邵雍撰	480.00	九州
古本皇极经世书[宣纸线装一函三册]	[宋]邵雍撰	980.00	九州
订正六壬金口诀[宣纸线装一函六册]	[清]巫国匡辑	1280.00	华龄
六壬神课金口诀[宣纸线装一函三册]	[明]适适子撰	298.00	华龄
改良三命通会[宣纸线装一函四册,第二版]	[明]万民英撰	980.00	华龄
增补选择通书玉匣记[宣纸线装一函二册]	[晋]许逊撰	480.00	华龄
阳宅三要	宣纸线装1函3册	298.00	华龄
绘图全本鲁班经匠家镜	宣纸线装1函4册	680.00	华龄
青囊海角经	宣纸线装1函4册	680.00	华龄
菊逸山房天函:地理点穴撼龙经	宣纸线装1函3册	680.00	华龄
菊逸山房地函:秘藏疑龙经大全	宣纸线装1函1册	280.00	华龄
菊逸山房人函:杨公秘本山法备收	宣纸线装1函1册	280.00	华龄
珍本1:校正全本地学答问	宣纸线装1函3册	680.00	华龄
珍本2:赖仙原本催官经	宣纸线装1函1册	280.00	华龄
珍本3:赖仙催官篇注	宣纸线装1函1册	280.00	华龄
珍本4:尹注赖仙催官篇	宣纸线装1函1册	280.00	华龄
珍本5:赖仙心印	宣纸线装1函1册	280.00	华龄
珍本6:新刻赖太素天星催官解	宣纸线装1函2册	480.00	华龄
珍本7:天机秘传青囊内传	宣纸线装1函1册	280.00	华龄
珍本8:阳宅斗首连篇秘授	宣纸线装1函1册	280.00	华龄
珍本9:精刻编集阳宅真传秘诀	宣纸线装1函2册	480.00	华龄
珍本10:秘传全本六壬玉连环	宣纸线装1函2册	480.00	华龄
珍本11:秘传仙授奇门	宣纸线装1函2册	480.00	华龄
珍本12:祝由科诸符秘卷祝由科诸符秘旨合刊	宣纸线装1函2册	480.00	华龄
珍本13:校正古本入地眼图说	宣纸线装1函2册	480.00	华龄
珍本14:校正全本钻地眼图说	宣纸线装1函2册	480.00	华龄
珍本15:赖公七十二葬法	宣纸线装1函2册	480.00	华龄
珍本16:新刻杨筠松秘传开门放水阴阳捷径	宣纸线装1函2册	480.00	华龄
珍本17:校正古本地理五诀	宣纸线装1函2册	480.00	华龄
珍本18:重校古本地理雪心赋	宣纸线装1函2册	480.00	华龄
珍本19:宋国师吴景鸾先天后天理气心印补注	宣纸线装1函1册	280.00	华龄
珍本20:新刊宋国师吴景鸾秘传夹竹梅花院纂	宣纸线装1函2册	480.00	华龄
珍本21:影印原本任铁樵注滴天髓阐微	宣纸线装1函4册	980.00	华龄

书 名	作 者	定 价	版别
增补四库青乌辑要[宣纸线装全18函59册]	郑同校	11680.00	九州
第 1 种：宅经[宣纸线装1册]	[署]黄帝撰	180.00	九州
第 2 种：葬书[宣纸线装1册]	[晋]郭璞撰	220.00	九州
第 3 种：青囊序青囊奥语天玉经[宣纸线装1册]	[唐]杨筠松撰	220.00	九州
第 4 种：黄囊经[宣纸线装1册]	[唐]杨筠松撰	220.00	九州
第 5 种：黑囊经[宣纸线装2册]	[唐]杨筠松撰	380.00	九州
第 6 种：锦囊经[宣纸线装1册]	[晋]郭璞撰	200.00	九州
第 7 种：天机贯旨红囊经[宣纸线装2册]	[清]李三素撰	380.00	九州
第 8 种：玉函天机素书/至宝经[宣纸线装1册]	[明]董德彰撰	200.00	九州
第 9 种：天机一贯[宣纸线装2册]	[清]李三素撰辑	380.00	九州
第 10 种：撼龙经[宣纸线装1册]	[唐]杨筠松撰	200.00	九州
第 11 种：疑龙经葬法倒杖[宣纸线装1册]	[唐]杨筠松撰	220.00	九州
第 12 种：疑龙经辨正[宣纸线装1册]	[唐]杨筠松撰	200.00	九州
第 13 种：寻龙记太华经[宣纸线装1册]	[唐]曾文辿撰	220.00	九州
第 14 种：宅谱要典[宣纸线装2册]	[清]铣溪野人校	380.00	九州
第 15 种：阳宅必用[宣纸线装2册]	心灯大师校订	380.00	九州
第 16 种：阳宅撮要[宣纸线装2册]	[清]吴鼒撰	380.00	九州
第 17 种：阳宅正宗[宣纸线装1册]	[清]姚承舆撰	200.00	九州
第 18 种：阳宅指掌[宣纸线装2册]	[清]黄海山人撰	380.00	九州
第 19 种：相宅新编[宣纸线装1册]	[清]焦循校刊	240.00	九州
第 20 种：阳宅井明[宣纸线装2册]	[清]邓颖出撰	380.00	九州
第 21 种：阴宅井明[宣纸线装1册]	[清]邓颖出撰	220.00	九州
第 22 种：灵城精义[宣纸线装2册]	[南唐]何溥撰	380.00	九州
第 23 种：龙穴砂水说[宣纸线装1册]	清抄秘本	180.00	九州
第 24 种：三元水法秘诀[宣纸线装2册]	清抄秘本	380.00	九州
第 25 种：罗经秘传[宣纸线装2册]	[清]傅禹辑	380.00	九州
第 26 种：穿山透地真传[宣纸线装2册]	[清]张九仪撰	380.00	九州
第 27 种：催官篇发微论[宣纸线装2册]	[宋]赖文俊撰	380.00	九州
第 28 种：入地眼神断要诀[宣纸线装2册]	清抄秘本	380.00	九州
第 29 种：玄空大卦秘断[宣纸线装1册]	清抄秘本	200.00	九州
第 30 种：玄空大五行真传口诀[宣纸线装1册]	[明]蒋大鸿等撰	220.00	九州
第 31 种：杨曾九宫颠倒打劫图说[宣纸线装1册]	[唐]杨筠松撰	200.00	九州
第 32 种：乌兔经奇验经[宣纸线装1册]	[唐]杨筠松撰	180.00	九州
第 33 种：挨星考注[宣纸线装1册]	[清]汪董缘订定	260.00	九州
第 34 种：地理挨星说汇要[宣纸线装1册]	[明]蒋大鸿撰辑	220.00	九州
第 35 种：地理捷诀[宣纸线装1册]	[清]傅禹辑	200.00	九州

书　　名	作　者	定　价	版别
第 36 种:地理三仙秘旨[宣纸线装1册]	清抄秘本	200.00	九州
第 37 种:地理三字经[宣纸线装 3 册]	[清]程思乐撰	580.00	九州
第 38 种:地理雪心赋注解[宣纸线装 2 册]	[唐]卜则巍撰	380.00	九州
第 39 种:蒋公天元余义[宣纸线装 1 册]	[明]蒋大鸿等撰	220.00	九州
第 40 种:地理真传秘旨[宣纸线装 3 册]	[唐]杨筠松撰	580.00	九州
增补四库未收方术汇刊第一辑(全 28 函)	线装影印本	11800.00	九州
第一辑 01 函:火珠林·卜筮正宗	[宋]麻衣道者著	340.00	九州
第一辑 02 函:全本增删卜易·增删卜易真诠	[清]野鹤老人撰	720.00	九州
第一辑 03 函:渊海子平音义评注·子平真诠·命理易知	[明]杨淙增校	360.00	九州
第一辑 04 函:滴天髓:附滴天秘诀·穷通宝鉴:附月谈赋	[宋]京图撰	360.00	九州
第一辑 05 函:参星秘要诹吉便览·玉函斗首三台通书·精校三元总录	[清]俞荣宽撰	460.00	九州
第一辑 06 函:陈子性藏书	[清]陈应选撰	580.00	九州
第一辑 07 函:崇正辟谬永吉通书·选择求真	[清]李奉来辑	500.00	九州
第一辑 08 函:增补选择通书玉匣记·永宁通书	[晋]许逊撰	400.00	九州
第一辑 09 函:新增阳宅爱众篇	[清]张觉正撰	480.00	九州
第一辑 10 函:地理四弹子·地理铅弹子砂水要诀	[清]张九仪注	320.00	九州
第一辑 11 函:地理五诀	[清]赵九峰著	200.00	九州
第一辑 12 函:地理直指原真	[清]释如玉撰	280.00	九州
第一辑 13 函:宫藏真本入地眼全书	[宋]释静道著	680.00	九州
第一辑 14 函:罗经顶门针·罗经解定·罗经透解	[明]徐之镆撰	360.00	九州
第一辑 15 函:校正详图青囊经·平砂玉尺经·地理辨正疏	[清]王宗臣著	300.00	九州
第一辑 16 函:一贯堪舆	[明]唐世友辑	240.00	九州
第一辑 17 函:阳宅大全·阳宅十书	[明]一壑居士集	600.00	九州
第一辑 18 函:阳宅大成五种	[清]魏青江撰	600.00	九州
第一辑 19 函:奇门五总龟·奇门遁甲统宗大全·奇门遁甲元灵经	[明]池纪撰	500.00	九州
第一辑 20 函:奇门遁甲秘笈全书	[明]刘伯温辑	280.00	九州
第一辑 21 函:奇门庐中阐秘	[汉]诸葛武侯撰	600.00	九州
第一辑 22 函:奇门遁甲元机·太乙秘书·六壬大占	[宋]岳珂纂辑	360.00	九州
第一辑 23 函:性命圭旨	[明]尹真人撰	480.00	九州
第一辑 24 函:紫微斗数全书	[宋]陈抟撰	200.00	九州
第一辑 25 函:千镇百镇桃花镇	[清]云石道人校	220.00	九州
第一辑 26 函:清抄真本祝由科秘诀全书·轩辕碑记医学祝由十三科	[上古]黄帝传	800.00	九州
第一辑 27 函:增补秘传万法归宗	[唐]李淳风撰	160.00	九州

书　　名	作　者	定　价	版别
第一辑 28 函:神机灵数一掌经金钱课·牙牌神数七种·珍本演禽三世相法	[清]诚文信校	440.00	九州
增补四库未收方术汇刊第二辑(全 36 函)	线装影印本	13800.00	九州
第二辑第 1 函:六爻断易一撮金·卜易秘诀海底眼	[宋]邵雍撰	200.00	九州
第二辑第 2 函:秘传子平渊源	燕山郑同校辑	280.00	九州
第二辑第 3 函:命理探原	[清]袁树珊撰	280.00	九州
第二辑第 4 函:命理正宗	[明]张楠撰集	180.00	九州
第二辑第 5 函:造化玄钥	庄圆校补	220.00	九州
第二辑第 6 函:命理寻源·子平管见	[清]徐乐吾撰	280.00	九州
第二辑第 7 函:京本风鉴相法	[明]回阳子校辑	380.00	九州
第二辑第 8-9 函:钦定协纪辨方书 8 册	[清]允禄编	780.00	九州
第二辑第 10-11 函:鳌头通书 10 册	[明]熊宗立撰辑	880.00	九州
第二辑第 12-13 函:象吉通书	[清]魏明远撰辑	1080.00	九州
第二辑第 14 函:选择宗镜·选择纪要	[朝鲜]南秉吉撰	360.00	九州
第二辑第 15 函:选择正宗	[清]顾宗秀撰辑	480.00	九州
第二辑第 16 函:仪度六壬选日要诀	[清]张九仪撰	680.00	九州
第二辑第 17 函:葬事择日法	郑同校辑	280.00	九州
第二辑第 18 函:地理不求人	[清]吴明初撰辑	240.00	九州
第二辑第 19 函:地理大成一:山法全书	[清]叶九升撰	680.00	九州
第二辑第 20 函:地理大成二:平阳全书	[清]叶九升撰	360.00	九州
第二辑第 21 函:地理大成三:地理六经注·地理大成四:罗经指南拔雾集·地理大成五:理气四诀	[清]叶九升撰	300.00	九州
第二辑第 22 函:地理录要	[明]蒋大鸿撰	480.00	九州
第二辑第 23 函:地理人子须知	[明]徐善继撰	480.00	九州
第二辑第 24 函:地理四秘全书	[清]尹一勺撰	380.00	九州
第二辑第 25-26 函:地理天机会元	[明]顾陵冈辑	1080.00	九州
第二辑第 27 函:地理正宗	[清]蒋宗城校订	280.00	九州
第二辑第 28 函:全图鲁班经	[明]午荣编	280.00	九州
第二辑第 29 函:秘传水龙经	[明]蒋大鸿撰	480.00	九州
第二辑第 30 函:阳宅集成	[清]姚廷銮纂	480.00	九州
第二辑第 31 函:阴宅集要	[清]姚廷銮纂	240.00	九州
第二辑第 32 函:辰州符咒大全	[清]觉玄子辑	480.00	九州
第二辑第 33 函:三元镇宅灵符秘箓·太上洞玄祛病灵符全书	[明]张宇初编	240.00	九州
第二辑第 34 函:太上混元祈福解灾三部神符	[明]张宇初编	360.00	九州
第二辑第 35 函:测字秘牒·先天易数·冲天易数/马前课	[清]程省撰	360.00	九州
第二辑第 36 函:秘传紫微	古朝鲜抄本	240.00	九州

书 名	作 者	定 价	版别
子平遗书第1辑(甲子至戊辰,全三册)	精装古本影印	980.00	华龄
子平遗书第2辑(庚午至甲戌,全三册)	精装古本影印	980.00	华龄
子平遗书第3辑(乙亥至戊子,全三册)	精装古本影印	980.00	华龄
子平遗书第4辑(庚寅至庚子,全三册)	精装古本影印	980.00	华龄
子平遗书第5辑(辛丑至癸丑,全三册)	精装古本影印	980.00	华龄
子平遗书第6辑(甲寅至辛酉,全三册)	精装古本影印	980.00	华龄
子部善本1:新刊地理玄珠	精装古本影印	380.00	华龄
子部善本2:参赞玄机地理仙婆集	精装古本影印	380.00	华龄
子部善本3:章仲山地理九种(上下)	精装古本影印	760.00	华龄
子部善本4:八门九星阴阳二遁全本奇门断	精装古本影印	760.00	华龄
子部善本5:六壬统宗大全	精装古本影印	380.00	华龄
子部善本6:太乙统宗宝鉴	精装古本影印	380.00	华龄
子部善本7:重刊星海词林(全五册)	精装古本影印	1900.00	华龄
子部善本8:万历初刻三命通会(上下)	精装古本影印	760.00	华龄
子部善本9:增广沈氏玄空学(上下)	精装古本影印	760.00	华龄
子部善本10:江公择日秘稿	精装古本影印	380.00	华龄
子部善本11:刘氏家藏阐微通书(上下)	精装古本影印	760.00	华龄
子部善本12:影印增补高岛易断(上下)	精装古本影印	760.00	华龄
子部善本13:清刻足本铁板神数	精装古本影印	380.00	华龄
子部善本14:增订天官五星集腋(上下)	精装古本影印	760.00	华龄
子部善本15:太乙奇门六壬兵备统宗(上中下)	精装古本影印	1140.00	华龄
子部善本16:御定景祐奇门大全(上下)	精装古本影印	760.00	华龄
子部善本17:地理四秘全书十二种	精装古本影印	380.00	华龄
子部善本18:全本地理统一全书	精装古本影印	380.00	华龄
风水择吉第一书:辨方(精装)	李明清著	168.00	华龄
珞琭子三命消息赋古注通疏(精装上下)	一明注疏	188.00	华龄
增补高岛易断(简体横排精装上下)	(清)王治本编译	198.00	华龄
飞盘奇门:鸣法体系校释(精装上下)	刘金亮撰	198.00	九州
白话高岛易断(上下)	孙正治孙奥麟译	128.00	九州
润德堂丛书全编1:述卜筮星相学	袁树珊著	38.00	华龄
润德堂丛书全编2:命理探原	袁树珊著	38.00	华龄
润德堂丛书全编3:命谱	袁树珊著	68.00	华龄
润德堂丛书全编4:大六壬探原 养生三要	袁树珊著	38.00	华龄
润德堂丛书全编5:中西相人探原	袁树珊著	38.00	华龄
润德堂丛书全编6:选吉探原 八字万年历	袁树珊著	38.00	华龄
润德堂丛书全编7:中国历代卜人传(上中下)	袁树珊著	168.00	华龄

书　　名	作　者	定　价	版别
三式汇刊1:大六壬口诀纂	[明]林昌长辑	68.00	华龄
三式汇刊2:大六壬集应钤	[明]黄宾廷撰	198.00	华龄
三式汇刊3:奇门大全秘纂	[清]湖海居士撰	68.00	华龄
三式汇刊4:大六壬总归	[宋]郭子晟撰	58.00	华龄
青囊汇刊1:青囊秘要	[晋]郭璞等撰	48.00	华龄
青囊汇刊2:青囊海角经	[晋]郭璞等撰	48.00	华龄
青囊汇刊3:阳宅十书	[明]王君荣撰	48.00	华龄
青囊汇刊4:秘传水龙经	[明]蒋大鸿撰	68.00	华龄
青囊汇刊5:管氏地理指蒙	[三国]管辂撰	48.00	华龄
青囊汇刊6:地理山洋指迷	[明]周景一撰	32.00	华龄
青囊汇刊7:地学答问	[清]魏清江撰	58.00	华龄
青囊汇刊8:地理铅弹子砂水要诀	[清]张九仪撰	68.00	华龄
子平汇刊1:渊海子平大全	[宋]徐子平撰	48.00	华龄
子平汇刊2:秘本子平真诠	[清]沈孝瞻撰	38.00	华龄
子平汇刊3:命理金鉴	[清]志于道撰	38.00	华龄
子平汇刊4:秘授滴天髓阐微	[清]任铁樵注	48.00	华龄
子平汇刊5:穷通宝鉴评注	[清]徐乐吾注	48.00	华龄
子平汇刊6:神峰通考命理正宗	[明]张楠撰	38.00	华龄
子平汇刊7:新校命理探原	[清]袁树珊撰	48.00	华龄
子平汇刊8:重校绘图袁氏命谱	[清]袁树珊撰	68.00	华龄
子平汇刊9:增广汇校三命通会(全三册)	[明]万民英撰	168.00	华龄
纳甲汇刊1:校正全本增删卜易	郑同点校	68.00	华龄
纳甲汇刊2:校正全本卜筮正宗	郑同点校	48.00	华龄
纳甲汇刊3:校正全本易隐	郑同点校	48.00	华龄
纳甲汇刊4:校正全本易冒	郑同点校	48.00	华龄
纳甲汇刊5:校正全本易林补遗	郑同点校	38.00	华龄
纳甲汇刊6:校正全本卜筮全书	郑同点校	68.00	华龄
古今图书集成术数丛刊:卜筮(全二册)	[清]陈梦雷辑	80.00	华龄
古今图书集成术数丛刊:堪舆(全二册)	[清]陈梦雷辑	120.00	华龄
古今图书集成术数丛刊:相术(全一册)	[清]陈梦雷辑	60.00	华龄
古今图书集成术数丛刊:选择(全一册)	[清]陈梦雷辑	50.00	华龄
古今图书集成术数丛刊:星命(全三册)	[清]陈梦雷辑	180.00	华龄
古今图书集成术数丛刊:术数(全三册)	[清]陈梦雷辑	200.00	华龄
四库全书术数初集(全四册)	郑同点校	200.00	华龄
四库全书术数二集(全三册)	郑同点校	150.00	华龄
四库全书术数三集:钦定协纪辨方书(全二册)	郑同点校	98.00	华龄

书　　名	作　者	定　价	版别
增补鳌头通书大全(全三册)	[明]熊宗立撰辑	180.00	华龄
增补象吉备要通书大全(全三册)	[清]魏明远撰辑	180.00	华龄
增广沈氏玄空学	郑同点校	68.00	华龄
地理点穴撼龙经	郑同点校	32.00	华龄
绘图地理人子须知(上下)	郑同点校	78.00	华龄
玉函通秘	郑同点校	48.00	华龄
绘图入地眼全书	郑同点校	28.00	华龄
绘图地理五诀	郑同点校	48.00	华龄
一本书弄懂风水	郑同著	48.00	华龄
风水罗盘全解	傅洪光著	58.00	华龄
堪舆精论	胡一鸣著	29.80	华龄
堪舆的秘密	宝通著	36.00	华龄
中国风水学初探	曾涌哲	58.00	华龄
全息太乙(修订版)	李德润著	68.00	华龄
时空太乙(修订版)	李德润著	68.00	华龄
故宫珍本六壬三书(上下)	张越点校	128.00	华龄
大六壬通解(全三册)	叶飘然著	168.00	华龄
壬占汇选(精抄历代六壬占验汇选)	肖岱宗点校	48.00	华龄
大六壬指南	郑同点校	28.00	华龄
六壬金口诀指玄	郑同点校	28.00	华龄
大六壬寻源编[全三册]	[清]周螭辑录	180.00	华龄
六壬辨疑　毕法案录	郑同点校	32.00	华龄
时空太乙(修订版)	李德润著	68.00	华龄
全息太乙(修订版)	李德润著	68.00	华龄
大六壬断案疏证	刘科乐著	58.00	华龄
六壬时空	刘科乐著	68.00	华龄
御定奇门宝鉴	郑同点校	58.00	华龄
御定奇门阳遁九局	郑同点校	78.00	华龄
御定奇门阴遁九局	郑同点校	78.00	华龄
奇门秘占合编:奇门庐中阐秘·四季开门	[汉]诸葛亮撰	68.00	华龄
奇门探索录	郑同编订	38.00	华龄
奇门遁甲秘笈大全	郑同点校	48.00	华龄
奇门旨归	郑同点校	48.00	华龄
奇门法窍	[清]锡孟樨撰	48.00	华龄
奇门精粹——奇门遁甲典籍大全	郑同点校	68.00	华龄
御定子平	郑同点校	48.00	华龄

书 名	作 者	定 价	版别
增补星平会海全书	郑同点校	68.00	华龄
五行精纪:命理通考五行渊微	郑同点校	38.00	华龄
绘图三元总录	郑同编校	48.00	华龄
绘图全本玉匣记	郑同编校	32.00	华龄
周易初步:易学基础知识36讲	张绍金著	32.00	华龄
周易与中医养生:医易心法	成铁智著	32.00	华龄
梅花心易阐微	[清]杨体仁撰	48.00	华龄
梅花易数讲义	郑同著	58.00	华龄
白话梅花易数	郑同编著	30.00	华龄
梅花周易数全集	郑同点校	58.00	华龄
一本书读懂易经	郑同著	38.00	华龄
白话易经	郑同编著	38.00	华龄
知易术数学:开启术数之门	赵知易著	48.00	华龄
术数入门——奇门遁甲与京氏易学	王居恭著	48.00	华龄
周易虞氏义笺订(上下)	[清]李翊灼校订	78.00	九州
阴阳五要奇书	[晋]郭璞撰	88.00	九州
壬奇要略(全5册:大六壬集应钤3册,大六壬口诀纂1册,御定奇门秘纂1册)	肖岱宗郑同点校	300.00	九州
周易明义	邸勇强著	73.00	九州
论语明义	邸勇强著	37.00	九州
中国风水史	傅洪光撰	32.00	九州
古本催官篇集注	李佳明校注	48.00	九州
鲁班经讲义	傅洪光著	48.00	九州
天星姓名学	侯景波著	38.00	燕山
解梦书	郑同、傅洪光著	58.00	燕山